小学教育（全科教师）专业系列教材

宋乃庆 靳玉乐 总主编

小学班级管理

主 编 曹荣誉 吴霞飞

副主编 蔡艳梅 田 穗 黎 玮 宋晓华

编 委 刘 波 李仕卫 张益玉 金松丽 曾 湧

西南大学出版社
国家一级出版社 全国百佳图书出版单位

图书在版编目(CIP)数据

小学班级管理 / 曹荣誉, 吴霞飞主编. — 重庆：西南师范大学出版社, 2019.8(2022.10重印)
ISBN 978-7-5621-9847-5

Ⅰ.①小… Ⅱ.①曹…②吴… Ⅲ.①小学—班级—学校管理 Ⅳ.①G622.421

中国版本图书馆 CIP 数据核字(2019)第 154145 号

小学班级管理
主编　曹荣誉　吴霞飞

总 策 划：	宋乃庆　刘春卉　杨景罡
执行策划：	钟小族　翟腾飞
责任编辑：	曾　文
责任校对：	周明琼
装帧设计：	观止堂_未　氓
排　　版：	李　燕
出版发行：	西南大学出版社(原西南师范大学出版社)
	地址:重庆市北碚区天生路2号
	邮编:400715
	市场营销部电话:023-68868624
印　　刷：	重庆紫石东南印务有限公司
幅面尺寸：	185mm×260mm
印　　张：	15.5
字　　数：	349千字
版　　次：	2019年8月　第1版
印　　次：	2022年10月　第6次印刷
书　　号：	ISBN 978-7-5621-9847-5
定　　价：	39.80元

小学教育（全科教师）专业系列教材

总主编

宋乃庆　靳玉乐

丛书编委会

主　任

陈时见　彭寿清　吕德雄

委　员（以姓氏笔画排序）

马　宏	马银海	申培轩	皮军功	吕立杰
吕德雄	刘　慧	江净帆	孙德芳	李志强
李铁安	李　敏	李　森	杨如安	杨南昌
何华敏	邹　渝	陈立万	陈时见	林长春
罗　文	罗　滨	胡　兴	侯宏业	袁　旭
顾建军	曹士勇	康世刚	彭寿清	蒋　蓉

序

小学教育是基础教育中最重要的一环,是孩子们学知识的第一步。孩子们在小学教育阶段,顺利完成了学业,进一步学习就不会有太大的困难。小学是儿童的思维从具体到抽象、综合到分析逐步发展的阶段。他们常常不管面对教什么学科的老师,都会提出各种各样的问题,认为老师是万能的,什么都知道的。所以我主张小学老师最好是全科型的,能够适应小学生认知特点的需要,特别是农村的小学老师。农村的学校规模比较小,一般不容易配备所有学科的老师,许多老师都要兼教几门课,更需要全科型的教师。教育部《关于实施卓越教师培养计划2.0的意见》也提出了培养小学全科教师。当然,全科教师不是说小学的所有课程都能教,而是一专多能、一主多辅,或者两主多辅。

有些学者认为,小学教师也需要学科专业化,认为现代科学日新月异,学科内容知识不断更新,教师需要有学科的专业知识,才能保证教学质量。在大城市规模比较大的小学,实行单科教师,当然有利于学科教学。但是我认为,小学教师也需要具有比较广泛的知识,一方面适合小学生综合思维的特点,另一方面小学教师也需要有文化修养、人文气质,这是多学科才能培养的。

如何培养小学全科教师?首先要有一套教材。以宋乃庆教授为首的教育部西南基础教育课程研究中心组织了16个省(区、市)60余所高校以中西部为主的专家学者编写了"小学教育(全科教师)专业系列教材"。这是师范院校教师组织师范生学习的素材,是小学全科教师培养(训)的重要载体。该系列教材主要包括教师教育类、学科基础类和学科课程与教学类3个模块。该系列教材本着小学生的特点,帮助职前和职后的小学教师逐步掌握2~4门学科的知识与技能、过程和方法,形成正确的情感态度和价值观,因此,每一学科的知识与技能要求适当降低。他们提出了宽基础、重实践操作,重师范素质养成,重文化素养提升的原则,使教材低起点、降难度、缓坡度,便于自学,便于阅读,文字通俗易懂。

该教材的编写人员,都是几十所师范院校对小学教育有专门研究的专家,站位高、设计科学、合理,切合小学的教育教学实际,教材编写有特色,为小学全科教师的培养做了一件重要的工作。

顾明远
2019年8月12日

(注:顾明远 北京师范大学原副校长,中国教育学会原会长,曾任世界比较教育学会联合会联合主席)

编者的话

党的十九大要求培养高素质教师队伍。习近平总书记明确提出成为党和人民满意的好教师要满足"四有""四个引路人"和"四个相统一"的标准,为培养师德高尚、业务精湛、结构合理、充满活力的高素质教师队伍指明了方向。

基础教育是我国教育的重要阵地,小学教育是基础教育中的基础。2012年以来,教育部先后出台了多个文件,提出了发展小学全科教师,解决小学(尤其是农村小学)结构性缺编问题,提升小学教师综合素养,借鉴国际小学全科教师培养经验。近年来,我国多省(区、市)已经开展了全科教师培养,编写了部分教材,在此基础上,我们在教师工作司和多省(区、市)教育主管部门的支持下,邀请了16个省(区、市)60余所高校的专家、学者编写了此系列教材。我们力求体现以下主要特点:

第一,注重综合素质,降低单科要求。小学全科教师要掌握2~4门学科的专业知识与技能、过程与方法,形成正确的情感态度与价值观,因此,每一学科的知识与技能适当降低要求,且适当增加综合素质的培养(训)内容与要求。

第二,拓宽学科基础,重视实践操作。小学全科教师走上工作岗位会执教多个学科,因此,教材既注重多学科的基础学习,又注重学科之间的贯通性,适当增加实践技能,注重学生师范素质的养成,注重学生教学技能的培养。

第三,适当降低起点,放缓坡度。教材注重便于自学与阅读,通俗易懂。适当降低起点和学科理论要求,适当放缓坡度和减少内容,适当减轻小学全科教师负担。

第四,注重学生文化素养提升,发展核心素养。教材贯彻"立德树人"根本任务精神,每章设置了名人名言、学习提要、思维导图、思考与练习、小结等板块,让学生在潜移默化中提升自身文化素养,具备终身发展的能力。

本套教材邀请了30余位小学教育领域有影响的高师院校、教科院、进修学院和小学知名的专家、领导组成了"小学教育(全科教师)专业系列教材"编委会。编委会对教材使用和教师的培养(训)进行指导。

由于时间紧、任务重、科目多,编写团队庞大,且编者编写风格和水平上存在差异,问题和错漏在所难免。恳请各位学者、教师、学生,及时向我们提出宝贵意见和建议并发送至邮箱 xszjfs@126.com。

教育部西南基础教育课程研究中心　小学全科教师教材编写组
2019年8月

前言

"教育兴则国家兴，教育强则国家强。"教育大计，教师为本。习近平总书记指出："全国广大教师要做有理想信念、有道德情操、有扎实知识、有仁爱之心的好老师，为发展具有中国特色、世界水平的现代教育，培养社会主义事业建设者和接班人做出更大贡献。"教师尤其是班主任老师，承担着传播知识、传播思想、传播真理的历史使命，肩负着塑造灵魂、塑造生命、塑造人的时代重任，要坚持把社会主义核心价值观贯穿教书育人全过程，使自己成为先进思想文化的传播者、党执政的坚定支持者、学生健康成长的指导者。小学阶段是个体身心发展和世界观、人生观、价值观形成的重要时期，这一时期班主任老师发挥着关键的、不可替代的示范和引领作用。我们编写《小学班级管理》教材，其目的就是为广大在读小学教育专业大学生努力成长为新时代小学生锤炼品格、学习知识、创新思维、奉献祖国的引路人助力。

小学班主任的理论素养和实践能力是确保小学班级管理工作有效开展、引领小学生健康成长的重要前提，小学班主任的管理智慧既需要科学的理论武装，又需要丰富的实践经验，是理论与实践的有机结合。因此，要培养具有班级管理智慧的小学教师，必须在大学阶段既重视理论知识的学习，又重视实践能力的培养，在课堂上给学生提供相应的实践案例，让学生在缺乏真实的教育实践的情境下，仍然能够通过案例的"浸泡"，获得进行小学班级管理的真谛。通过理论与实践的结合，达到事理交融，知行合一，深入浅出地帮助未来的小学教师更好、更快地掌握小学班级管理理论，形成班级管理智慧，加速其专业成长与发展。

教材编写本身离不开理论的指导，如果缺少理论的表述，就像一棵大树缺少根基，那么传递给学生的所谓"管理术"，就流于经验和感觉，即使学生掌握再多的"术"，也不明白道理，也无法灵活运用。本教材在彰显理论性的同时，更加凸显了"实用性"这一价值取向。首先，在简要介绍基本理论的基础上，注重小学班主任工作实务，如工作原则、方法、程序等内容的呈现，让学习者在阅读后能够有所启发。其次，教材使用了大量的案例和经验介绍，为课堂上师生互动提供一种全新的视角和思维通道，一方面引导学生学会用理论分析案例，另一方面延伸拓展、举一反三，增加学生对今后从事班主任工作的体会。再次，本教材供高校小学教育专业学生使用，除了要满足有助于他们今后的实际工作的需求，还要满足他们参加教师资格证考试的需求，因此，在编写时除了提供一线班主任的工作案例外，还结合了国家小学教师资格考试大纲要求的相关内容。最后，本教材还充分体现了国内外关于班级管理的最新研究成果，这不仅是小学班级管理学科自身发展的要求，也是教师教育的客观要求。同时，我们采用了双重视角的编写方式：既注意通俗易懂，有利于自主学习，又关注到如何有利于高校教师组织课堂教学。

本教材共十章，包括小小班级大大世界、小学班级管理的主导者——班主任、小学班集体组织原理、小学班级文化建设、小学班级教育合力的形成、小学班级中不同类别学生的教育与管理、小学班级活动设计与开展、小学班级突发事件的处理、小学生心理健康教育与辅导、外国小学班级管理经验评介。全书由曹荣誉、吴霞飞主持编写。具体分工如下：第一章，重庆文理学院金松丽；第二章，遵义师范学院宋晓华；第三章，重庆文理学院刘波、曹荣誉；第四章，昆明学院蔡艳梅；第五章，遵义师范学院李仕卫；第六章，铜仁幼儿师范高等专科学校张益玉；第七章，江西师范大学黎玮；第八章，遵义师范学院吴霞飞；第九章，昆明学院曾湧；第十章，重庆第二师范学院田穗。

本书中案例的来源主要有两方面，一是一线教师友情提供给我们的案例；二是从公开发布的书刊或网站上遴选的案例，遴选的案例大多根据需要做了适当调整且注明出处。另外，我们在编写的过程中还借鉴了许多专家、学者关于班级管理的思考与见解，由于篇幅所限，未能一一注明，敬请海涵！在此向给予我们佐证与启示的专家、学者表示诚挚的感谢。

由于时间紧迫，水平有限，教材自身的逻辑系统是否严谨，所选案例是否都是经典，是否具有可读性和操作性，提出的问题是否找准了教育工作者在小学班级管理中的困惑，所做的分析与评价是否能起到引领作用，等等，衷心希望广大读者批评指正。

编者

2019年5月

目录

第一章	**小小班级大大世界**	1
第一节	新时代的小学生	1
第二节	小学班级管理概述	9
第三节	新时代小学班级管理的价值追求	18
第二章	**小学班级管理的主导者——班主任**	24
第一节	小学班主任的角色定位	25
第二节	小学班主任的职业意识与职业素养	33
第三节	小学班主任的专业成长	40
第三章	**小学班集体组织原理**	47
第一节	小学班集体概述	47
第二节	小学班集体形成与发展（上）	52
第三节	小学班集体形成与发展（下）	60
第四章	**小学班级文化建设**	70
第一节	小学班级文化概述	70
第二节	小学班级文化建设的内容与要求	74
第三节	小学班级文化建设实施模式	86
第五章	**小学班级教育合力的形成**	94
第一节	小学班级教师集体的形成	94
第二节	班主任与小学生家长教育合力的形成	98
第三节	班主任与社区资源教育合力的形成	106

第六章　小学班级中不同类别学生的教育与管理　115
第一节　小学班级中不同类别学生教育与管理的意义　116
第二节　小学班级中不同学习水平学生的教育与管理　119
第三节　小学班级中特殊情况学生的教育与管理　128

第七章　小学班级活动设计与开展　143
第一节　小学班级活动概述　143
第二节　小学班级活动的主要内容　151
第三节　小学班级活动的开展　153
第四节　小学班级活动设计及样例　158

第八章　小学班级突发事件的处理　170
第一节　小学班级突发事件概述　170
第二节　小学班级常见的突发事件　173
第三节　小学班级突发事件的处理及善后　178

第九章　小学生心理健康教育与辅导　192
第一节　小学生心理健康教育概述　192
第二节　小学生心理辅导　199
第三节　小学生心理健康教育活动设计　207

第十章　外国小学班级管理经验评介　215
第一节　美国小学班级管理的做法与启示　215
第二节　日本小学班级管理的做法与启示　222
第三节　新加坡小学班级管理的做法与启示　228
第四节　芬兰小学班级管理的做法与启示　232

第一章
小小班级大大世界

教育的目的,至少须能养成学生会做一个适于现代生活的人。

——杨贤江

谁要能看透孩子的生命,就能看到埋埋在阴影中的世界,看到正在组织中的星云,方在酝酿的宇宙。儿童的生命是无限的,它是一切……

——罗曼·罗兰

儿童集体里的舆论力量,完全是一种物质的,实际可以感触到的教育力量。

——马卡连柯

请记住:没有也不可能有抽象的学生。

——苏霍姆林斯基

学习提要

1. 了解新时代小学生的特点和班级管理的价值追求。
2. 理解班级的概念和特征。
3. 掌握班级管理的内涵和特性。

第一节　新时代的小学生

伴随着新世纪科学技术的迅猛发展,经济、文化、社会都阔步朝前,互联网、大数据、人工智能、地球村等词汇成了新时代的标签。如今的小学生出生在这样一个人与人交流频繁、信息爆炸、变化频生的时代,自然带有新时代的属性。了解新时代小学生的身心状况、生活环境,掌握他们的时代特点,才能更恰当地管理好新时代的小学班集体,促进学生全面发展，使他们获得应对未来生活的知识、能力、信念，成为合格的公民，成为新时代的骄傲。

一、新时代小学生的特点

小学阶段处于个体的儿童期，也称作学龄儿童期、儿童中期，此时期的儿童相应地被称为学龄儿童或小学儿童。儿童在这一时期身体、心理、社会性发展都会产生显著变化，了解这些变化是教育和管理儿童的第一步。看到学生的这些特点，才能把学生看作一个个活生生的个体，而不是"抽象"的学生群体，才能够真切地"触摸"到学生。生活环境是影响个人性格形成、发展的重要因素，所以教育工作者还需了解新时代小学生生活的环境，包括时代背景、社区环境、家庭状况等，以理解学生的思想和需求，把握学生生活中的主要问题。苏霍姆林斯基说："每个孩子都是一个完全特殊的、独一无二的世界。"我们要进入儿童的世界才能了解儿童的世界，了解儿童的世界才能引导儿童的发展。

(一)小学生的身体发展

小学阶段是儿童身体发展的重要时期，这一阶段最为明显的是身高和体重的变化，学生能够明显感觉到自身体能和力量的增加。新时代生活条件改善，营养丰富，让小学生的身体得到很好的发展，很多女孩子在小学末期就会进入青春期。此时，女孩子生长迅速，甚至可能比男孩子还要长得高大。与此同时，儿童肥胖成了新时代的新问题。一些儿童体重超过了正常水平，其中严重的甚至已经影响到学习和生活。合理饮食、加强锻炼是小学阶段需要强调的重点。这一时期也是小学生运动技能发展的关键时期。首先，在粗大运动技能方面，其柔韧性、平衡性、敏捷性和力量均有显著增长。低年级的儿童可以做一些轻松且灵活的游戏，如跳绳、拍皮球、轮滑等；高年级的儿童则可以做一些力量性的活动，如打篮球、踢足球、长跑等。小学阶段要保障儿童户外活动的时间，多晒太阳有利于儿童身体发展，也能够减少近视的发生。其次，在精细运动技能方面，由于此时儿童大脑中髓鞘的数量显著增加，儿童从低年级开始就能够运用手指写字、画画、做手工了。虽然在刚开始书写的时候时常会感到费力，常常写不好，但经过一段时间练习就会逐渐掌握。到了高年级更是可以灵活运用手指做实验、操作电脑等。不同年级、不同性别的儿童的运动技能的发展情况是有差别的，即使是同一年级同一性别的不同个体之间的运动技能发展程度也并不相同。一般来说，女孩的精细运动技能发展会好于男孩，而男孩的力量性技能的发展则较优于女孩。在日常运动训练中，教师可以适当照顾发展缓慢的学生，不可打击其自信心。

(二)小学生的心理发展

儿童进入小学以后，其生活的重心发生了变化，开始以学习为主导活动。这一时期儿童承受并适应着角色和环境的改变，其心理发展有着显著的变化，逐渐显示出一些独特的成长特征。最为突出的是儿童的认知发展发生了质的飞跃。瑞士著名心理学家皮亚杰(Jean Piaget,1896—1980)将学生的认知发展分为四个阶段:感知运动阶段(0~2岁),前运算阶段(2~7岁),具体运算阶段(7、8~11、12岁),形式运算阶段(11、12~15、16岁)。小学生正处于前运算阶段后期到具体运算阶段,此阶段的儿童在一、二年级仍需要依赖感知活动产生的具体表象进行运算,开始概念化,能用实物把握概念,能将类别与个体区别开来,并且对因果关系有了一定的认识。儿童进入具体运算阶段之后,能够主动恰当地选择和使用逻辑以解决具体的问题,能够理解运算的可逆性、守恒性、传递性。[1] 小学阶段,随着儿童大脑髓鞘的不断完善,学生的信息加工能力和速度都在不断提升,相应的注意力、知觉能力、记忆力都会有所提高。[2] 儿童的有意注意开始占据主导地位,注意的时间也有所增加,能够在课堂中集中注意力,但让儿童听讲的时间也不宜过长,因人而异,一般10到15分钟之内。儿童还能够采取一些记忆的策略进行记忆,完成课堂任务,如联想法、类比法等。另外,儿童的元认知能力在这一阶段也得到发展。简单地说,元认知是对认知的认知,类似于我们通常所说的反思、内省,它是思维的一种高级形式。最简单的儿童元认知能力体现在对任务的检查和反思上,例如会主动检查作业,考试的时候能够合理安排时间等。一些元认知能力发展较好的儿童在小学时期就能够反思自身的行为,思考自己行为与结果之间的联系,进而改进对待事物的方式,也能够制订计划并监督自己完成所制订的计划。元认知能力水平在小学儿童中是参差不齐的,发展学生的元认知能力是保障他们学业成功的重要途径。

在自我意识方面,小学低年级的儿童还保留着幼儿期以自我为中心的特征,难以集中注意力倾听或在他人对话时会不自觉地说自己想说的话,做事更多考虑自己是否喜欢或能否得到奖励。中、高年级时逐步转变这种单向表达的方式,开始思考和积极互动。对成人所说的话也不再唯命是从,而是试图发表自己的意见,试图摆脱对父母的依赖而进入同伴的世界,情感上开始独立,开始考虑别人的感受。

(三)小学生的社会性发展

学龄时期儿童初步形成关于集体的观念,此时他们试图将对成人的认同向对同伴的认同转变。儿童开始重新思考从成人那里获得的既有观念,开始不听父母的话,激烈者甚至反抗父母以寻求个人的独立。他们会用自己的眼光看待世界,逐渐形成自己的价值观。儿童渴望与同龄人交往,开始形成小团体,共享规则,同伴的规则比父母和老师的教导还要有约束力。他们很愿意与同伴分享自己的见闻和思考。此时,教育工作者需要放下权威,以伙伴的身份与学生交流,引导学生建立良好的同伴关系,教导学生之间互相信任、互相理解、互相帮助,使他们能够跳出以自我为中心的局限而客观地审视自

---

[1] 皮亚杰.认识发生论原理[M].王宪钿,等译.北京:商务印书馆,2011:23-45.
[2] Torkel Klingberg.The Learning Brain: Memory and Brain Development in Children[M]. New York: Oxford University Press, 2013:22-24.

己和周围的事物。

关于健康的人格,阿尔弗雷德·阿德勒(Alfred Adler,1870—1973)认为社会感、合作、奉献是人格发展的关键因素。一个人如果缺乏社会感,那么他的语言能力、逻辑推理能力等都得不到充分的发展。而一个人如果希望始终保持与他人之间的接触和交往,那么他就必须运用语言、逻辑等能力。有些孩子有语言交流的障碍,并不全是因为生理缺陷造成的,而是与家人的溺爱脱不了干系。孩子在用语言表达自己的需求之前,家人就已经替他想到了,把一切安排得妥妥当当。此时,孩子就会觉得没有说话的必要,长此以往,儿童就失去了沟通的能力,也不愿意与外界接触,逐渐失去了适应社会的能力。[①]另外,儿童说话时遭遇冷漠、打断和嘲笑也是他们不愿开口说话,或者语言表达不流畅的原因。因此,教师需要保护学生在人际交往中的自信心,鼓励学生表达,保护学生在表达中不受嘲笑。良好的语言发展是社会感的基础,社会感发展的障碍会使得个体孤立、对他人和社会不感兴趣,也容易失去生活的意义感。而一个人若拥有良好的社会感,那么他便能够较容易与人交流、合作,能够建立良好的同伴关系,最终能够自我奉献,提升自我的价值。所以在小学阶段就应该通过游戏创造学生之间合作交流的机会,增强他们的社会感、合作意识和奉献精神。

资料链接

校园欺凌

校园欺凌是学生社会性发展的绊脚石。小学生的校园欺凌行为分为直接欺凌与间接欺凌两种,直接欺凌是指公开的攻击性行为,涵盖了言语、肢体接触等形式;间接欺凌是指较为隐蔽的,蓄意操纵社交关系以排挤、孤立、厌恶个别人的行为。受到过校园欺凌的学生多多少少都会对人际交往产生恐惧、退缩的情绪,而校园欺凌的实施者和旁观者同样也会形成不正确的同伴交往意识,而影响其成年以后的人际关系。欺凌者日后更有可能产生侵略性与暴力倾向,缺乏同理心,犯罪率也较高。戴婧(2018)在北京小学生校园欺凌行为的研究中发现校园欺凌行为由于发生比较隐蔽,家长和教师疏于监管,被欺凌者个性懦弱胆怯、不擅长与人交往等原因,持续时间较长,频率较高。往往欺凌者与被欺凌者力量悬殊,被欺凌者无力反抗。那么如何防止校园欺凌事件的发生呢?除了家长的关爱和监管以外,教师也得善于观察,提高警惕性,发现欺凌事件及时处理,将对儿童的伤害降到最低。必要时需要与家长沟通,共同研究解决方案,引导儿童人格健康发展。

---

① 阿尔弗雷德·阿德勒.儿童教育心理学[M].张艳华译.北京:清华大学出版社,2017:63-74.

(四)小学生的生活环境

近一二十年,不论是城市还是农村的发展都极为迅速。各大城市高铁、动车的覆盖让出行变得更加便捷,互联网的发展让交流更加通畅,智能手机等电子产品的推广让信息的获得更加便利,还有正在蓬勃发展的大数据、人工智能、VR等技术也使得人们的生活发生了巨大的变化。处于社会迅猛发展时期的新时代小学生,他们是幸福的,但也承担着前所未有的压力。要了解小学生,就要了解小学生的生活环境。概括来说,新时代小学生的生活环境有以下特点:

1. **资源丰富**

现在的小学生家庭条件相对较好,物质资源相对丰足,大部分学生能够满足基本的物质需求。许多儿童家里有大量玩具、书籍等,他们很喜欢拿到学校与同伴分享,但也很容易因为玩具等事情而引发同伴间的矛盾。除了书籍、玩具以外,学生可以较为容易地获取学校活动或课堂所需要的物品,教师在教学和管理中可以安排学生准备活动用具。比如科学课中所需的实验用品就可以让学生自行准备,数学课中的教学材料也可以用家庭常用物品代替。值得注意的是,在这样物质丰足的时代,学生不容易珍惜物品,常常会浪费资源,所以教师需要教导学生珍惜资源、保护环境。手工课中可以让学生带来家中的闲置物品进行废物改造和利用,也可以借助班会课向学生传递节约用水、垃圾分类回收、不浪费粮食等观念。除此之外,小学生的精神资源也相对丰富,获取知识和审美感受的途径很多,如博物馆、科技馆、美术馆、网络资源、学习机、学习机器人等。有的学生在小学阶段就已经见多识广,对事物有自己的独特见解。

2. **信息通达**

以前获取知识的方式是"读万卷书,行万里路",而现在坐在家中,通过一台电脑便可以看大千世界、入无涯学海。通过互联网,学生可以获取大量信息,也可以共享信息。所以单纯知识的学习已经不能满足现代学生的需求了,学校不仅需要教授知识,更需要培养能力、启发思维、树立观念。在这个"信息爆炸"的时代,教导学生学会搜寻信息、甄别信息,不被虚假信息所蒙蔽是至关重要的。许多学生由于没有正确的网络观念,陷入网游漩涡无法自拔,或者被网络上小广告所吸引进入非法网站。儿童这些不恰当的上网行为需要家长和教师的及时引导,不能因为网络有弊病就一味否决,不让学生接触网络,毕竟计算机操作和信息搜索是新时代学生需要具备的关键技能。教师和家长应引导学生树立正确的上网观念,帮助学生从网上获取健康有益的信息,让网络成为辅助学生学习和交流的有益工具。

3. **竞争激烈**

社会的快速发展带来了许多生活上的便利,但也给人们带来了诸多的不确定性。对于未来社会所需要的人才特质我们并不能够完全把握,未来的生活也不一定是我们能想象的。家长面对未来生活的焦虑在一定程度上会转嫁给他们的孩子,害怕孩子以后无法考上好的大学,无法拥有一份稳定的工作,无法适应社会,等等。再加上家长之间的攀比,一些学校时不时地排名,各种竞赛和社会舆论,大多数小学生承受着巨大的压力。这种压力若得不到疏解,日后有可能出现心理问题。教师需要正确看待学生之间的竞争,并适当引导,不能只靠排名等加剧竞争矛盾的方式激励学习,应让学生将同伴间的竞争化为自己与自己的竞争。也就是说,将今天的自己跟昨天的自己相比,关注自身的进步,超过以前的自己,而不是去超过别人。

二、新时代对小学生的新期望

如今的时代是一个计划赶不上变化的时代,我们并不能预知十年以后的社会将会是什么样子,也无法预料十年以后什么样的人才是最符合社会需求的,我们只能从今天出发,培养学生应对未来变化的能力和心态。那么在新的时代,小学生需要具备什么样的能力和素养呢?

(一)做全面发展的人

2016年《中国学生发展核心素养》正式发布,其核心就是将学生培养成为"全面发展的人",使学生具备能够适应社会发展需要和终身发展需要的必备品格和关键能力。成为全面发展的人,学生需要在文化基础、自主发展和社会参与上发展进步,综合表现为人文底蕴、科学精神、学会学习、健康生活、责任担当、实践创新六大素养。简单来说,做全面发展的人,就得跳出应试教育的桎梏,德、智、体、美、劳全面地发展智能,树立正确的人生观、世界观和价值观。

资料链接

中国学生发展核心素养基本要点和主要表现[1]

一、文化基础

(一)人文底蕴

1. 人文积淀:具有古今中外人文领域基本知识和成果的积累;能理解和掌握人文思想中所蕴含的认识方法和实践方法等。

2. 人文情怀:具有以人为本的意识,尊重、维护人的尊严和价值;能关切人的生存、发展和幸福等。

3. 审美情趣:具有艺术知识、技能与方法的积累;能理解和尊重文化艺术的多样性,具有发现、感知、欣赏、评价美的意识和基本能力;具有健康的审美价值取向;具有艺术表达和创意表现的兴趣和意识,能在生活中拓展和升华美等。

---

[1] 核心素养研究课题组.中国学生发展核心素养[J].中国教育学刊,2016(10):1-3.

(二)科学精神

1. 理性思维：崇尚真知，能理解和掌握基本的科学原理和方法；尊重事实和证据，有实证意识和严谨的求知态度；逻辑清晰，能运用科学的思维方式认识事物、解决问题、指导行为等。

2. 批判质疑：具有问题意识；能独立思考、独立判断；思维缜密，能多角度、辩证地分析问题，做出选择和决定等。

3. 勇于探究：具有好奇心和想象力；能不畏困难，有坚持不懈的探索精神；能大胆尝试，积极寻求有效的问题解决方法等。

二、自主发展

(一)学会学习

1. 乐学善学：能正确认识和理解学习的价值，具有积极的学习态度和浓厚的学习兴趣；能养成良好的学习习惯，掌握适合自身的学习方法；能自主学习，具有终身学习的意识和能力等。

2. 勤于反思：具有对自己的学习状态进行审视的意识和习惯，善于总结经验；能够根据不同情境和自身实际，选择或调整学习策略和方法等。

3. 信息意识：能自觉、有效地获取、评估、鉴别、使用信息；具有数字化生存能力，主动适应"互联网+"等社会信息化发展趋势；具有网络伦理道德与信息安全意识等。

(二)健康生活

1. 珍爱生命：理解生命意义和人生价值；具有安全意识与自我保护能力；掌握适合自身的运动方法和技能，养成健康文明的行为习惯和生活方式等。

2. 健全人格：具有积极的心理品质，自信自爱，坚韧乐观；有自制力，能调节和管理自己的情绪，具有抗挫折能力等。

3. 自我管理：能正确认识与评估自我；依据自身个性和潜质选择适合的发展方向；合理分配和使用时间与精力；具有达成目标的持续行动力等。

三、社会参与

(一)责任担当

1. 社会责任：自尊自律，文明礼貌，诚信友善，宽和待人；孝亲敬长，有感恩之心；热心公益和志愿服务，敬业奉献，具有团队意识和互助精神；能主动作为，履职尽责，对自我和他人负责；能明辨是非，具有规则与法治意识，积极履行公民义务，理性行使公民权利；崇尚自由平等，能维护社会公平正义；热爱并尊重自然，具有绿色生活方式和可持续发展理念及行动等。

2. 国家认同：具有国家意识，了解国情历史，认同国民身份，能自觉捍卫国家主权、尊严和利益；具有文化自信，尊重中华民族的优秀文明成果，能传播弘扬中华优秀传统文化和社会主义先进文化；了解中国共产党的历史和光荣传统，具有热爱党、拥护党的意识和行动；理解、接受并自觉践行社会主义核心价值观，具有中国特色社会主义共同理想，有为实现中华民族伟大复兴中国梦而不懈奋斗的信念和行动。

3. 国际理解：具有全球意识和开放的心态，了解人类文明进程和世界发展动态；能尊重世界多元文化的多样性和差异性，积极参与跨文化交流；关注人类面临的全球性挑战，理解人类命运共同体的内涵与价值等。

(二)实践创新

1. 劳动意识：尊重劳动，具有积极的劳动态度和良好的劳动习惯；具有动手操作能力，掌握一定的劳动技能；在主动参加的家务劳动、生产劳动、公益活动和社会实践中，具有改进和创新劳动方式、提高劳动效率的意识；具有通过诚实合法劳动创造成功生活的意识和行动等。

2. 问题解决：善于发现和提出问题，有解决问题的兴趣和热情；能依据特定情境和具体条件，选择制订合理的解决方案；具有在复杂环境中行动的能力等。

3. 技术应用：理解技术与人类文明的有机联系，具有学习掌握技术的兴趣和意愿；具有工程思维，能将创意和方案转化为有形物品或对已有物品进行改进与优化等。

(二)拥有终身学习的态度和能力

在学校的学习时光只是学生漫长人生中的一段旅途，若将这段旅途当作学习生涯的全部，那么必然得不到长久的发展。若人生是一场马拉松，很多家长害怕孩子输在起跑线上，拼命地让孩子很小的时候就学习大量的知识，导致小孩害怕学习，甚至视学习为洪水猛兽。这样的孩子一旦脱离了学校，便不会再去学习。然而，学习之路如人生之路一样漫长，并不只争这起跑的一段。同样，教师也不能因害怕学生落后就一味让学生"吃得过撑"，以后再也不想"吃"了。新时代的学生需要的不是赢在起跑线上，而是跑完全程，并且享受全程。也就是说，要让学生拥有终身学习的态度，并且终身具备学习的能力。现实生活中很多人也能够在工作之后通过自学、参加培训等方式继续学习，最终获得成功。对于学习来说，任何时候都不算晚，关键是要有乐于学习、终身学习的心态和能力。小学阶段对于培养学生良好学习态度和能力至关重要。教师要合理安排学习量，以多样化的活动激发学生学习的兴趣，鼓励学生通过多种方法进行学习，培养自学能力。顾明远先生也认为"学校教育不仅要给予学生必备的知识技能、文化修养，更包括逐步形成终身学习的能力,其中培养学生学习的兴趣很重要"。①

(三)有合理利用和保护资源的意识

这是一个资源相对富足的时代,但若因为资源丰富便不珍惜资源,那便是将人类推向灭亡。经济高速发展的同时给生态也带来了前所未有的危机。全球淡水资源不仅短缺而且地区分布极不平衡,许多国家严重缺水。我国是水资源大国,但人口众多,人均淡水资源只占世界人均淡水资源的四分之一。虽然现在大部分城市和农村都能保证生活用水,但保护水资源的意识是需要深入人心的,特别是在小学生的教育当中。除了水资源以外,全球正面临许多生态危机,当代小学生需要了解这些危机,知道保护环境的重要性,有合理利用和保护资源的意识,能够为保护环境、节约资源尽一份力。

(四)能处理好竞争与合作的关系

新时代经济、社会的高速发展带来的是强大的竞争和压力。竞争不仅体现在成年人的工作中,也渗入到校园环境里。地区与地区之间的竞争,学校与学校之间的较量,班级与班级之间的比拼,学生个体与个体之间的比较,无一不在给学生和教师形成巨大的学业压力。这些竞争的压力会导致一些心态不够好的学生产生不良的思想,比如总是想要胜过同学,打压同伴,甚至偷窃学习资料、考试作弊,等等。不能正确看待同伴之间的竞争,便不能发展健康的人格。教师需要引导学生积极看待竞争,不将竞争看作胜过对方,而是发挥好自己的特长,胜过以往的自己。只有做到正确看待竞争才能够坦然面对未来社会的激烈竞争,胜不骄,败不馁。也只有做到正确看待竞争才能做到真正与他人合作。未来的社会,在竞争的背后是强有力的合作。正确看待竞争与合作的关系,把竞争作为动力,把合作作为手段,能够让小学生以更开放的、包容的心态与人交流、与人合作,协同完成任务。从小培养学生正确的竞争意识、合作意识非常重要,它将会直接影响学生未来的职业发展。

第二节 小学班级管理概述

班级是学校最基本的教育教学单位,是学校教育发展到一定历史时期的产物。通常认为,按照年龄段区分的班级始创于15~16世纪的西欧。"班级"一词也是西欧文艺复兴时期大教育家德西德里乌斯·伊拉斯谟(Desiderius Erasmus,1466—1536)最早提出。他在1519年描述了伦敦圣保罗大教堂的学校情形:在一间圆形的教室里,将学生分成几个部分,分别安排在阶梯式座位上。然而,班级授课制的真正奠基者是17世纪捷克教育家扬·阿姆斯·夸美纽斯(J. A. Comenius,1592—1670)。他在《大教学论》中率先从理论上对班

---

① 顾明远.核心素养:课程改革的原动力[J].人民教育,2015(13):17-18.

级教学的特点、功能、应用等问题做了概括性的阐述和论证,他提出"把学生按年龄和学力分成年级和班级;每班专用一个教室,由一位教师同时指导全班学生,全体学生在教师指导下做同样的功课;为每个年级制订统一的教学计划和课时表,使每年、每月、每周、每日、每时都有一定的教学任务"。[①]

一、小学班级的概念

所谓"班",是指为了学习目的而形成的组织。"级"指的是同一年龄段、发展水平相当的一群学生。由此,我们可知,"班级"就是按照年龄或发展水平所划分出的有一定人数和共同学习目的的学校教育基层组织。

(一)班级是学校的基层组织

组织是按照一定的目的、任务和形式建立起来的结构严密、制度化的人群集体,它是人们进行合作活动的必要条件。[②]学校是一个公共组织,班级是这个组织中的基层单位。每个班级按照一定的学习目的、任务,以集中授课的形式建立起来,有自己的结构和制度,是教师和学生进行学习活动的必要条件。

(二)班级由学生和相关教师共同构成

班级是人的集合体,这里的人不仅仅指学生,也包含相关的教师。学生和教师共同构成一个班级。

(1)学生是这个班级的主体,一个班的学生有着共同的特征:年龄相仿、身体和心理发展水平相似、居住地域相近等。然而,班级里的每一个学生却不尽相同,他们有自己的个性、家庭背景、思想观念、行为习惯,把握学生的共性与个性是班级管理的第一步。

(2)班主任是一个班集体的引领者,同时也是一个班级的成员。作为班级的成员,班主任与同学之间应该形成一个和谐发展的共同体,一起成长、一起学习、一起制定规则和遵守规则。同时,班主任也要牢记自己的使命,即帮助学生成长、成才,在班级管理中必须保持理性,客观看待班级里发生的情况并做出公正和适当的处理。

(3)任课教师也是班级里必不可少的角色,他们担任着传道授业的职责,与同学们一起向共同的目标前进。班主任一般也是本班级的任课教师,而一个任课教师常常也承担着几个班级的课程教学任务。所以教师在班级中的角色相对于学生来说更加多变。

(三)班级的目的是共同发展

组织的核心要素之一是有共同的目标。[③]班级作为一个社会组织而聚集师生,最主

[①] 夸美纽斯.大教学论[M].傅任敢译.北京:人民教育出版社,1984:14.
[②] 季辉.管理学[M].重庆:重庆大学出版社,2017:168.
[③] 季辉.管理学[M].重庆:重庆大学出版社,2017:168.

要的目标就是将学生培养成为德、智、体、美、劳全面发展的人,这也是学校教育的目标。学生作为班级的主要成员,也是班级目标的执行者,需要有为了实现目标而共同协作的愿望,这种愿望能让集体中的个人发挥其最大的作用,使个人的力量凝聚成集体的力量,让集体获得更好的发展。

二、小学班级的基本特征

一般来说,小学班级是儿童加入的第一个规范性的正式社会组织,具有区别于其他组织的一些特征。

(一)小学班级是由发展水平相当的学龄段儿童组成的

小学班级的主要成员是年龄在6—12岁之间的儿童,其他的成员是成年的教师。每个年龄阶段的儿童有其共通的身心特征,不同年龄之间有较显著的差异,比如一年级的学生规则意识、理解能力都较弱,而二年级以后便能遵守规则和理解基本的概念。所以小学的班级是按年龄划分,将不同年龄的儿童纳入同一个年级,由于人数的限制,又从年级中划分出一个个独立的班级。每个班级的学生年龄相仿,身心发展水平相似,但个性与知识水平却有差异。不同性格的儿童给班级带来了生机与活力,更让儿童能够从不同的同伴身上发现不一样的特质,有利于儿童学习与同伴相处,建立人际关系。

(二)班级成员是为了共同的目标而聚集在一起的

《中华人民共和国义务教育法》第四条规定:"凡具有中华人民共和国国籍的适龄儿童、少年,不分性别、民族、种族、家庭财产状况、宗教信仰等,依法享有平等接受义务教育的权利,并履行接受义务教育的义务。"班级就是学龄儿童为接受义务教育而形成的集体。教育和培养人是班级的目的。从国家层面来看,班级教育的目的是培养德、智、体、美、劳全面发展的社会主义建设者与接班人;从学校层面来看,一个学校的班级有一些共同的由学校制定的目标,比如让学生养成良好的生活习惯、遵守规则、热爱阅读等;从班级自身来看,班级也有其独特的目标,这些目标的设立和实施展现了一个班级的特色,比如有些班级以训练学生自律性为特色,有些班级以彰显学生才能为特色。制定一个学校或一个班级的培养目标是学校或班级管理的首要任务,也是发展学校和班级特色的重要途径。

(三)班级有共同的规章制度

规则是组织建立和延续的基础,建立合理科学的班级规章制度是班级运行的保障。班级管理规章制度是班级成员都需要遵守的共同行为准则。班规一般主要涉及学习、纪律、出勤、卫生等诸多方面。班规的制定由教师主导,但规则和条例却要源于学生,学生在班级管理中获得参与感能够让他们乐于遵守所定下的班级规则。除了班规以外,向学生说明一些班级管理的程序和要求也有利于班级管理的顺利实施。好的班级规章制度要全面、合理、操作性强,且受到学生认可。教育改革家魏书生的班规班纪就事无巨细地对学生提出各方面行为要求,包含学期常规、每月常规、一周常规和一日常规,并且实行专项任务承包责任制,也就是班级管理中每一项具体的事情分配到人,由这个人专门负责,承担责任。

(四)班级以学生为主体,以教师为主导

一个班级的成员是由这个班的全体学生、班主任和任课教师组成。其中,学生是这个班级的主体,是班级管理和教育的对象,一般数量最多、力量最大。所以在班级管理中,教师要从学生的角度出发,利用好学生的力量,发挥班干部作用的同时也要激发每一个班级成员的主动性,赋予每个成员班级责任感和荣誉感。教师精力有限,不能事事亲力亲为,可以将班级管理的工作交给学生,一方面培养学生的责任感,另一方面也锻炼了学生的交流沟通能力。教师是班级管理和学生教育的引导者和监督者。教师对学生的引导除了知识与技能外,还需要关注学生的思想品德、学习习惯、生活习惯、人际交往能力等众多方面。发现学生有不恰当的思想和行为,应适时、适当给予指导。另外,教师的引领作用不能仅限于言传,更多的应该是身教。孔子曰:"其身正,不令而行;其身不正,虽令不从。"说明教师的行为规范直接影响着学生对教师话语的认可和执行。教师必先严于律己、身正行端,进而才能够使学生信服,这便是"不言之教"。

三、小学班级管理的内涵

班级管理是学校管理的重要组成部分,良好的班级管理是保证学生有效学习的前提条件。

(一)管理的含义

管理就是管理者在特定的环境下,有目的地进行决策与计划、组织、领导、控制、协调组织资源配置与组织活动,以有效实现组织目的的社会活动。[1]由这一定义,我们可知:

(1)管理是在一个特定组织资源条件和特定环境下发生、发展的。

(2)管理的目的是有效实现组织的目标。

(3)管理的主体是管理者。

(4)管理的本质是对资源的整合与协调。

(5)管理的对象是组织资源和组织活动。

(6)管理的过程涉及一系列不同的活动,也就是管理的职能。

---

[1] 季辉.管理学[M].重庆:重庆大学出版社,2017:4.

管理有五大职能：

第一，计划，对未来发展目标及实现目标的活动所进行的具体设计和安排；第二，组织，分工并安排组织成员相应任务，构建一种组织关系网络；第三，领导，指挥、引导和激励个人或团队，进行有效沟通和协调；第四，控制，衡量和改进组织成员的工作绩效，监控组织活动；第五，创新，适应组织内外部环境条件的变化，改善组织目标、结构和功能状态。

计划、组织、领导、控制、创新是最基本的管理职能，它们回答了一个组织要做什么、怎么做、靠什么做、如何做得更好，以及做得怎么样等基本问题。这五个职能相互联系、相互影响，共同构成一个动态循环的有机整体。[1]

(二)班级管理的内涵

不同的学者对班级管理有不同的界定，例如：

班级管理是指处于一定班级中的管理主体为实现班级教育目标而维持班级秩序、对管理客体开展相关活动并进行协调和组织以优化运用有关资源，达到共同目标的管理过程。[2]

班级管理是教师根据一定的目的、要求，采用一定的手段、措施，带领班级学生，对班级中的各种资源进行计划、组织、协调和控制，以实现教育目标的组织活动过程。[3]

班级管理是班主任根据学校计划和教育目标的要求，采用一定的手段措施，充分利用班级内外的资源和条件，对班级工作进行计划、组织、指导、协调、控制，实现班级预期教育目标的活动过程。[4]

综合前人所述，班级管理是班主任在学校环境下为实现班级教育目标而进行计划、组织、领导、控制、创新，开展班级活动并协调班级资源的过程。班级管理是一种有目的的社会活动过程，是教师与学生之间的双向互动。管理者、管理的对象、管理的目标和管理的手段构成了班级管理的四大要素。

1. 班级的管理者

管理者是指履行管理职能，对实现组织目标有贡献责任，指挥或协调他人完成具体工作的人。[5]管理者是管理的主体，班主任是小学班级管理的核心管理者，或者说是主要的管理者。广义来说，班主任、任课教师、班委会、学生集体、家长委员会都是班级的管理者。班主任负责规划和协调大部分的班级活动，对班级事务负有责任；任课教师在其教育教学过程中也担负着管理的职责；除教师外，学生群体也是班级管理的主要力量，班委会是学生群体中的核心力量，能够搭建师生沟通的桥梁并帮助教师管理班级日常事务和

---

[1] 韩利红,赖应良.管理学[M].成都:西南交通大学出版社,2017:3-4.
[2] 赖怡.学校发展与班级管理[M].昆明:云南大学出版社,2017:16.
[3] 胡林.班级管理[M].南昌:江西科学技术出版社,2010:1.
[4] 叶国正,等.班级管理与班主任工作[M].南昌:江西高校出版社,2010:7.
[5] 季辉.管理学[M].重庆:重庆大学出版社,2017:16.

组织活动;学生集体中的每一个人也可以是班级的管理者,赋予每一位学生班级管理的责任有利于增进学生的集体融入感;家长是学生的直接负责人,家长委员会更是班级管理的重要参与者,家长参与班级管理有利于家长、孩子、教师三方间的沟通交流。班级中各管理者只有协调统一、密切合作,才能够推动班级管理顺利进行,实现班级教育目标。

2. 班级管理的对象

班级管理的对象不只是学生,还包括财、物、时间、空间、活动、信息等。当然,学生是班级管理的主要对象,班级的组织活动主要是针对学生的,是学生与教师之间的双向活动。除此以外,班费、班级中林林总总的物品、学生在校的时间、空间、各类班级活动,以及学校内外传播的信息也是班级管理的对象,这些都是保证班级良好运转的基础。

3. 班级管理的目标

班级管理的目的是实现班级的教育目标。班级管理的主要目标是实现全体学生德、智、体、美、劳全面发展。依据不同的标准,班级管理目标可以划分为不同类型。从对象上划分有学生个体目标、学生群体目标和班级集体目标;从内容上划分有学习目标、德育目标、健康目标、素养目标等;从时间上划分有短期目标、中期目标和长期目标。

4. 班级管理的手段

班级管理的手段是班主任实施班级管理的各项措施,主要有计划、组织、执行、检查、处理等。

(三)小学班级管理的特性

小学阶段是儿童身心发展的重要阶段,小学阶段的儿童身体和智力发展迅速,心理变化大、可塑性强。与其他管理活动相比,小学班级管理具有以下特性:

1. 管理对象的特殊性

小学班级的主要管理对象是小学生。儿童进入小学班级,是他们第一次踏入正式的教育组织之中,进行有目标的学习。此阶段的学生同时表现出强烈的独立性与不可否认的依赖性[1],小学生自我意识已经开始萌发,一方面想要摆脱教师的控制,希望展现自我独立性,另一方面又不能独自面对问题、解决问题,对教师仍然具有较强依赖性。表现在小学生希望承担班级工作,争做教师的小帮手,但若遇到较为复杂和难以处理的问题时第一反应是跟教师报告,请教师指导。所以教师在给予学生自主权的同时也不能够完全放手,需要时时关注与及时引导。管理对象的特殊性还体现在管理对象的多样化,既有人,也有事、物、时间、空间、活动、信息等,多样而繁杂,增加了班级管理的复杂性,需要管理者运用系统、有效的管理策略分类管理。

2. 管理者的多角色性

班主任是班级管理的核心管理者,扮演着多重角色:

---

[1] 赖怡.学校发展与班级管理[M].昆明:云南大学出版社,2017:17.

（1）教育者。班主任一般同时兼任课程教师，所以班主任既是知识、技能的传授者，也是学生行为、思想的引领者，起到教书育人的作用。

（2）示范者。"学高为师，身正为范。"班主任是学生的榜样，有示范性作用。小学生正处在成长的过程中，模仿学习是他们的主要学习形式，教师就是他们关注和模仿的对象，教师的言行会直接或间接地影响学生的思想和行为，所以教师要有示范者意识，不能言行不一。

（3）学生的朋友。班主任除了是学生的长辈和引领者，同时也需要成为学生的朋友和知己。与学生建立平等的交往关系，才能够得到学生的信赖，进入学生内心，进而掌握学生思想和动态，有效地引导学生发展。如此，教育上方能取得事半功倍的效果，也能提升教师的人格魅力。

（4）活动设计者和组织者。班级管理是以活动为主要形式，班主任在班级活动中既是设计者也是组织者，但并不用事事亲为，更像是一个导演，协调班级学生开展活动，发挥学生的积极性。

（5）心理工作者。班主任需要关注学生的心理健康，帮助学生适应学校生活、缓解压力、应对人际关系、排解不良情绪等。新时代小学生的心理发展较为迅速，心理问题也相应较多而复杂，所以，了解心理异常表现，学习心理咨询的知识和技能，帮助学生建立积极健康的心态是现代班主任的职责之一。

（6）终身学习者。信息化社会，知识的更新速度快，信息传播渠道多样，学生接触到的信息丰富、迅速，教师已经不再是获取知识的唯一源泉。班主任要适应时代发展，也需要不断学习新知识、新思想，与学生共同进步。班主任树立终身学习的观念也能够潜移默化地影响学生，使学生形成终身学习的意识。

（7）教育研究者。面对新时代不断出现的教育新问题、新思想、新方法，班主任应该具有强烈的科学研究意识，在教育教学过程中总结经验、解决难题、开拓方法，做研究型教师。

3. 管理目标的发展性

班级管理的目标是通过各种各样的教育活动促进学生全面发展。所以班级管理目标与其他管理活动不同，它是阶段的、发展中的、没有终结的。小学阶段要培养儿童的爱国情感，初步养成关心他人、认真负责、诚实、勤俭、勇敢、正直、活泼向上等良好品质，养成讲文明、讲礼貌、守纪律的行为习惯；要具有计算、阅读、书写、解决问题等基本知识和基本技能，进行思维训练，发展智力；要强身健体，并养成良好卫生习惯，拥有健康的体魄；要有健康的爱好和基本审美能力；要热爱劳动，学会使用基本劳动工具，珍惜他人劳动成果。这些品质和能力的培养并不是一朝一夕可实现的，必须分阶段有序进行。学生的全面发展也没有终点，小学毕业既是一个阶段的结束，也是另一个阶段的开始，所以小学班级管理的目标是发展的、持续的。

4. 管理内容的丰富性

小学班级管理活动涉及面广，大到春游、竞赛，小到每日开门、锁门，这些都是班级管理的内容。具体包括：①班级日常事务的管理，如迟到的管理、旷课的管理、图书角的管理、卫生的管理、黑板报的管理等；②班集体建设，如班委选举、班会活动等；③班级活动的开展，如春游活动、植树活动、六一儿童节活动、社区活动，以及各类学习活动与竞赛活动等；④家长工作的管理，如家长会、家长活动等。班级活动常常也作为学校活动的一部分开展，由学校统一筹划安排，这样的活动组织既要符合学校要求，又要突显班级特色。班级活动越丰富和独特，对班主任和学生的要求就越高，需要整个集体献计献策，发挥每一个人的积极主动性。另外，班级管理活动还具有不确定性，做好计划安排的同时也需要考虑可能发生的变化，做好应急方案，才能保证活动的顺利完成。

5. 管理方法的多样性

班级管理是一门科学，也是一门艺术，好的管理需要智慧，也需要技术。在班级管理的过程中使用科学的理论、系统的方法是保障班级运行、活动开展、资源协调的基础。命令式、模式化的管理方式不能达到教育的目的，想要提高班级管理的效率就要运用多种有效的管理方法，如谈心法、书面交流法、协议法、分层管理法、问卷调查法、网络管理法等。新时代班级管理不能墨守成规，应该适应时代发展的需要，符合学生的身心特点和成长需要，教师要敢于创新，寻求突破，多渠道、多维度地促进学生的发展。

资料链接

新世纪的小学班级管理方法[1]

通过分析《班主任》杂志2001—2010年刊发的相关文献发现，一线小学教师已经开发出许多小学班级管理的新型方法，具体表现为：

1. 新书面交流法

过去，班主任通常使用面谈的方法来了解学生的内心想法，尽管取得一定效果，但人们逐渐发现，这种方法存在一些弊端。比如，有的学生畏于教师权威，不敢当面向老师吐露心声。针对这些问题，教师探索出书面交流法。书面交流包括多种形式，可以是学生写"成长日记"，教师写"教师评语"、贴"心情图片"，也可以是师生互传"小纸条"，还可以是学生替老师写"发言稿"。

2. 新型班级常规管理法

有教师探索出新型的班干部培养技巧。其一，设置耳目一新的岗位。摒弃以往使用的班长、副班长、班委等老套而又模糊的岗位名称，与学生们一起确定班级

---

[1] 曾文婕,卢婷婷,周婷.新世纪我国小学班级管理方法开发的现状与展望：基于2001—2010年《班主任》杂志的文献分析[J].教育科学研究,2011(10):40-45.

自主管理的十几个职责明确的岗位。其二,使用新奇夺目的标志。设计制作一批新奇夺目的干部标志。有的是漂亮的徽章,有的是精美的袖章,还有的是醒目的绶带。其三,确定精挑细选的人才。第一批小干部的候选人主要由教师推荐,然后由学生举手表决,半数以上通过即可走马上任。其四,落实以旧带新的传承。为了让每个学生都有参加班级管理的机会,每个岗位的小干部任期最长为一个月,如果在任职期间有玩忽职守或其他重要违纪现象的立刻下岗。其五,实行人人参与的评价模式。班干部在"管理"别人的时候,要本着服务的原则,耐心劝导,细心指导。同时,小干部要时刻接受同学和老师的监督与评价。师生可以利用班会课、民意调查、访谈等方式,对小干部的管理工作进行了解和评价。

3. 新式班级活动法

随着社会的进步和网络的普及,班级活动也与时俱进,基于网络建立的班级博客、班级论坛、班级网站、班级QQ群等颇受欢迎,效果显著。如,有的教师带领学生共同建设班级博客,通过网络将全班学生联结在一起,大家在上面抒写理想和感悟,贡献智慧和创意。还有教师在网络上建立了班级论坛,其中《心灵的阳台》《大家聊天室》《梦想中的未来》《给予的快乐》《真诚的赠言》《班级生活写真》和《我们来创造文明格言》等栏目已成为班级活动的"热门舞台"和班级管理的有效保障。

4. 协议型行为辅导法

有些行为习惯不良的"特别"学生,教育起来难度比较大。在多年的班主任工作中,有教师发现与"特别"学生签订协议是一种行之有效的方法。签订协议的方式多种多样,既可以是师生面对面签订个性化协议,也可以是采用特殊方式订立协议。签订个性化协议的基本要领为:其一,寻找协议对象。教师通过日常行为观察,寻找那些比较"特别"的学生,记录他们的"特别表现",为下一步拟订协议做准备。其二,制订协议书。协议书一般包括:存在问题、建议、奖励和惩罚四项内容。其三,加强监督和提醒。为帮助协议对象实现协议书中的建议,成立由班主任、班委会成员和相关学生组成的监督小组,根据协议内容对协议对象进行监督和提醒。其四,颁发"成功卡"。协议到期后,班主任应组织班委成员根据协议内容对协议对象进行考核和民意测评。对达到协议要求的学生,颁发"成功卡"并进行通报表扬。

5. 问卷调查式沟通法

问卷调查是一种基本的研究方法。随着教师研究能力的增长,这一方法正发展成为增强教育合力的有效方法。比如,教师在开家长会之前,先对学生进行问卷调查,然后,整理问卷,进行有针对性的准备。召开家长会时,重点呈现家长中存在的一些令孩子不满的做法,并抛出设计好的问题,让家长展开讨论。

6. 管理过程的教育性

培养人是学校教育管理的根本任务,必须贯穿于班级管理的整个过程中。班级的管理是以教育为基点,在计划、组织、发展的全过程中体现教育的目标和要求。班级的各阶段目标要符合学生的发展,满足学生成长的需求。班级规则的设立首要关注的是教育性,避免不正当的惩罚,维护儿童身心健康是第一原则。允许特殊情况的存在,不能完全依靠制度,对于特殊情况还需特殊处理,体现教育的人文关怀。活动的组织也要适合于学生,使学生在参与的过程中有所收获。班级的教育性不仅体现在培养学生的社会性,还体现在重视学生的个性发展。教育不是压抑学生,不是让学生服从,而是引导学生,是让学生自我了解、自我管理、自我发展。管理是为了给学生营造良好的学习环境,帮助学生成长、成才,所以营造舒适、安全、上进的学习氛围应该是班级管理的基调。

第三节 新时代小学班级管理的价值追求

教育部《关于进一步加强中小学班主任工作的意见》(2006)指出:"中小学班主任工作面临许多新问题、新挑战。经济社会的深刻变化、教育改革的不断深化、中小学生成长的新情况新特点,对中小学班主任工作提出了更高的要求。"让学生好好学习、天天向上,管理好学生行为习惯已不能满足时代对班级管理的要求,根据新时代社会发展需求培养学生成为全面发展的人、身心和谐发展的人、终身学习的人才是班级管理的根本任务。班主任要从"管家"的身份转变为学生的引路人和陪伴者,运用合适的管理手段促进学生优秀心理品质、良好文化素养的形成和发展,为学生进入未来纷繁多变的社会奠定基础。时代发展要求班级管理的观念和方式发展革新,新时代的班级管理呈现更人性化的价值追求。

一、促进小学生全面和谐发展

随着科学的发展进步,人类社会进入信息时代并迈向知识经济时代。在这个信息技术高度发达的时代,社会生活的信息化、网络化程度越来越高,知识获取越来越便捷,知识更新周期越来越短,人们原有的知识和技能已经远远不能满足现在工作和学习的需要。简单的知识和技能的学习已经不适应新时代人才发展的需求,全面发展、终身学习成为必然趋势。"形成全民学习、终身学习的学习型社会,促进人的全面发展"是党中央向全国人民发出的动员令和宣言书。"中国未来发展、中华民族伟大复兴,关键靠人才,基础在教育。"义务教育阶段的主要目标就是促进学生全面和谐发展。

(一)全面和谐发展的内涵

《国家中长期教育改革和发展规划纲要(2010—2020年)》提出"以人为本,德育为先,能力为重,全面发展"四点新时代教育战略,要求"全面加强和改进德育、智育、体育、美育。坚持文化知识学习与思想品德修养的统一、理论学习与社会实践的统一、全面发展与个性发展的统一。加强体育,牢固树立健康第一的思想,确保学生体育课程和课余活动时间,提高体育教学质量;加强心理健康教育,促进学生身心健康、体魄强健、意志坚强;加强美育,培养学生良好的审美情趣和人文素养;加强劳动教育,培养学生热爱劳动、热爱劳动人民的情感。重视安全教育、生命教育、国防教育、可持续发展教育。促进德育、智育、体育、美育有机融合,提高学生综合素质,使学生成为德智体美全面发展的社会主义建设者和接班人"。

夸美纽斯说:"教育在于发展健全的个人。"要培养健全的人、全面发展的人,其内容丰富,涉及面广,德、智、体、美、劳都是学生发展必不可少的部分。根据美国著名发展和认知心理学家霍华德·加德纳(Howard Gardner)的多元智能理论,人的智能包含八个范畴,分别是语言智能、数理逻辑智能、空间智能、身体运动智能、音乐智能、人际智能、内省智能和自然观察智能。他强调:"学校教育的宗旨应该是开发多种智能,并帮助学生发现适合其智能特点的职业和业务爱好。"人的智能还可以从其他角度进行分类,如记忆力、形象力、抽象力、意志力、创造力等。智能有多种划分方式,在学校教育中并不强调遵循某一种模式,而是要践行全面发展的理念,考虑平衡和协调。这就意味着学校教育应该是非单一的、非偏向的教育,各个学科应处于同等地位。评优评先的时候不仅要看到学生的文化课成绩,还要考虑学生体育、美术、音乐、劳动等素养的发展情况。

(二)以活动为载体促进学生全面发展

班级管理主要是以活动为形式,对活动进行计划和组织。教育的目标通过各种各样的活动而得以实现。所以,要促进学生的全面和谐发展,班主任就需要开展丰富的班级活动。针对学生的养成教育可以开展"做一个有责任心的人""信用是金,诚信无价""我们与手机"等主题活动;针对学生的学习教育可以开展"找到适合自己的学习方法""时间都去哪儿了"等主题活动;针对学生的品德教育可以开展"不学礼无以立""和谐个体、和谐班级、和谐校园"等主题活动;针对学生的心理健康教育可以开展"正视压力,勇往直前""快乐学习,健康成长"等主题活动;针对学生的安全教育可以开展"爱和平、反暴力、反分裂""安全意识在我心""法在身边,法在心中"等主题活动。[1]除了主题班会以外,班主任还可以通过教育教学活动,如一对一帮扶、小组互助、学习竞赛等;日常管理活动,如黑板报、卫生管理、物品管理、考勤管理等;出游活动,如春游、植树、游学、社区访问等对学生进行教育。

---

[1] 赵剑,王澍.让主题班会绽放精彩——班级十大主题教育活动案例精选[M].昆明:云南大学出版社,2016:1-313.

(三)以促进学生全面和谐发展为目标的评价改革

评价是对目标的检测与反馈,以促进学生全面和谐发展为教育目标,必然需要以"全面考察、多元评价"为指导思想的评价模式。过去唯分数论的评价机制已然不能适应新时代教育的评价需求,评语、行为观察、学习日记、情境测验、"学生成长记录袋"等方式成为新的学生过程性评价手段。上海市"改革义务教育教学质量综合评价办法"项目组提出改变纸笔测试的单一模式,建立教育评价"绿色指标",促进学生全面发展。学业质量绿色指标综合评价的内容,主要包括以下十个方面:

第一,学生学业水平。包含学生学业成绩的标准达成度、学生高层次思维能力以及学生学业成绩均衡度。

第二,学生学习动力。包含学生的学习自信心、学习动机、学习压力和学生对学校的认同度。

第三,学生学业负担。通过调查学生的睡眠时间、做作业时间和补课时间来反映当前学生的学业负担。

第四,师生关系。师生关系的调查主要包含教师是否尊重学生,是否公正、平等地对待学生,是否信任学生等。

第五,教师教学方式。学生对教师教学方式的评价主要通过采集学生问卷数据、运用统计方法得到结果。

第六,校长课程领导力。校长课程领导力的调查分析包含三个方面,分别为课程决策与计划、课程组织与实施、课程管理与评价。

第七,学生社会经济背景对学业成绩的影响。父母受教育程度、父母职业、家庭文化资源等综合为学生社会经济背景。

第八,学生品德行为。主要包括学生的理想信念、公民素质和健全人格三方面,通过调查学生是否自尊自爱、是否有诚信和责任心、是否遵守公德等具体指标来调查。

第九,学生身心健康。学生的身心健康水平主要通过调查学生生理、心理和情感等指标来反映。

第十,跨年度进步。对学生学业质量的评价不仅关注以上九个方面的现状,还关注这些指标的动态发展变化。[1]

二、师生共享生命成长的快乐

班主任是班级的一员,既是学生的老师又是学生的朋友。在学生生命成长的过程中,老师既是引路人和同行者,又是分享者。除了父母之外,班主任陪伴学生的时间是最

---

[1] 徐淀芳,纪明泽,汪茂华.学业质量"绿色指标":促进学生全面发展的利器——《上海市中小学生学业质量绿色指标》评价改革概要[J].中小学管理,2013(07):7—10.

多的,班主任应当成为学生的知己,让学生在成功时能够第一时间与班主任分享,难过时可以在班主任面前倾诉,迷惘时与班主任一起寻找方向,失败时得到班主任的耐心安慰……班主任在学生心里既要成为海浪,推动儿童思想的小船远航;又要成为港湾,让孩子疲惫的时候有所依靠。陶行知先生说:"我们希望今后办训育的人要打破侦探的技术,丢开判官的面具。他们应当与学生共生活、共甘苦,做他们的朋友,帮助学生在积极活动上行走。"在他看来,教师在精神上应变成儿童:"你若变成了小孩子,便有惊人的奇迹出现:师生立刻成为朋友,学校立刻成为乐园;你立刻觉得和小孩子们一般儿大,一块儿玩,一处做工,谁也不觉得你是先生,你变成了真正的先生。"这是师生相处的真谛。

为了共享生命成长的快乐,老师与学生应当建立起"学习共同体"的关系,教师可以毫不隐藏地向学生显露自己的学习需求,与学生共同探讨问题,对自己不了解的事物虚心请教,这些都能够增进师生之间的关系,让学生看到教师终身学习的态度。课堂之中也需要建立师生之间的"学习共同体"关系,使课堂从教授知识、技能转变为生成知识、思想和经验。多项研究都证明良好的师生关系能够促进学生的学业发展,并且对学生健全人格的形成有积极影响。

【案例探析】

李镇西谈"和学生打成一片"[①]

曾多次听人说过:"学生就是学生,老师就是老师,师生关系不能庸俗化!什么'师生打成一片'?这是不可能的事!"而我却坚定地认为,教师真诚地和学生打成一片,不但可能而且应该。

苏联杰出的教育家苏霍姆林斯基,以自己是学生的平等的朋友而自豪。他曾在假期和学生一起划着小船到荒岛探险。他多次说:"孩子们的快乐,就是我的快乐!"从教16年以来,我多次邀约学生(或被学生邀约)去远足郊游、去登山探险:峨眉山、云南石林、黄果树瀑布、瓦屋山原始森林……都留下了我们的足迹和笑声。我的右手掌上,至今还留着一块伤疤。这是9年前一群高二学生在峨眉山的雪地上和我狂打雪仗时留下的纪念。就在上星期六,我和我的初一学生还一起徒步几十里路到乡间春游。在洒满春光的草地上,我和学生们斗鸡、摔跤,最后我被他们死死地压在下面……多年来,不少家长为我和学生亲密无间而感动;而我却认为,学生在课余和我"没大没小",甚至叫我"老李""镇西兄""西哥",这是我的荣幸:因为他们看得起我!

"和学生打成一片"是没有错的。真诚只能以真诚去赢得,而心灵只能用心灵去感受,因为——教育者的尊严是学生给的!

讨论:

你认为"教师和学生打成一片"对学生生命成长有何积极意义?

[①] 李镇西.我这样做班主任——李镇西30年班级管理精华[M].桂林:漓江出版社,2015:136-137.

本章小结

小学阶段处于个体的儿童期，也称作学龄儿童期、儿童中期，此时期儿童相应地被称为学龄儿童或小学儿童。儿童在这一时期身体、心理、社会性发展都会产生显著变化，了解这些变化是教育和管理儿童的第一步。

新时代小学生生活的环境资源丰富、信息通达，同时竞争激烈。在新的时代，小学生需要做全面发展的人；拥有终身学习的态度和能力；有合理利用和保护资源的意识；以及能处理好竞争与合作的关系。

班级是按照年龄或发展水平所划分出的有一定人数和共同学习目的的学校教育基层组织。班级管理是班主任在学校环境下为实现班级教育目标而进行计划、组织、领导、控制、创新，开展班级活动并协调班级资源的过程。管理者、管理对象、管理目标和管理手段构成了班级管理的四大要素。

时代发展要求班级管理的观念和方式发展革新，新时代班级管理的价值追求主要表现为两方面，一是促进小学生全面和谐发展，二是师生共享生命成长的快乐。

【思维导图】

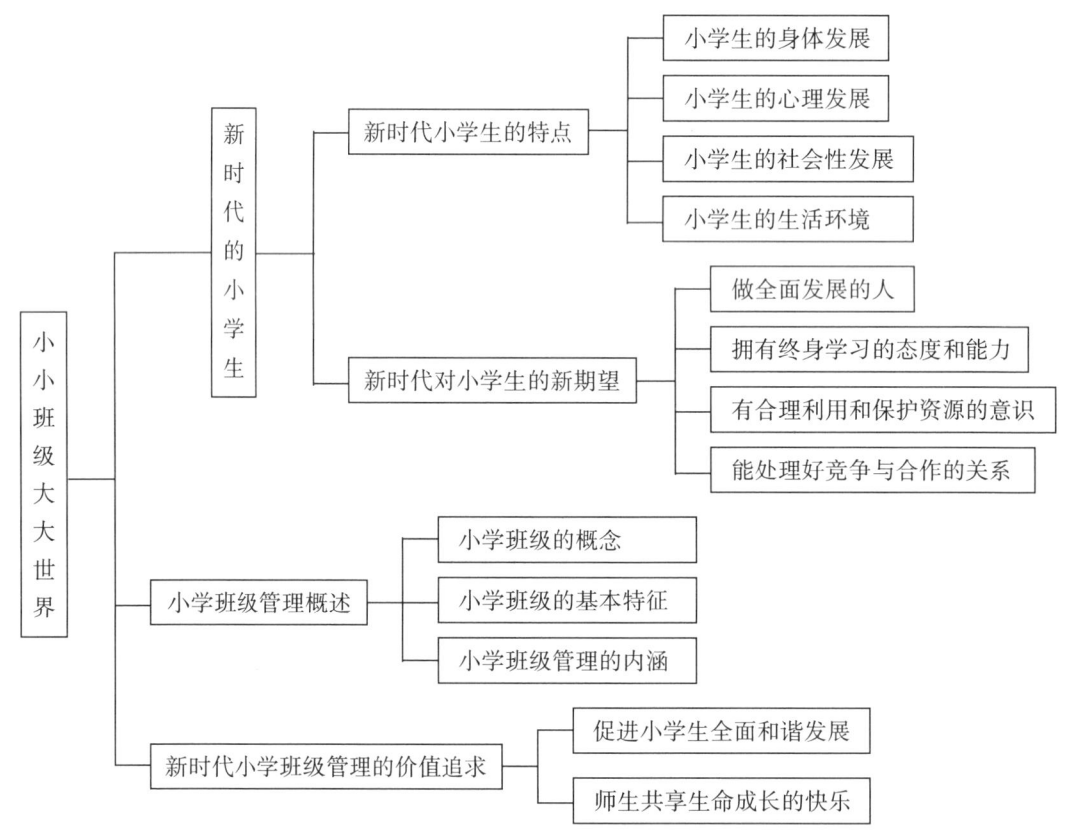

```
小小班级大大世界
├── 新时代的小学生
│   ├── 新时代小学生的特点
│   │   ├── 小学生的身体发展
│   │   ├── 小学生的心理发展
│   │   ├── 小学生的社会性发展
│   │   └── 小学生的生活环境
│   └── 新时代对小学生的新期望
│       ├── 做全面发展的人
│       ├── 拥有终身学习的态度和能力
│       ├── 有合理利用和保护资源的意识
│       └── 能处理好竞争与合作的关系
├── 小学班级管理概述
│   ├── 小学班级的概念
│   ├── 小学班级的基本特征
│   └── 小学班级管理的内涵
└── 新时代小学班级管理的价值追求
    ├── 促进小学生全面和谐发展
    └── 师生共享生命成长的快乐
```

【思考与练习】

1. 新时代小学生有什么特点?
2. 新时代对小学生有哪些新的期望?
3. 小学班级管理的特性有哪些?
4. 你认为小学班级管理有哪些价值追求?

【推荐阅读】

1. 阿尔弗雷德·阿德勒.儿童教育心理学[M].张艳华译.北京:清华大学出版社,2017.
2. 赖怡.学校发展与班级管理[M].昆明:云南大学出版社,2017.
3. 赵剑,王澍.让主题班会绽放精彩——班级十大主题教育活动案例精选[M].昆明:云南大学出版社,2016.
4. 黑柳彻子.窗边的小豆豆[M].赵玉皎译.海口:南海出版公司,2003.
5. 雷夫·艾斯奎斯.第56号教室的奇迹[M].卞娜娜译.北京:光明日报出版社,2017.
6. 魏书生.班主任工作漫谈[M].桂林:漓江出版社,2014.

第二章
小学班级管理的主导者——班主任

先生不应该专教书,他的责任是教人做人;学生不应该专读书,他的责任是学习人生之道。

——陶行知

教育之没有情感,没有爱,如同池塘没有水一样。没有水,就不能称其为池塘,没有爱就没有教育。

——夏丏尊

使学生对教师尊敬的唯一源泉在于教师的德和才。

——爱因斯坦

善于把教育失误变成教育财富,这是任何一个教育者从普通教师走向教育专家乃至教育家的最关键的因素之一。

——李镇西

学习提要

1. 了解小学班主任的角色定位。
2. 理解小学班主任应具备的职业意识与职业素养。
3. 掌握小学班主任的专业成长路径。

第一节　小学班主任的角色定位

> **资料链接**

班主任在思想上、行动上的"自我解放"[1]

"解放"班主任,不仅仅是学校领导的事。对于每一位班主任来说,更应该主动在思想上、行动上"自我解放"。思想上的"自我解放",就是要勇于更新教育观念;行动上的"自我解放",就是应善于改革教育方法。

更新教育观念,要求班主任用教育科学理论武装自己的头脑,明确自己的使命是塑造灵魂,而非管制学生;自己的身份是学生思想的引路人,而非学生集体的独裁者。在此基础上,班主任的思想观念应实现三个转变。

一是变事务应付为教育科研。班主任随时以科研的态度来对待自己的每一项工作,把自己所带的班级当作自己的教育科研基地。要根据实际情况善于提出科研课题,并紧紧围绕课题去思考与实践,减少各种事务对自己的干扰。这样班主任会觉得每一天的工作都会有新的发现、新的收获,因而同样紧张的工作却变得有兴趣、有意义了。

二是变个人权威为集体意志。一些班主任之所以感到太累,原因之一是他们过分注重自己的个人权威,对班上的事什么都不放心,非自己亲自过问不可,然而,由于集体意志并未形成,班主任的努力往往收效不大,这自然使他们感到力不从心、精神疲惫。一个班当然离不开班主任的个人权威,但这个人权威应该通过健康舆论、班级法规转变为集体的意志,使班级由"我的(班主任个人)"变为"我们的(学生集体)",这样,班级凝聚力才会形成,班主任的工作才容易事半功倍。

三是变孤军奋战为师生合作。这是教师个人权威转变为学生集体意志后的必然结果。孤军奋战的苦与累,想必每一位班主任都体会过,但未必每一位班主任都能醒悟,这种"苦与累"是自己的错误观念造成的!既然认为这个班只是班主任个人的,既然不相信学生的自我管理能力,那么,凡事当然就只有靠班主任一人支撑了。其实,班主任完全应该也可以把一个班级的重担让几十个学生分担的。不要老是认为学生自觉性差,能力不强。实际上,学生源于教师对自己的信任而产生的自觉性是不可忽视的,学生潜在的组织能力、管理能力更是不可低估的。因此,所谓"培养学生的自觉性与能力",首先就是班主任为学生提供自我教育与管理的机会,而不是"手把手地教"。当每个学生都以主人的姿态与班主任协力建设班集体时,班主任还会感到累吗?

---

[1] 李镇西.做最好的老师[M].桂林:漓江出版社,2006:128-129.

所谓角色,《现代汉语词典》将其解释为演员在戏中扮演的人物,也比喻生活中某种类型的人物。因而,小学班主任的角色定位即为小学班主任在师生关系中、班级管理中、教育教学活动中应该扮演的人物。

一、小学生成长与发展的引路人

《中小学班主任工作规定》指出,班主任"是中小学生健康成长的引领者,班主任要努力成为中小学生的人生导师"。小学班主任要努力引领学生健康成长,引导学生成人成材。1996年,联合国教科文组织提出教育的四大支柱,即学会做人,学会做事,学会求知,学会合作。有学者提出"学会求知:会求知,求真知;学会做事:会做事,善共事;学会担当:勇担当,能担当"的"三个学会"核心素养主张。[1]这两者有异曲同工之妙。在信息急速产生又飞速传播的时代背景下,作为引领小学生健康成长的人生导师,小学班主任教会学生学会做人、学会做事、学会合作、学会求知、学会生活,责无旁贷。

资料链接

爱让我们改变——泰迪的故事[2]

(翻译:上海外国语大学 杨雪)

2012-05-14

开学第一天,站在自己带的五年级学生面前,汤普森老师对孩子们说:"我会平等地关爱你们每一个人。"这样的承诺大部分教师都曾给过,却很少能成为现实。这一次恐怕也难逃窠臼,因为前排座位上那名叫泰迪·斯塔拉德的小男孩,看上去是如此的一蹶不振。

汤普森老师从去年开始就留意泰迪了,这个孩子不太合群,经常是一副衣冠不整、邋里邋遢的样子。对教师来说,泰迪可不是一个讨人喜欢的学生。事实上,每当她在泰迪的试卷上打上一个个粗粗的红叉,然后在卷首狠狠批上"差"字时,汤普森老师的内心甚至会冒出些许快意。

这一天,汤普森老师按照学校规定在检视所有学生以往的成绩单,她把泰迪的那份压到了最后才看,却意外地发现前任教师对泰迪的评语不同寻常。

他的一年级教师这样写道:"泰迪聪明、开朗,功课工整,待人彬彬有礼,是一个人见人爱的好孩子!"

---

[1] 陈树杰.我的"核心素养"观:学会求知　学会做事　学会担当[J].福建基础教育研究,2016(02):15-17.
[2] 杨雪.爱让我们改变——泰迪的故事[EB/OL].(2012-05-14)[2019-07-29]. http://blog.sina.com.cn/s/blog_4e0420c501012ym9.html.

他的二年级教师这样写道:"泰迪表现优秀、人缘颇佳。不幸的是他妈妈的绝症已进入晚期,家境艰难,泰迪的日子一定不好过。"

他的三年级教师这样写道:"妈妈的离世对泰迪是个沉重的打击,他试图走出来,可他的爸爸却不以为意。这样的家庭状况如果得不到改善,很快就会对泰迪的成长造成不良影响。"

他的四年级教师这样写道:"泰迪落后了,对上学失去了兴趣。他没有什么朋友,有几次还在课堂上睡着了。"

直至此刻,汤普森老师才意识到了问题所在,她为自己过去的态度感到愧疚。

更让她感到难过的是圣诞节那天,所有学生都给她带来了精美的礼物,唯有泰迪例外。没有别人礼物上的漂亮缎带和光滑包装纸,他的礼物只草草地裹着一层从杂货袋上撕下的棕色粗纸。尽管如此,汤普森老师还是当着全班同学的面打开了泰迪的礼物。那是一条水钻手链,有几颗钻已经脱落不见,还有一瓶只剩下四分之一的香水。看到这些,有些学生不禁笑出声来,汤普森老师止住了他们。她一边赞叹这只手链的美丽,一边把它戴了起来,并且在手腕上洒了些香水。

这一天放学后,泰迪留了下来,他对汤普森老师说:"老师,您今天闻起来跟我妈妈以前一样。"孩子们离开后,汤普森老师哭了足足有一个多小时。从那天起,她停止"教书",转而"育人"。主导她心的不再是阅读、写作和算术课本,而是那群有活力有感情的孩子们。汤普森老师对泰迪格外关注。有了老师的帮助,泰迪的心智开始复苏。她的鼓励越多,他的进步越快,及至年底,泰迪已经成为班里的佼佼者。尽管她曾经谎称自己会平等地关爱每个孩子,但泰迪无疑得到了更多的偏爱。

一年后,汤普森老师在门边发现一张泰迪写来的字条,称她是自己一生中遇见过的最好的老师。

六年后,她收到了泰迪的第二张纸条,告诉她自己已经以第三名的成绩从高中毕业,而她,依然是他一生中最好的老师。

四年后,她收到了泰迪的另一封信。信里说虽然学业并非一帆风顺,但他仍想留在校园,他会坚持到最后,并且不久之后就将以最高荣誉从大学毕业。一如既往,他把汤普森称作自己最好、最喜欢的老师。

另一个四年后,又来了一封信。汤普森老师从信中得知,取得学士学位后,他选择了继续深造。她仍然是泰迪最好、最喜欢的老师,只是,这次他的签名有点长——希欧多尔(泰迪大名)·F.斯塔拉德医学博士。

故事至此尚未结束。那年春天,又有一封书信翩然而至,信中泰迪说他遇到了生命中的女孩,即将和她迈入教堂。他告诉汤普森老师,他的父亲几年前也离世了,问她是否愿意以新郎母亲的身份出席婚礼。

毋庸置疑,汤普森老师答应了。猜不到吧!婚礼那天她特地带上了那条水钻斑驳不全的旧手链,喷了香水,泰迪记得那是妈妈在与他共度的最后一个圣诞节里用过的那款香水。

他们互相拥抱时,斯塔拉德博士在老师耳边轻声说:"谢谢您对我的信任。谢谢您让我感受到自己的重要,谢谢您让我明白自己可以有所作为。"

汤普森老师热泪盈眶,轻声回语:"泰迪你错了。是你教会了我,让我明白自己并非无可作为。直到遇见你,我才明白教师职业的真谛。"

你永远无法预知自己的作为或者不作为,对别人的人生将产生怎样的影响。既然如此,那么在今后的人生旅途中,请试着为别人的人生带来一丝美好的改变吧!

(一)班主任需要引领学生学会做人

学会做人在这里超越了单纯的道德意义上的"做人",而包括了适合个人与社会需要的情感、精神、交流、亲和、合作、审美、体能、想象、创造、独立判断、批评精神等方面相对全面而充分的发展。[1]它与我国培养德、智、体、美、劳全面发展的社会主义事业建设者和接班人的教育目的异曲同工。

教会学生做一个身心健康的人。健康是人生的重要基石和财富,没有了健康,我们的生活质量、工作效率、幸福感都会大打折扣。因此,班主任要努力帮助小学生养成规律作息、勤于锻炼、端正坐姿、科学用眼用脑等良好的行为习惯;班主任要善于观察小学生的情绪变化,教会学生表达和调控不良情绪;班主任要充分了解每个学生的人格特点,安排班务、分配任务、批评教育时尽量做到尊重差异,有的放矢。

教会学生做一个志趣高雅的人。班主任要尽力打造班级的休闲娱乐文化,开展休闲教育和兴趣爱好指导,培养学生高雅的志趣、健康的情趣,教会学生妥善安排自己的课外生活和闲暇时间,把兴趣和爱好转移到一个积极、健康的轨道上来,学会生活,学会娱乐,学会休息,做到"从心所欲不逾矩"。

教会学生做一个勇于担当的人。担当,涉及主体性和责任心。人们对自己、对家庭、对社会、对民族、对国家乃至对待整个人类都要负有责任。一屋不扫何以扫天下。正如魏书生老师曾经所说,学生的责任心不是表决心表出来的,也不是喊口号喊出来的,而是在踏踏实实做事的过程中培养起来的。因此,班主任应在班级管理中安排事务时落实到人,做到班级事务事事有人做、人人有事做。只有在脚踏实地的做事中才能培养起学生

---

[1] 周南照.21世纪教育的四大支柱[J].世界教育信息,2014(15):3-7.

的主人翁态度及责任感来。

(二)班主任需要引领学生学会做事

学会做事就是要培养学生愿做事、会做事和善共事的能力。古语云,"修身齐家治国平天下"。要做大事,首先要学会从身边的小事做起。因此,学会做事首先要教会学生愿意做事。由于深受独生子女政策的影响,在"四二一家庭模式"中长大的孩子不愿意做事,总以为别人帮他做事是天经地义的事。因而,班主任要在班务管理中,帮助孩子树立起自己的事情必须自己做的正确观念,使他们愿意做事。其次,学会做事要培养学生会做事的能力。会做事的能力,不仅包括实际动手操作的技能、提高做事效率的方法,更包括如何处理人际关系、如何对待困难、如何解决冲突、如何组织管理和承担风险等多方面的综合能力。因此,班主任在班务管理中,要教会学生做事的方法、技巧,独立解决问题的能力。再次,学会做事要培养学生善共事的能力。当今世界,共商、共处与共享正在成为社会的普遍共识,具备合作的意愿与合作的本领,熟悉社会的游戏规则,具有良好的角色意识,能主动服务他人和社会,是未来社会对人才规格的新要求。因而,班主任在班务管理中,要通过分配合作任务,培养学生的合作意识和技能,培养学生倾听他人说话、尊重他人意见、清晰表达自己想法的能力,使学生学会设身处地地去理解他人,从而消除彼此间的隔阂、偏见与敌对情绪,帮助他们和周围人群友好相处,具有为实现共同目标和计划而团结合作的精神。

(三)班主任需要引领学生学会学习

在当前信息化的时代背景下,终身学习成为必然。学会学习意即教会学生学会如何学习,培养学生的学习能力。面对爆炸性产生又瞬息性传播的海量信息,班主任要教育学生学会最迅速、最有效地获取信息、处理信息和运用信息的能力,要学会广博与专精相结合,由博返约的学习方法,即掌握认知的手段,而不在于知识本身。"授人以鱼,仅供一饭之需;授人以渔,则终身受用无穷。"班主任应努力发掘学生的学习潜力,帮助学生找到适合自己的学习模式,让学生乐于学习,勤于思考,勇于实践,这是终身学习的根本。

(四)班主任需要引领学生学会生活

广义上的生活,是指人为了生存和发展而进行的各种活动,包括日常生活行为、学习、工作、休闲、社交、娱乐等活动。因而,学生的生活世界不仅仅是学习。班主任要努力培养学生良好的日常行为习惯、广泛的兴趣爱好和高雅的社交娱乐情趣。

培养学生良好的日常行为习惯是引领学生学会生活的重要内容。班主任应与家长形成合力,努力培养学生有规律的作息习惯。现在大多数学生会在学校用午餐,班主任应利用好这些契机,给学生合理分工,培养学生主人翁的态度、自己的事情自己做的意识及合作共事的能力;要教会学生公共场所应有的行为方式;培养学生珍惜粮食的良好品行;真诚感谢为大家提供饭食的厨房阿姨,培养学生学会感恩;等等。学生深受大众传媒声光色的吸引,容易养成久坐的不良习惯,班主任应多开展体育活动,带领学生养成锻炼的习惯,为学生的健康成长保驾护航。

古希腊哲学家亚里士多德极力提倡闲暇教育,并认为要激发孩子的创造能力,需要两个必要条件:一是自由时间,二是自由学科。法国著名教育学家卢梭也曾经告诫我们:最重要的教育原则是不要爱惜时间,要浪费时间。这句话的重要含义在于当家长和老师唯恐孩子虚度光阴,强迫着他们做无穷的功课,让孩子终日埋头题海之中,不给他们留出一点自由安排的时间时,在卢梭看来,"误用光阴比虚掷光阴损失更大,教育错了的儿童比未受教育的儿童离智慧更远"。因而,班主任要给学生足够的自由时间,培养他们自主安排时间的能力及创新能力。

当然,给予学生足够的自由时间,并不意味着放任自流,班主任应教会学生科学管理时间、合理利用时间。时间对每一个人都是公平的,都是一天24小时。但因为对时间的管理和利用能力不同,每个学生在相同的时间里收获不同,效益各异。因此,班主任应努力培养学生的时间管理能力,教会学生制定切实合理的目标和计划,并严格按计划执行。提高学习和行为效率,是科学管理时间的重要基础。班主任要帮助学生了解自己的认知风格,恰当地选择任务,高效地利用时间,科学地营造环境,亦是培养学生科学管理时间的重要措施。

班主任给予学生足够的自由时间并培养学生科学管理时间和合理利用时间的能力,其目的在于促进学生发展广泛的兴趣和爱好。并且新一轮高考改革的动向,就有意引导学生广泛阅读,涉猎全面。阅读是一把钥匙,帮助学生打开知识的宝库。因此,班主任要循序渐进地给学生安排适合的读物,并引导学生掌握阅读方法和技巧。根据加德纳的多元智力理论,每个学生都有自己的优势智能,也有自己的弱势智能。班主任应努力了解并帮助学生了解自己的优势智能,提供机会帮助学生发展自己的优势智能。

二、小学班级教育资源优化配置的设计师

教育资源是指教育过程所占用、使用和消耗的人力、物力和财力资源,即教育人力资源、物力资源和财力资源的总和。作为班级的管理者,小学班主任的重要任务就是对学生和班级教育资源进行优化配置,使教育资源得到充分利用。

(一)科学利用时间

"时间就是金钱,时间就是效率。"因此,班主任要加强对学生珍惜时间、充分利用时间的教育,培养学生科学管理时间、合理利用时间的意识和能力,以提高自己的学习、行为效率。魏书生老师曾经提到,在他的班级管理中,有一个关于时间管理的经典案例。他们班接到了学校下达的必须完成多少方土石的搬运任务,接到任务以后,他组织学生讨论如何操作效率最高。要完成土石搬运任务,需要有人挖土、有人运土、有人倒土。于

是,明确分工,落实到人。运土的同学一趟大概能运多少?用什么工具最方便?要运完这所有土石,大概需要多少趟?一趟大概需要多少时间?一共大概需要多少时间……他们先把问题理清楚,再讨论实施。经过讨论,所有同学分工明确,目标清晰,一旦行动起来,效率很高。所以,班主任要教会学生科学地利用时间,教会学生在一定时间内科学地安排学习内容、学习课程,处理好学习与活动、学习与休息、学习与劳动的关系。

(二)营造良好的班级环境和班风

优美的班级环境对学生具有潜移默化的影响作用。班主任要充分利用这一教育资源。班级环境主要包括班级硬环境和软环境。硬环境涉及班级卫生状况、教室布置、板报、标语、字画等;软环境涉及明确的班级建设目标、完善的班级规章制度、正确的价值取向和舆论、和谐友爱的人际关系等。要营造良好的班级环境和班风,班主任需要发扬民主作风,带领同学们通过讨论制定明确的班级发展目标、切实可行的班级规章制度;通过各种评比、竞赛,树立优秀学生典范,引导班级舆论,形成良好班风;将班级事务合理分工,落实到人,做到人人有事做、事事有人做,以营造良好的班级硬环境。

(三)建立和谐的师生关系

"亲其师,信其道。"良好、和谐的师生关系是学生健康成长的重要因素,是十分重要的教育资源。班主任与学生作为一种特殊的师生关系,与学生相处的时间更多,对学生的健康发展影响更大。《中小学教师职业道德规范》将爱与责任作为贯穿中小学教师职业道德的主线,并强调,关爱学生是师德的灵魂。著名教育家夏丏尊先生在《爱的教育》中提出:"教育上的水是什么?就是情,就是爱。教育没有了情爱,就成为无水之池,任你四方形也罢,圆形也罢,总逃不了一个空虚。"因此,班主任要利用好这种教育资源,就需要以爱为基础,乐学生之所乐,想学生之所想,参与学生的各项文体活动和班级劳动,与学生打成一片,缩小甚至消除师生之间的心理差距,建立融洽、和谐的师生关系。

(四)塑造教师的人格魅力

教师的人格魅力是十分重要的教育资源。人格是指人的气质、性格、能力等特征的总和。人格魅力则指一个人在品行、气质、性格、能力等方面具有的吸引人的力量。因此,教师,特别是班主任高尚的品行、优雅的气质、开朗的性格、非凡的能力对学生具有超强的吸引力。著名教育家乌申斯基说过:"教师个人对青年人心灵的影响所产生的教育力量,无论是什么样的教科书、什么样的思潮、什么样的奖罚制度,都不可能代替。"孔子曰:"其身正,不令而行;其身不正,虽令不从。"小学生具有很强的向师性。具有高尚人格的班主任,其言行和决策深得学生尊崇和信服,其言谈举止、为人处世都在潜移默化地影响着学生,成为学生模仿的榜样和学习的楷模。

(五)寻求家长的配合,形成教育合力

家长是影响力巨大且非常丰富的教育资源。在学生成长的过程中,家长的教育理念和教育方式、学校的老师和同伴、社会习俗和大众传媒都在对孩子产生影响。青少年的感情、意志、兴趣、爱好、行为习惯等性格特征,深受家长的影响。如果家长的教育理念、教育方式与学校教育理念不符,就会导致"5+2≤0"的情况出现,即五天的学校教育与两天的周末家庭教育的影响相互抵消,甚至出现负效应。因此,班主任可以利用家长会、教师家访、家长来访等机会,通过电话、QQ班级群等多种方式、多种渠道加强与家长的联系,将学校的教育内容、教育思想、教育方法、规章制度等传递给家长,寻求家长的理解与支持,形成教育合力,为学生的发展营造良好、稳定、和谐的环境,共同促进学生的健康成长。此外,班主任也可以利用好家长这一块异常丰富的教育资源。班主任可以邀请学有专长的学生家长作为志愿者,以丰富多样的方式对学生进行专题培训或人生观、价值观教育。比如,班主任邀请具有消防员经历的家长对学生进行逃生自救的培训;邀请医学背景的家长对学生进行性健康教育;邀请营养学背景的家长对学生进行食品营养及卫生培训等,这种形式的教育更亲切、更直接、更生动,效果会更好。

三、小学班级教育活动有效开展的策划师

策划意即谋略和筹划,是集诊断、调研、思考、创意、设计、决策及实施于一体的一连串的智慧的过程。策划师是一个经济新概念,是一切从事咨询策划活动、为实现指定目标、能独立开展策划项目并能基本准确地监督策划方案的职业型人才。班主任作为小学班级教育活动有效开展的策划师,需要谋划好各种班级教育活动,还需要准确监督策划方案的有效实施。

(一)班主任策划的班级教育活动要有教育意义

在策划班级教育活动时,班主任选择的活动要有一定的教育意义。班主任组织的班级教育活动能给学生提供展示才华的舞台,能让学生体验到来自集体的力量,来自大家庭的温暖,能充分调动每个学生的积极性,能激发学生的潜能,能帮助学生树立自信心、责任心和进取心。比如,开展朗诵比赛可以提高学生的阅读兴趣,感受文字语言的优美,进一步激发学生学习的兴趣。再如,策划关于友谊的主题班会时,可以安排让每位学生画出自己最喜欢的叶片,在叶片上写下对朋友想说的话,可以是感谢也可以是歉疚,可以表达情谊,也可以诉说委屈,可以匿名也可以具名等,将叶片贴在墙上,既能装饰教室,又能让同学们把自己想说但又不好意思说出口的话表达出来,以加深同学之间、师生之间的了解,密切师生之间、学生之间的关系,使班级变得更有活力和凝聚力。

(二)班主任策划的班级教育活动要形式多样

按照班级活动的内容,结合学校班级工作的实际,可将班级活动划分为班级例会、主题班会、班级学习活动、文体活动、科技活动、生产劳动、社会实践等类型。

(三)班主任策划的班级教育活动要全员参与

班级活动最好是全班同学都能参加。在策划班级教育活动时,班主任最好选择全班同学都能参加的集体项目,发动每个同学积极参与,通过班级活动既培养了学生的集体荣誉感和主人翁意识,又增进了学生之间的友谊。

(四)班主任策划的班级教育活动要得到有效实施

班主任策划的班级教育活动要得到有效实施离不开班主任的监督和指导。班主任没有三头六臂,不可能事事亲力亲为,因而,活动方案的有效实施需要班主任培养学生的自我监督能力并充分发挥班干部的组织协调能力。班主任重在宏观把控和指导,遇到班干部难以解决的问题时要及时相助,遇到班干部处理不当的问题时要真诚建议,目的是确保活动方案的有效实施。

第二节 小学班主任的职业意识与职业素养

一、小学班主任的职业意识

职业意识是作为职业人所具有的意识,是人们对职业劳动的认识、评价、情感和态度等心理成分的总和,是支配和调控全部职业行为和职业活动的调节器。班主任的职业意识是指班主任对自己劳动的认同和评价、对其担负的角色以及与之相适应的身份、地位、权利、义务和必须执行的规范的认识。其核心是爱岗敬业,在本职岗位上能够踏踏实实地做好工作。它对班主任的行为起着调节和驱动作用,指导班主任自觉地认知"做什么""如何做"。作为班集体的灵魂,班主任在育人过程中应具有以下职业意识。

(一)规范意识

规范意识是指班主任按照学校成文的规章制度和不成文的约定俗成的标准,自觉地履行岗位职责、规范自身行为的意识。规范意识有几个层次,即规范认知、规范行为、规范自觉和规范内化。所谓规范认知是指对规范的了解。班主任应该知道哪些行为是可以有的,是符合规范的;哪些行为是不能有的,是有违规范的。规范行为是指班主任应当依照自己对规范的认知,自觉调节自己的行为。规范自觉即没有外力监督依然能自觉遵守的行为。所谓规范内化是指将外在规范内化为人的内在素质和需求,从规范向素质转变,对于个人来说,意味着规范不再是一种外在强制,而是使人在某种意义上获得了真正的自由。总之,班主任要具有规范意识,力求自己的所有教育教学行为都符合学校的规章制度和约定俗成的标准,努力将这些规章制度和标准内化为自己的自觉行为、内在素质和需求。

(二)创新意识

上文提到班主任要具有规范意识,并不意味着班主任必须拘泥于规章制度而裹足不前。相反,班主任应该具备创新意识,在遵守规章制度的基础上创造性地管理班级。创新是一个民族的灵魂,是国家和社会向前发展的希望。因此,创新精神和创新能力是作为社会主义事业建设者和接班人的学生必备素质之一。班主任要培养学生的创新精神和创新能力,首先自己需要有创造性地管理班级的思维和能力,以便为学生做出榜样和表率。班主任的创新意识是由教师职业特点所决定的。班主任的工作对象是有血有肉、有个别差异的学生。他们的遗传素质不同、成长环境各异、形成的性格特点和行为习惯千差万别,教育活动里没有一成不变、放之四海而皆准的方法,必须一把钥匙开一把锁,因而,班主任的劳动必须具有创造性,要在充分了解学生的基础上因材施教。处理同一类事情,面对不同的对象,班主任需要采取不同的措施,运用不同的方法;为了达成同一个目的,班主任选择不同的教育资源,组织不同的教育活动等,这些都是班主任创新意识的体现。具有创新意识的班主任总能使每次活动都别出心裁,激发学生的兴趣,吸引学生的注意力,使班级管理发挥出最大的效能。

(三)合作意识

合作意识与合作能力是新时代对每个人基本素养的要求。素质教育和新课程改革都强调对学生合作意识和合作能力的培养。社会的发展越来越需要人们具备合作意识,形成团队,达成共识,为同一目标而奋斗。班主任更需要这种合作意识。因为家庭、学校、社会等所有因素都在影响着学生的发展,因此,班主任需要协调各方教育力量,形成教育合力,共同对学生产生作用。

班主任要寻求学生的合作。班级管理不是班主任的独角戏,事事亲力亲为的班主任累死自己也搞不好班级管理。班主任要培养学生的主人翁意识和态度,帮助学生将自己看作班集体的一分子,是班集体的主人。因此,班级工作中的一切活动都应该由班主任和学生共同策划、协商决定。当班级建设走上正轨,班主任要舍得下放权力,让学生自己策划活动、决定班级事务,班主任只起引导和建议的作用。总之,班主任要相信学生有自我管理的能力,要将学生看作班级管理的合作伙伴,才能达成默契,形成共识。班主任切忌将自己与学生对立起来。

班主任要寻求家长、任课教师、社区的合作,前面已有论述,不再赘述。

(四)责任意识

责任意识是个人对自己、对他人、对家庭、对集体、对国家和社会所负责任的认识以及承担责任、履行义务的自觉态度。班主任的责任意识是班主任对班级学生所负责任的认识以及承担责任的自觉态度。《中华人民共和国教师法》明确规定：教师要关心、爱护全体学生，尊重学生人格，要制止有害于学生的行为和其他侵犯学生合法权益的行为，批评和抵制有害学生健康成长的现象。因此，班主任的主要责任在于爱护学生、保护学生、促进学生健康成长。明确了自身责任，班主任就会自觉做到不偏爱优秀生，不忽视中等生，不歧视后进生，用爱心去温暖学生，用细心去了解学生，用耐心去等待学生，用诚心去赏识学生，自觉维护学生的合法权益，自觉抵制一切有害于学生健康成长的现象，为学生的健康成长创设一个公平、和谐、温馨的班级环境。

(五)法律意识

在提倡依法治国的今天，班主任的班级管理行为要有法可依、有法必依。班主任的法律意识有三种理解：一是班主任力求使自己的所有教育教学行为符合法律的规定，不违法；二是班主任要学会在面对家长的无理取闹时拿起法律武器维护自身的合法权益；三是积极主动地向学生宣传有关法律法规。班主任应利用一切时机积极主动地向学生宣传法律法规，让学生学法、懂法、用法，这是班主任具备法律意识的表现之一。随着法律知识的普及，学生与家长的维权意识越来越强。班主任必须认真学习《中华人民共和国教育法》《中华人民共和国教师法》《中华人民共和国义务教育法》《中华人民共和国未成年人保护法》《中华人民共和国预防未成年人犯罪法》《学生伤害事故处理办法》等法律法规。学习了这些法律以后，班主任就会明白在班级管理中，如何在保护学生、促进学生健康成长的前提下规避自己的法律责任，同时维护学生的正当权益，等等。

(六)健康意识

世界卫生组织指出：健康是指一个人在身体、精神和社会适应等方面的完满状态。健康包括两个方面的内容：一是脏器无疾病，身体发育良好；二是情绪稳定，社会适应能力强。班主任要有一种全新的健康意识。健康是人生的基石。如果说"00000"中的"0"分别代表一个人的财富、地位、事业、家庭、子女，那么健康就是这些0前面的1，没有了1，这些0就毫无意义和价值。因此，班主任不但自己要积极锻炼身体，努力提高身体素质，还要带领学生、帮助学生养成勤于锻炼的良好习惯。教师的健康长寿既是一种时间生命，又是一种价值生命。班主任需要改变传统的、对教师职业价值的社会期待：照亮别人，不一定要燃烧自己；鞠躬尽瘁，不一定要死而后已。班主任不应带病坚持工作，不应"透支"健康换取成功。

班主任工作千头万绪，需要不断应对班级中出现的各种情况。一个规则、一个行为需要重复很多遍才能让学生养成习惯等，这些不断重复的行为、不断转换的角色很容易导致班主任产生职业倦怠和情绪失控。职业倦怠是指个体在工作重压下产生的身心俱疲与耗竭的状态,常常表现为紧张失眠、对工作丧失热情、工作态度消极、情绪烦躁、对学生失去耐心等症状。班主任阴晴不定的情绪变化会带给学生困扰,也会让自己身心受到伤害。因此,班主任要通过不断学习,提高自己的认知水平、问题解决能力、情绪调控能力,善于正确归因。班主任应把自己放在一个正确的位置上,不自负,不自责,尊重与理解学生的不足,悦纳学生;班主任通过经验积累,培养自己的教育机智和幽默感,不断提高自己解决问题与应对突发情况的能力;班主任要学习并教会学生基本的情绪调控方法和技巧,使自己和学生都保持和谐、活跃、健康、稳定的情绪状态。

二、小学班主任的职业素养

2012年,教育部下发的《小学教师专业标准(试行)》(以下简称《标准》)是我国关于小学教师专业要求的第一份政策性文件,是对所有小学教师的一般性共同要求。《标准》秉持学生为本、师德为先、能力为重、终身学习的基本理念,规定了3大维度、13个领域、60条基本要求,对小学教师的职业素养做出了非常具体的规定。在中小学校,绝大多数教师都要担任班主任,即使不担任班主任的任课教师,其教育教学工作与班主任也有密切联系。因此,对中小学教师的职业素养要求同样适用于班主任。

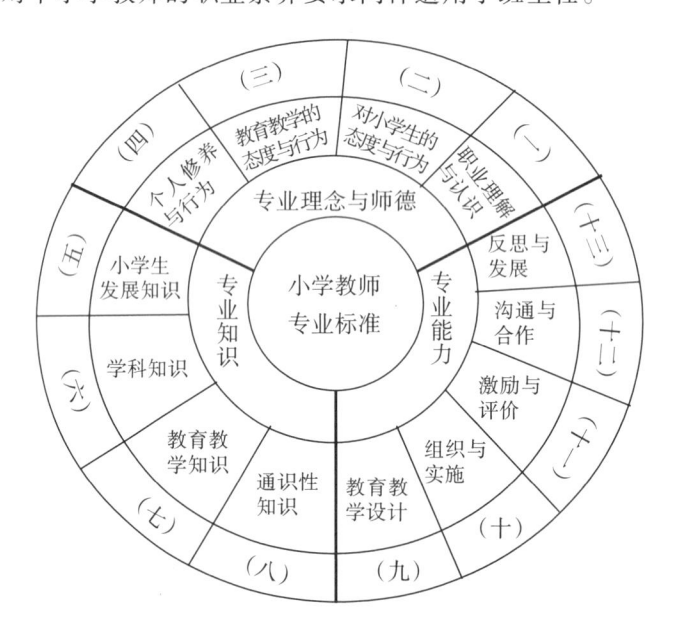

(一)小学班主任要有高尚的师德

所谓师德就是教师的职业道德,是教师和一切教育工作者在从事教育活动中必须遵守的道德规范和行为准则,是从事教育工作的基本道德准则。《中小学教师职业道德规范》(2008年修订)强调:教师要爱国守法、爱岗敬业、关爱学生、教书育人、为人师表、终身学习。这六大内容对小学班主任的师德要求同样适用。

1. 爱国守法

爱国守法是对小学班主任的基本要求。小学班主任要热爱祖国,热爱人民,拥护中国共产党的领导,拥护社会主义;要全面贯彻国家教育方针,自觉遵守一切法律法规,依法履行学校规章制度赋予自己的一切职责和义务。

2. 爱岗敬业

爱岗敬业是对小学班主任的本质要求。小学班主任要忠诚人民的教育事业,志存高远,对工作高度负责,勤勤恳恳,兢兢业业,甘为人梯,乐于奉献,对工作高度负责,认真搞好班级建设和班级管理,竭力为学生的健康成长创造良好的班级环境。

3. 关爱学生

关爱学生是师德的灵魂。没有爱就没有教育。小学班主任要关爱全体学生,尊重学生独立人格,尊重学生个体差异。对学生严慈相济,做学生的良师益友。保护学生安全,关心学生健康,维护学生权益。不讽刺、挖苦、歧视学生,不体罚或变相体罚学生。

4. 教书育人

教书育人是班主任的天职和道德核心。小学班主任要遵循教育规律,尊重小学生身心发展规律,对学生循循善诱,诲人不倦,因材施教,以培养学生健康人格、良好品行为己任,激发学生创新精神,培养学生广泛兴趣和动手能力,引导学生学会学习,养成良好学习习惯,促进学生全面发展。

5. 为人师表

"学高为师,身正为范。"为人师表是对班主任的内在要求,因为它是区别于其他职业道德的显著标志。这是由小学生的向师性特点所决定的。小学生具有很强的模仿能力,班主任的言谈举止、一颦一笑都可能成为小学生模仿的对象。因此,小学班主任要知荣明耻,严于律己,以身作则,以自己的人格魅力潜移默化地影响教育学生。

6. 终身学习

终身学习是个体为适应社会发展需要,贯穿于一生的、持续的学习过程。终身学习是小学班主任专业发展的必然要求,也是师德修养的重要内容。小学班主任要具有崇尚科学的精神,树立终身学习理念,不断拓宽知识视野,更新知识结构,坚持做到学习、思考、实践同步,构建学习型人生,持续引领好小学生的身心全面发展。

(二)小学班主任要有丰富的知识

韩愈说:"师者,传道授业解惑也。"传授道德、传授学业、为学生排忧解惑是教师的本职工作。教师作为人类文明的重要传递者和创造者,仅有良好的品德是不够的,更要有专门的知识技能。班主任更应如此。

1. 坚实的本体性知识——胜任岗位的基本保证

大多小学班主任亦是本班任课教师,因而小学班主任亦必须具备胜任岗位的本体性知识。所谓本体性知识，是指教师所具有的特定的学科知识，如语文知识、数学知识等。作为学科老师的班主任必须具有本学科扎实的专业功底，对学科知识的掌握既有深度又有广度，能深刻理解并熟练把握本学科的基本理论、基础知识、基本概念、基本原理等；既熟悉本学科的发展历史，又关注本学科最新研究成果和发展趋势；懂得本学科的学习方法和研究方法；能把握与本学科相邻的学科知识，以便教师能从系统论的角度驾驭教学内容，有效促进学生认知水平的提高。

2.广博的文化知识——专业成长的厚重根基

教师的工作，有点像蜜蜂酿蜜，需要博采众长。为了实现教育的文化功能，教师除了要有本体性知识以外，还要有广博的文化知识，这样才能把学生引向未来的人生之路。广博的文化知识包括人文类知识，比如我国经典的传统文化和文学修养；基本的科学素养，包括科学知识、科学能力、科学方法、科学品质等；高雅的艺术鉴赏力，包括发现美、鉴赏美、创造美的能力。人文素养（向善）+科学素养（求真）+艺术素养（审美）构成一个人的文化素养。上知天文下知地理，具有广博文化知识的班主任很容易赢得学生的尊敬和爱戴，因为班主任丰富的文化知识不仅能拓展学生的眼界，还能激发学生的好奇心和求知欲。

3.丰富的条件性知识——保证教育教学有效性的"金钥匙"

所谓条件性知识，是指教师所具有的先进的教育专业知识。教育科学理论知识可以帮助教师"既知教之所由兴，又知教之所由废"，掌握教育教学的规律与技巧，能提高教育教学质量和效率。杜威说："为什么教师要熟悉心理学、教育史和各科教学法？原因在于：他能凭借这类知识观察学生的反应，迅速而准确地解释学生的言行，否则，学生的反应，可能觉察不出来；这些知识是别人用过而又有成效的方法，在需要的时候，他能够凭借这些知识给儿童以适当的指导。"这种知识是广大教师所普遍需要的，具体包括学生身心发展特点和规律的知识、学生良好品行养成特点和规律的知识、学生青春期和性健康教育的知识、学生安全防护的知识等。这些知识能帮助班主任认识学生、认识教育。只有掌握了这些知识，班主任在教育教学活动中，才能遵循学生的身心发展规律，有的放矢地解决学生在生活、学习中遇到的困难，帮助小学生顺利过渡，促进小学生身心健康发展。

如果说丰富的教育学、心理学知识是班主任取得教学效果的"金钥匙"，那一定的管理学知识是班主任获得良好教育效果的法宝。作为班级建设和管理的领导者，班主任需要学习管理学、班主任学、班级管理学等相关知识，懂得管理的基本理论，明白管理既是一门科学也是一门艺术，既要遵循其内在规律，又要创造性地对具体问题做具体分析。

（三）小学班主任要有较强的能力

能力是在达成目标或完成任务过程中所体现出来的综合素质，指直接影响活动效率，使活动任务得以顺利完成的个性心理特征。作为班级管理的领导者，班主任应具备组织管理能力、应变能力、交往协调能力、观察分析能力和语言表达能力等。

1.缜密有方的组织管理能力

班主任是班集体的组织者和管理者。班主任要进行班级建设和管理,首要的能力就是组织管理能力。班级管理必须发挥正式组织的统一性和强制性,同时要高度重视班级中每一个成员的主动精神和个性发展。因而,班主任在班级管理中应从以下几方面入手:第一,班主任带领同学们制定恰到好处的奋斗目标。根据美国心理学家弗里德曼的"得寸进尺效应"及维果茨基的"最近发展区"理论,班集体的奋斗目标不能制定的太高,也不能太低,要恰到好处。第二,班主任带领同学们制定可操作、可落实的规章制度。大多数班集体缺少的不是管理制度,而是制度的落实与执行。第三,班主任带领同学们制订切实可行的发展规划,并努力做到按计划做事。第四,班主任要挑选和培养得力的班干部。第五,班主任要善于激发学生的自我教育和自我管理能力。班主任要始终相信,学生具有自我发展、自我教育、自我管理的潜能,要尽力培养学生的自主意识,促进他们的主动精神和个性健康发展,使学生发挥班级主人翁的作用。总之,一个良好的班集体形成之后,集体自身就成为一种强大的教育力量,被置于集体的共同约束、陶冶和进步之中的每一个学生都受到潜移默化的影响。

2.机智灵敏的应变能力

应变能力指班主任善于因势利导,随机应变处理各种意料之外的问题的能力。它主要表现在以下几个方面:第一,良好的情绪调控能力。暴怒容易让人失去理智,因此,班主任要保持冷静,使自己处于清醒、理智的状态。第二,迅速而准确的判断力。班主任要对偶发事件的性质和动向做出准确的判断,这是能否处理好偶发事件的关键。第三,审时度势的变通力。对事件性质做出判断后,班主任要立即选择正确的方法加以解决。总而言之,面对偶发事件,保护学生安全、维护学生利益是前提,班主任要在合理巧妙地处理事件过程中显示教师的教育智慧。这不仅可以"化险为夷",甚至可以"锦上添花"。

3.广泛灵活的交往协调能力

协调校内外各方面的教育力量共同促进学生发展,是班主任工作的一项重要任务,交往协调能力是班主任不可缺少的能力。班主任主要需要处理好与学生、学生家长、科任教师的关系。第一,班主任要处理好与学生的关系。亲其师,信其道。师生关系是一种特殊的人际关系,它在很大程度上影响着教育教学效果。第二,班主任要处理好与家长的关系。班主任要和家长建立良好关系,要通过多种渠道与家长保持密切联系,通过家长及时了解学生在家的表现和各方面情况,并向家长反映学生在校的各种情况,以便取得家长的支持,共同做好教育工作。第三,班主任要和科任教师通力合作,团结一致,形成一个班级管理团队。班主任要为科任教师的教学做好服务工作,要帮助科任教师处理问题、树立威信,要主动向科任教师传递班级管理理念并向其征求班级管理意见。

4.深刻敏锐的观察分析能力

班主任做好工作的前提是了解学生,而了解学生离不开观察。赞科夫说:"对一个有观察力的教师来说,学生的乐观、兴奋、惊奇、疑惑、恐惧和其他内心活动的最细微的表现,都逃不出他的眼睛,一个教师如果对这种表现熟视无睹,他就很难成为学生的良师益友。"所以,深刻敏锐的观察能力是班主任的重要能力。一个有敏锐观察力的班主任,善于从学生的细微表现中发现学生的长处与不足,善于发现学生尤其是后进生学习困难的原因及其积极因素,捕捉学生思想感情的起伏变化,洞悉他们的内心世界。苏霍姆林斯基曾经指出,"全体教师都要了解涉及每一个学生的一切,即了解他们的思维、情感、天资、能力、兴趣、倾向、爱好,这是我们的职责。"[①]作为一名合格的班主任,只有充分地了解自己的学生,在教育时才能真正做到因材施教、有的放矢,在选拔班干部时才能知人善任。

5.生动艺术的语言表达能力

语言表达能力是指运用口头语言或书面语言准确表达自己观点、想法、意愿和要求的能力,良好的语言表达能力表现为用词准确、表达流畅、语义明了、合乎规范等。班主任需要召开班会、组织活动、制定目标和拟订计划、书写学生评语、找学生谈心等,因此,语言表达能力是班主任能力结构中重要的因素之一,也是直接影响教育效果的一个重要条件。一个言而无义、说话啰唆乏味、单调磕巴甚至粗俗污秽的班主任的讲话,让人厌烦、心生抗拒和排斥,达不到育人的效果。但如果班主任的表达文采飞扬、旁征博引、情感真挚、生动形象、言简意赅,如行云流水,如琴师操琴,一定能拨动学生心弦、启迪学生心智、吸引学生注意和兴趣。班主任的语言表达除了生动形象、风趣幽默以外,还需要艺术性。俗话说,良言一句三冬暖,恶语伤人六月寒。因此,班主任找学生谈话,语言表达不能有攻击性,不能侮辱学生人格,更不能指桑骂槐,顾左右而言他。对学生的批评教育就事论事,先扬后抑,要指出学生的缺点,先表扬其优点。对已经认识到自己错误的学生点到为止,避免超限效应。良药不一定苦口,忠言不一定逆耳。这需要班主任的表达艺术。

第三节 小学班主任的专业成长

2002年,中国教育学会德育专业委员会在天津大港举办全国第十一届班集体建设理论研讨会,在这次会议上班主任专业化问题被正式提出。

一、小学班主任专业成长的含义

这里的专业有两种理解,一是指专门从事的职业;二是指专门的学问。将两者结合起来理解就是:用某种专门培训中获得的专门知识和技能去从事某种专门的职业。所谓

[①] 王正平,郑百伟.教育伦理学——理论与实践[M].上海:上海教育出版社,1998:121.

专业化意味着不可替代性,意即没有经过专门培训就没有资格从事这个职业。因此,如果将班主任工作看作一种专门职业的话,就意味着班主任是专职的从业人员,要对班主任进行专业培训,需要具备一定的专业知识和技能。但事实上,中小学班主任都不是专职从业人员。班主任首先是教师,教而优则当班主任,是教师中的"精品"或"极品"。一个优秀的班主任首先是一个优秀的教师,但一个优秀的教师不一定能成为一名优秀的班主任。因此,班主任专业化实际上是以教师专业化标准为基础的,是教师专业化的一个特殊的方面。笔者不排除随着社会分工的精细化,将来在中小学实行辅导员制度,出现专门化班主任,即专职当班主任,不再从事教学活动,但目前的中小学班主任还没专业化到那种程度。

二、小学班主任专业成长的意义

既然小学班主任专业化是一种以教师专业化标准为基础的、特殊的教师专业化,意味着班主任需要具备比一般教师更广、更高、更多的素质要求。就专业知识而言,班主任需要具备比一般教师更广博的文化知识,才能对学生进行心理、科技、环保、艺术、爱国主义等多方面的教育;班主任除掌握精深的学科知识、丰富的教育学心理学知识以外,还需要学习德育原理、班主任学、管理学等学科知识,以掌握管理的基本理论和技术,更科学也更艺术地管理班级;就专业能力而言,班主任较之于一般教师需要更良好的管理能力、组织能力、协调能力、沟通能力、表达能力、观察能力等。此外,班主任还需要多才多艺,琴棋书画、文艺体育等方面的才能既有利于自己组织班级活动,又有利于建立良好的师生关系。

小学班主任获得良好专业成长的意义在于:第一,有利于自己科学管理班级。有了班主任学、管理学等理论知识的支撑,班主任能更科学地管理班级,有利于提高自己的工作效率,有更强的职业幸福感。不像传统班主任充当保姆和警察,疲于奔命,很容易产生职业倦怠。第二,有利于学生的健康成长。班主任获得专业成长,最获利的是学生。因为学生是班级管理的对象,班主任通过专业成长,树立了正确的人性观,获得了先进的教育理念,掌握了良好的教育技巧,真正成为学生的"重要他人",引领学生健康成长。第三,有利于各种关系的协调。班主任通过专业成长,具备良好的沟通、协调能力,能有效处理与家长、科任教师的关系,使家庭、学校等教育力量形成教育合力,共同促进学生的发展。总而言之,小学班主任获得专业成长对自己、对学生、对同事、对家长、对整个教育事业都有重要意义。

三、小学班主任专业成长的路径

(一)第一条路径:职前培养

职前培养是班主任获得专业化成长的基础。首先,师范院校开设班主任工作相关课程。师范教育具有明显的专业定向性质,传统的师范教育更注重培养合格的学科教师。但是专业设置、课程开设、见习实习等一切教育活动都忽略了对中小学班主任的专业培养,因此,师范院校必须调整培养目标,改革课程结构,努力开设班主任专业化的相关课程,为班主任专业化打下坚实的理论知识基础。其次,师范院校应努力提高辅导员的管理水平。所谓"教,上所施,下所效也"。大学辅导员是学生学习做班主任的最好榜样。一位称职的、有先进管理理念和良好管理能力的辅导员,能在潜移默化中教会学生如何当班主任。但事实是,作为专职班主任,有些辅导员一个学期跟学生都见不了几次面。因此,师范院校应加强对辅导员的管理和培训,努力提高其管理水平。再次,师范院校应充分利用导师制。大多数师范院校实行导师制,即给每位新生指定一位导师,负责对新生的学习、生活、情绪管理、人际交往、职业规划、时间管理等方方面面进行引导。学校不可能满足所有课程的开设,对于学校未开设的班主任工作需要的专业课程,导师可以引导学生自学。最后,师范院校要充分利用见习和实习。大多师范院校都安排有见习和实习环节,应将班主任工作作为见习实习的内容之一。学生在见习实习中,有意识去观察班主任的行为,了解班主任的困惑,发现班主任的问题,然后带着问题学习,目标更明确。

(二)第二条路径:职后培训

2005年1月,南京师范大学教育科学学院举办了第一期班主任专业化培训班,开创了全国班主任专业化培训的先河。

2006年8月,教育部下发了《教育部办公厅关于启动实施全国中小学班主任培训计划的通知》,规定"从2006年12月起建立中小学班主任岗位培训制度"。

可见,职后培训是班主任获得专业化成长的保证和主要途径。

对于新入职的新手班主任,学校可以通过"学徒式"的培训方式,即在老班主任的带领、帮扶下,不断学习管理技术,积累经验,自我完善,尽快实现教育、管理理论向实践的转化;也可以实行"案例分析式"的培训方式,即作为校本培训,组织青年班主任学习班级管理案例,通过头脑风暴了解处理方法,通过讨论掌握最佳方案,以帮助青年班主任将来在自己的班级管理事务中遇到类似案例,知道有哪些方法可以选择,哪些方案是最佳选择。心理学家认为,人们的很多行为来自对别人的模仿,这种模仿能够最大限度地发挥"样本效应",最快速度地促进新手班主任的专业成长。此外,学校也可以采取"请进来""走出去"的方式,将专家、学者请到学校来为班主任开办专题讲座,也可以将班主任送出去参加专业培训,最终获得坚实的理论基础。

（三）第三条路径：反思性实践

华东师大的叶澜教授曾指出："一个教师写一辈子教案不可能成为名师，如果一个教师写三年教学反思就有可能成为名师。"美国心理学家波斯纳曾提出过一个教师成长的简要公式：经验+反思=成长，并指出"没有反思的经验是狭隘的经验，至多只能成为肤浅的知识。如果教师仅仅满足于获得经验而不对经验进行深入的思考，那么他的教学水平的发展将大受限制，甚至会有所滑坡"。班主任工作也是如此。由此，反思性实践是班主任获得专业成长的有效途径。反思性实践即对实践进行反思，再将反思带到新的实践中去。

根据美国教育家布鲁巴赫等人的观点，反思性实践可以分为三类：一是"对实践的反思"，二是"实践中反思"，三是"为实践反思"。"对实践的反思"是指反思发生在实践之后，"实践中反思"指的是反思发生在实践的过程之中，"为实践反思"则是前两种反思的预期结果，即"实践后反思"与"实践中反思"的目的是最终形成超前性的反思，从而形成在实践之前的三思而行的良好习惯。因此，班主任的班级管理活动，通过"实践中的反思"来观察所发生的行为，就好像自己是局外人，以此来理解自己的行为。而后班主任又进行"对实践的反思"和"为实践反思"，以分析所发生的班级管理活动，从而不断改善班级管理行为，不断指导未来的班级管理工作。这样在经过一段较长时间的反思后，班主任就会成为一个自觉而有效的反思者，从而促进班主任的专业成长。[①]总之，班主任要让反思成为一种习惯、一种意识、一种活动、一种思维品质、一种能力，应做到有所思、有所动。

（四）第四条路径：行动研究

新时代教师不能再停留在教书匠的水平，新时代需要专家型教师。没有研究就没有教育，研究能力是新时代教师的必备能力之一。班主任亦如是。但一线教师和班主任的教育研究有别于专家、学者的教育研究。反思和行动研究是一线教师和班主任更常用的教育研究。行动研究不是一种研究方法，而是一种研究活动，起源于二战后的美国。美国心理学家勒温提出了"没有无行动的研究，也没有无研究的行动"，强调了行动与研究的密切联系。我们可以将行动研究简单理解为：在行动中研究，在研究中行动。班主任在进行班级管理、组织班级活动的行动过程中，总会遇到这样或那样的困扰和问题，班主任如果将这些班级管理实践中遇到的困扰和问题作为研究课题，分析其产生的原因，提出解决问题的可能策略，尝试运用这些策略去解决问题，并对这些策略的有效性、实践的结果进行总结和反思。"问题筛选—分析问题—尝试实践—总结反思"，这就是行动研究的基本模式。由于行动研究将"研究"和"实践效果"有机结合起来，让班主任在班级管理行动中边学习边提高，真正使班级成为班主任专业发展的摇篮。

[①] 顾锐萍.试论班主任专业化[J].江苏教育学院学报(社会科学版),2004(06):16-18.

> **资料链接**

小学班主任职业认知访谈实录

被访谈人:郭龙会

从事的职业:小学语文教师

工作地点:湄潭县浙大小学

(1)您担任班主任几年?担任的是高年级还是低年级的班主任?

我是2010年毕业的,2010—2015年,断断续续地当了两年的班主任,主要是七年级和八年级。2015年至今,当了两年的班主任,主要是低年级的班主任。

(2)您每天在做些什么样的工作?

每天的工作除了普通老师的常规工作,还有班级管理,处理班级突发事件,培养班干部,发展班集体等一系列班主任工作。

(3)班主任工作和其他教学工作的区别在哪里?

班主任工作和其他教学工作的主要区别就是要随时参与管理班级以及在教学过程中,关注学生的身体健康和心理健康,最后还要关注学生的全面发展。

(4)您从事这个工作时,最大的挑战是什么?您认为班主任工作中最苦恼的是什么?

最大的挑战我觉得是班主任管理艺术,既把班集体管理得井井有条,又深得孩子们的喜欢。在班主任工作中最苦恼的是孩子不听话,什么事情都不是理想中的样子。

(5)您认为这项工作需要具备什么样的素质、技能和经验?

需要良好的心理素质、高超的班级管理技能和多年的班主任管理经验。

(6)您真的一点儿也不厌倦这份让人心力交瘁的工作吗?

厌倦教师这个工作倒是从来没有过,反倒是现在还很有激情。只是在工作中,难免会遇到不顺心的时候,会有一丝的职业松懈,不过持续的时间不会太长。

(7)以您多年的从教经验来看,我们该如何协调各方面的教育力量呢?

现在孩子的教育应该由三部分组成:家庭教育、学校教育和社会教育。这三大教育是孩子们成长的沃土。但是如何协调,其中学生自己的兴趣爱好、家长的投入以及教育部门的鼓励支持是关键。每一个孩子需要的营养成分可能不一样,所以这几大教育力量应该是互补的。

(8)大部分学生都很怕班主任,但您和学生就像朋友一样相互尊重,您是怎么做到的呢?

我们班的孩子不怕我,家长常常说我太温柔了。其实,我在家我自己的孩子也不怕我。这其中的原因可能是来自我的妈妈,我的妈妈在我成长当中一直扮演的都是一位知心朋友的角色,所以,我就希望能在孩子们心中永远都是朋友。

(9)您对现在的大学生从教有什么建议?

大学是一个接受新思想、新理念的地方,我希望越来越多的大学生们把新东西带到课堂中去。愿望很丰满,但是现实很骨感,大学生需要将理论联系实际,脚踏实地做好教育教学工作。

(10)您觉得班主任工作需要专业培训吗?您经历过哪些方式的培训?效果如何?您希望获得怎样的培训?

班主任工作肯定需要专业的培训。一般都是讲座形式,效果不是很明显。倒是向有经验的班主任请教学习,这样的方式效果明显得多。我希望能够参加全国优秀班主任经验分享会这方面的培训。

(11)从您初当班主任到现在,您最大的感悟和收获是什么?您觉得每一阶段的班主任工作困扰您的问题有没有不同?

五、六年级的学生就开始进入叛逆期,要更多地关注孩子的心理健康。低年级段主要是培养孩子良好的学习习惯和生活习惯,养成教育很关键。每一个阶段的孩子在感情的表达方面都是有差异的,但是收获的都是孩子们的爱戴,这一点是让自己感到欣慰的。我的理念是:让学生有一个快乐的童年,有一个健康的身体和心理状态,学会感恩,懂得孝顺。

本章小结

小学班主任扮演着多重角色,是小学生成长与发展的引路人,是小学班级教育资源优化配置的设计师,是小学班级教育活动有效开展的策划师。小学班主任是以教师专业化标准为基础的、特殊化的。小学班主任专业化是一个通过职前学习、职后培训、实践反思、行动研究等途径获得班主任工作所必需的专业知识、专业能力、专业道德,逐步达到班主任专业化水平的过程。作为获得专业成长的专业人员,小学班主任需具有规范意识、创新意识、责任意识、合作意识、法律意识、健康意识等职业意识;小学班主任需具有爱国守法、爱岗敬业、关爱学生、为人师表等专业道德素养;需具有广博的文化知识,精深的学科知识,丰富的教育学、心理学、管理学知识等专业知识素养;需具有良好的组织管理能力、灵活的协调沟通能力、生动的语言表达能力、机智的应变能力、敏锐的观察分析能力等专业能力及多才多艺的才能和健康的身心素质。

【思维导图】

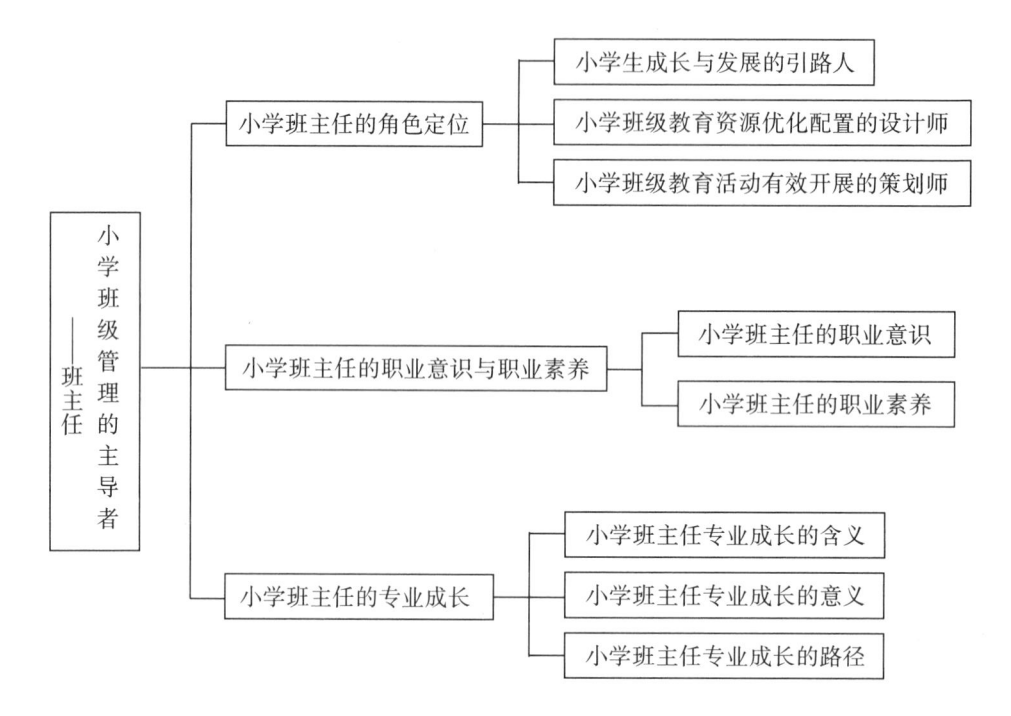

```
                                    ┌─ 小学生成长与发展的引路人
                    ┌─ 小学班主任的角色定位 ─┼─ 小学班级教育资源优化配置的设计师
                    │                      └─ 小学班级教育活动有效开展的策划师
小学班级管理         │
——班主任 ─────┼─ 小学班主任的职业意识与职业素养 ─┬─ 小学班主任的职业意识
（班主任是主导者）   │                              └─ 小学班主任的职业素养
                    │                      ┌─ 小学班主任专业成长的含义
                    └─ 小学班主任的专业成长 ─┼─ 小学班主任专业成长的意义
                                           └─ 小学班主任专业成长的路径
```

【思考与练习】

1. 如何理解小学班主任的角色定位？
2. "教而优则当班主任"对吗？你认为班主任的选拔标准是什么？
3. 你认为小学班主任该怎样获得专业化成长？

【推荐阅读】

1. 黄正平. 班集体问题诊断与建设方略[M]. 北京：教育科学出版社，2007.

2. 黄正平. 班主任专业化论纲[M]. 南京：南京大学出版社，2009.

3. 班华，等. 发展性班级教育系统[M]. 南京：南京师范大学出版社，2000.

4. 齐学红. 今天，我们怎样做班主任——优秀班主任成长之路[M]. 上海：华东师范大学出版社，2006.

5. 齐学红. 新编班主任工作技能训练[M]. 上海：华东师范大学出版社，2007.

6. 张爱华. 班主任工作艺术[M]. 石家庄：河北教育出版社，2001.

7. 张万祥. 给年轻班主任的建议[M]. 上海：华东师范大学出版社，2006.

第三章
小学班集体组织原理

集体生活是儿童之自我向社会化道路发展的重要推动力;为儿童心理正常发展的必需。一个不能获得这种正常发展的儿童,可能终其身只是一个悲剧。

——陶行知

教育了集体,团结了集体,加强了集体,以后,集体自身就能成为很大的教育力量了。

——马卡连柯

只有集体和教师首先看到学生优点的地方,学生才能产生上进心。

——苏霍姆林斯基

荣誉感是一种优良的品质,因而只有那些禀性高尚、积极向上或受过良好教育的人才具备。

——爱迪生

学习提要

1. 了解小学班集体的个体化功能和社会化功能。
2. 理解小学班集体的含义及优良班集体的特征。
3. 掌握小学班集体形成的基本阶段、小学班级常规管理的基本环节及少先队活动组织。

第一节 小学班集体概述

资料链接

班级组织的特性[1]

班级具有区别于其他社会组织的首要特征是"自功能性"。班级作为一种社会组织得以建立,不仅是为了实现某些外向性的指标(如提高教学效率,便于学校管

---
[1] 吴康宁.教育社会学[M]. 北京:人民教育出版社,1998:277-279.

理等），而且按照现代教育原理，更重要的首先是基于其成员——学生——自身的奠基性学习的需要。在现代社会中，青少年学生的奠基性学习，尤其是"社会文化"的奠基性学习不可能在个体独处的空间里完成，而是需要借助于群体生活的环境。班级组织可视为社会向青少年提供的一种在校期间群体生活的基本环境。如果说夸美纽斯在17世纪论述班级授课制时，更多地看到的只是一种"大生产"组织的班级在提高教学效率方面的价值的话，那么，在现代学校教育中，人们更多关注的似乎是作为一种社会组织的班级对其成员的社会性发展的影响。因此，在现代教育中，班级组织的生存目标具有"内指向性"，班级组织所产生的首先是与其成员的自身发展密切相关的功能。舍此功能，班级组织便失去其存在的意义，其对于外部社会的各种功能也就失去了评价的参照标准。在这个意义上，班级首先是一种"自功能性组织"。

班级组织以其成员的基本属性，同其他社会组织明确区分的第二个重要之处在于：它是非成人组织。这虽然是近乎寻常的事实，但却使班级具有区别于其他社会组织的又一重要特性——"半自治性"。所谓半自治性，是指作为非成人组织的班级，并非完全靠自身的力量来管理自身，而是在相当程度上借助于外部力量。如果我们将前述的"自功能性"视为班级组织在功能对象方面的主要特性的话，那么，这里所说的"半自治性"则是班级组织在运行机制方面的主要特性。

一、小学班集体的概念

班集体是由一个班的师生共同组成的集体。但并不是说随机地把学生编入一个教学班就自然成为班集体。

小学班集体是指，由一定数量的同年龄段的小学生组成的，有着共同的奋斗目标、合理的组织结构、良好的行为规范和较强的凝聚力的小学生群体组织。小学班集体是小学生班级群体发展到高级阶段的表现形式。在班集体中，大家有共同的追求、共同的荣辱、共同的精神支柱、共同的心理依托；成员之间互相友爱，互相帮助，谁也离不开谁，每一个人都为集体的挫折感到真诚的难过与忧虑，每一成员都为别人的成绩感到由衷的欢喜与自豪。班集体是班级成员成长与发展不可或缺的人际生态环境。

小学时期是个体社会化的重要时期。儿童入学以后，在学校的大部分时间是在班集体生活中度过的，学校教育对学生的影响主要是通过班集体得以实现的，学生班集体是学生在校生活的"儿童社会"，也是社会影响学生个人和学生个人进入社会的通道之一。班集体既是教育的对象和目的，又是教育的力量和手段。

有的班集体看起来纪律良好、团结一致,却是由压抑学生个性为代价换来的,学生在性格、兴趣、才能、思维等方面的个体差异都被集体强行统一起来了,学生的任何一点与众不同都在服从集体的名义下渐渐消失。过于强调服从和整齐划一,班集体就会失去生机与活力。

有的班集体缺乏自我管理机制,它的形成、维持与发展都是班主任一手操控的,这样的班级一旦失去班主任的领导或守护,紧凑的集体便成为一盘散沙。有的集体过于看重和追求荣誉,甚至不惜弄虚作假,这样荣誉再多,也不足以证明集体主义教育的成功,相反,只会助长学生虚荣心。

二、小学优良班集体的特征

班集体是在班主任的引领下,在全班同学的共同努力下,在各种教育力量的积极影响下形成的。优良的小学班集体有以下特征。

(一)共同的奋斗目标

班集体的奋斗目标是指班集体成员共同具有的期望和追求,是班集体预期要达到的结果。共同的奋斗目标是班集体形成的基本条件,有了它,集体就有了前进的方向和动力。小学班集体具有明确的奋斗目标,能对群体的行为产生凝聚作用,增加集体向心力。处在集体环境下的小学生,集体的奋斗目标将转化为小学生个人成长与发展的精神动力,从而推动小学生的学习与发展。因此,不少有经验的班主任会在班级管理中实施目标管理,十分注重引导全班学生在正确的方向指导下,依据学生的年龄特征,提出既能反映时代要求又能被全班学生所接受的总体奋斗目标,还要为确保总体目标的实现而不失时机地提出阶段性奋斗目标。

(二)坚强的班级管理团队

班集体作为群体组织,必须有一支热心为集体服务的骨干力量。在班级组织建设过程中,要充分依靠骨干力量和积极分子队伍共同组成班级干部班子,形成班级的管理团队,这是班集体形成和发展的基础。在一个优秀的班集体里,一定有一批学习勤奋、作风正派、关心集体、团结同学、办事认真且热心公益的积极分子。班主任要善于把他们组织起来,形成战斗堡垒,带领全班同学按照班级共同的奋斗目标不断前行。

(三)健全的班级制度

健全制度、严格纪律是班集体规范行为、统一行动、实现目标的重要保证。班级管理制度包括两方面:其一是学校有关的规章制度,这是班级管理必须服从和遵循的。其二是班主任和学生一起,结合相关法律法规、班级学生的实际情况等而制定的班纪班规。班纪班规要尽可能地包含班级一切可能出现的违纪情况;对执行和落实班纪班规要有相应的强制办法,避免有"法"不"依";班纪班规既要体现学生之间的相互制约,也要体现出师生之间的互相制约,特别是对班主任的合理制约。

(四)有序的班级活动

有序而丰富的班级活动使班级充满活力,在活动中班级成员自觉或不自觉地把自己与班级融为一体。良好的班集体是通过开展丰富的班级活动逐步建立起来的,并通过这些活动得以巩固、发展。因此,开展丰富多彩、生动有趣、寓教于乐的活动是班集体建设的重要内容。学生在一场球赛或联欢会中获得的情感体验,是教师用空洞的说教难以达到的。在各项活动中,全班同学充分交往,相互了解,建立了友谊,奠定了集体基础,激发了集体精神,学会了正确处理个人与个人、个人与集体的关系。在活动中,他们的情感得到陶冶,认识得到发展,主人翁精神、集体荣誉感等不断增强。

(五)正确的集体舆论

集体舆论是指在集体中占优势的并被大多数人赞同的言论和意见,它以褒贬、议论形式肯定或否定班集体的动向和成员的言行。马卡连柯指出:"儿童集体里的舆论力量,完全是一种物质的实际可以感触到的教育力量。"正确的班级舆论是鼓舞、激励和约束学生言行的巨大精神力量,它对集体里每个成员的言行都能及时做出褒或贬、肯定或否定、倡导或抑制的评价,从而启迪道德认识,陶冶道德情感。正确的集体舆论有助于培养学生的"自律"能力,让学生学会自己提醒自己、激励自己、战胜自己。

(六)优良的心理氛围

班级心理氛围是班级内部师生之间、学生之间形成的一种班级群体共同的心理风气、态度和趋势。它是一个班级中占优势的某些态度和情感的综合表现,是班级的情绪和情感倾向的集中反映。优良的班级心理氛围表现为,班级成员对班集体具有归属感、认同感,明确地意识到自己是属于某个集体,成员之间在心理上产生共鸣,彼此相容,具有相互认知与同属于一个集体的感受;对一些重大的事件,集体成员有一致的认识和评价,关心班集体在学校组织中的地位,力求为集体争光,有极强的集体荣誉感。

三、小学班集体的功能

马克思指出:"只有在集体中,个人才能获得全面发展其才能的手段。"[①]班集体作为一种小的社会组织,既具有个体化功能,又具有社会化功能。

(一)小学班集体的个体化功能

个体化功能即促进个体个性化功能。个体个性化并不局限于个体的心理特征,也指

[①] 马克思,恩格斯. 马克思恩格斯全集[M]. 北京:人民出版社,1961:84.

个体的独特性和差异性发展。个体个性化是在共同社会性的基础上,发挥人的自主性和创造性,把人的独特性和差异性充分彰显出来,实现生命的个体价值与社会价值的和谐统一。小学班集体的个体化功能主要表现在以下四个方面。

1. 促进个体发展功能

班集体能够为班级成员提供丰富的发展机会,这些发展概括起来有四大领域:其一,情感的发展。它包括友情、亲和感、共鸣感、优越感、自卑感以及称赞、嫉妒、憎恨、敌意等积极或消极的个体情感的产生和深化。其二,知识及认识的发展。它包括知识的增长、认识的深化、观点的扩大、自我理解和对他人理解水平的提高等。其三,兴趣态度的发展。它包括对自己、对他人、对纪律和规则、对文化与社会的关系与态度等方面的发展。其四,社会技能的发展。它包括自我控制的能力、讨论与决策的技能、人际沟通的技能、处理人际关系矛盾的技能、解决社会问题的技能水平等的提高。

2. 满足个体需求的功能

需求的发展变化伴随着人的成长与成熟的全过程,小学生处于一个班级中,会对班集体产生强烈的依赖感。依赖感主要源自班集体对个体需求的满足,如安全与安心的需求、归属的需求、亲和的需求、依存的需求、独立的需求、承认的需求、显示的需求、自我价值观的需求、自我实现的需求等。实践表明,班集体既能提供满足归属的需求、亲和的需求等基本需求的机会,又能创造满足自我实现的需求等高级需求的途径。

3. 诊断功能

诊断功能即诊断差异与缺失的功能。小学生置身于班级组织中时,其人格及能力上存在的缺陷和差异就会显现出来。如处事与学习能力的差异、兴趣爱好的差异、情绪不稳定、自我控制的欠缺、极端个人主义、极端内向或外向、过度的不安、洁癖、坏心眼、粗暴、说谎以及其他人格偏颇。特别是当班集体有严明的纪律要求时,一些小学生违反纪律要求的倾向将会显现无遗。这些差异的显现和问题的暴露,为班主任或教师开展有针对性的教育引导创造了有利条件,而那些有特殊潜能的学生,会在班级及学校环境中发展特殊才能,彰显兴趣特长。

4. 矫正功能

矫正功能即矫正学生人格及能力缺陷的功能。学生存在的上述人格及能力缺陷,可以通过班集体的力量进行矫正。例如,自我中心的学生会因受到伙伴的批评而改变行为;自我控制能力欠缺的学生能够在集体的监督约束下逐步形成自律意识;学习能力欠缺的学生会在集体影响下或同伴帮助下提高学习能力。

(二)小学班集体的社会化功能

社会化功能即促进个体社会性发展的功能。小学生的成长与发展是不断适应社会要求、参与社会生活、扮演社会角色的过程,是自然人向社会人转变的过程。社会化是个体学习社会规范、承担社会责任、履行社会义务的过程。班集体为学生社会化创造了条件、提供了可能。班集体的社会化功能主要体现在以下几方面。

1. 传播社会主义核心价值观

立德树人是学校的根本任务。小学班级组织按照新时代的要求及小学教育目标任务，在组织学生开展学习、交往、游戏、劳动和社会实践活动中，向学生传播社会主义核心价值观，开展世界观、人生观、价值观教育，引导学生正确处理个人目标、集体目标与社会目标的关系，在社会主义核心价值观指导下，把个人的兴趣、需要、愿望升华为符合社会期望的生活理想和社会理想，使学生走上积极健康的发展道路。

2. 传授科学文化知识，促进基本技能形成

促进学生掌握科学文化知识并形成基本技能是学校教育的职责所在。马克思指出："为改变一般人的本性，使他获得一定劳动部门的技能和技巧，成为发达的和专门的劳动力，就要有一定的教育或训练。"[1]学校环境为学生获取文化科学知识、形成基本技能提供了独特条件。教育者通过班级组织将人类社会长期积累的文化科学知识和最新发展成果传递给学生，使他们为进一步传承和创造社会文化科学知识奠定基础，并通过社会实践活动固化、拓展技能的学习与掌握。

3. 训练社会行为方式，习得社会生活经验

班级组织的教育教学活动是在师生交往及同伴交往中展开的，而班集体的人际交往和社会关系必然产生相应的社会规范。如班级制度、课堂规则、学习纪律，加之集体的舆论、风气、传统等，直至学生之间使用的特别的语言、特别的交流方式，教师的言谈、举止、衣着、仪表等，都显性或隐性地起着传递社会规范的作用，对学生具有一种同化力和约束力，使生活在其中的学生潜移默化地受到影响和熏陶，学生在班级社会中自觉不自觉地接受行为方式的训练，习得社会生活经验。

第二节　小学班集体形成与发展（上）

一、小学班集体形成的基本阶段

（一）初建阶段

班级的最初形态实际上是由一个个孤立的个体组成的。在班级的初建阶段，班级方方面面的工作都靠班主任的指挥协调，靠行政手段组织。班主任根据这个阶段的特点，要抓紧时间全面了解学生，寻找、选择积极分子并加以培养；向全班学生提出明确、切实可行的要求，让积极分子带头响应与支持；指导学生开展各种丰富多彩的活动，增加学生的交往频率，促进学生相互了解，逐步提高班集体的吸引力。班主任尤其要注意发挥自

---

[1] 中共中央马克思恩格斯列宁斯大林著作编译局. 马克思恩格斯文集　第5卷[M]. 北京：人民出版社，2009：200.

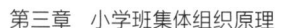

己的威信和影响力的作用,让学生乐意接近你。

为了缩短初建阶段的时间周期,在班主任实践中也探索出了一些好的办法。比如,在开学报到前几天,给每位新生写一封热情洋溢的欢迎信,精心设计布置好教室环境;开学第一天便在学生中进行"我心目中的班集体""我理想的班主任"等问卷调查;举行"答记者问——学生问班主任答""我的自画像——同学自我介绍"主题班会等,使师生之间、学生之间尽可能迅速地互相了解。班主任在学生毫无思想准备的条件下,精心设计,充分准备,不露痕迹地对学生进行集体主义启蒙教育,通常能收到意想不到的效果。总之,初建阶段班主任要在用心、诚心、创新上下功夫。

(二)形成阶段

短短几周之后,同学之间初步有了相互了解,在班主任的引导培养下,涌现出了一批积极分子,班集体有了核心人物,开始协助班主任开展各项工作。这一阶段,班级的凝聚力较前一阶段有所增强,但班级的价值目标和行为规范尚未完全变成学生的自觉行为动机,教育要求仍多是外因起作用。班主任首先要加强对班干部的教育、指导,给他们提建议、教方法,逐步从直接插手、指挥班级活动中解脱出来,由班干部自己来组织开展班级工作,开展集体活动。其次,继续发掘积极分子,帮助班干部把这些人团结到班委会周围,以扩大班级的骨干力量。再次,应加强集体精神的培养和学生人际关系的调整,树立学生身边的榜样,鼓励学生积极主动参与班级活动。

(三)发展阶段

在这一阶段,班集体自身已成为一股教育力量。不仅学生干部,多数学生也能互相严格要求。教育要求已转化为集体成员的自觉需要,即便是小学低年级学生,在适当的提醒和监督下,都已能自己管理和教育自己。同学之间团结友爱,形成强有力的舆论与良好的班风。这个阶段,小学高年级班委会已能主动积极地开展各种活动,已成为坚强有力、能独立开展工作的班级管理团队,教师进一步放手让学生干部开展工作。这一阶段,班主任要与学生一道,共同商议确定明确的奋斗目标,引导正确的集体舆论,鼓舞全班成员士气,培养集体荣誉感。

(四)优化阶段

在这一阶段,集体的特征得到充分体现,并为集体成员所内化,全班已成为一个组织制度健全的有机整体,班集体趋向成熟。在优化阶段,集体自身不断自我调整、自我完善、自我提高,以便更好地适应环境。班主任既要注意发挥其导向作用,如把关、定向、出主意,又要放手让学生自治,自己管理自己,自己教育自己,激发学生的主动性、自觉性和创造性,让他们独立完成各项集体活动和达到各种目标。班主任还要进一步提出更高层次的奋斗目标,促进班集体向优秀集体发展,尤其要进一步开展有质量的班级活动,引导学生培养兴趣主动发展。

二、小学班集体形成过程中班主任的着力点

班集体建设的成效如何,在很大程度上取决于班主任主动性、积极性和创造性的发挥程度。为了建设好班集体、教育管理好学生,在班集体形成过程中,班主任要特别重视在以下几方面着力。

(一)全面深入了解学生,走进学生生活世界

一个学生就是一个世界。全面了解和研究学生是有效开展班集体建设的前提和基础。小学班主任如果缺乏对小学生成长环境和身心发展特点的了解,将失去开展工作的可靠基础和有利条件,其工作质量和效果注定是糟糕的。

1.了解和研究学生应把握的重点

一是了解和研究学生的家庭背景和人际背景。了解学生的家庭背景主要是弄清家长的政治情况、经济情况、职业情况、文化程度、家庭教育氛围、对孩子的期望等,特别要注意了解那些行为异常的学生的家庭背景,注重研究家庭环境变化如家庭不和、离异或再婚家庭、单亲家庭、隔代监护家庭给学生成长带来的影响。由于离婚率持续上升,生活在单亲家庭、再婚家庭、混合家庭的孩子增多。在农村,父母外出打工,"留守儿童"增多,隔代监护的孩子多。了解学生的人际背景,主要是指了解学生的人际交往和人际关系,包括了解他们的师生关系、同学关系、朋友关系、家庭亲子关系等。要特别注意了解和研究学生的朋友关系、同伴关系。心理学研究表明,儿童时期的个体在情感上最依恋父母,朋友处于相对次要的地位。

二是了解和研究学生的个性特征。了解和研究学生的个性特征,有助于教师把握每个学生的个体差异,有助于因材施教。主要包括了解和研究学生的兴趣爱好、愿望要求、特殊能力、性格特点、气质特点等。如果班主任了解了学生的兴趣爱好,可以引导学生将兴趣爱好发展成自己的特长,形成自己的优势领域。了解了学生的性格气质特点,在安排座位、划分学习小组时,让好动的、多血质的学生与安静的黏液质的学生坐在一起,让内向的、不爱发言的与外向的、爱发言的学生编在一个学习小组,这样可以使学生的性格气质互补,相互促进。

三是了解和研究学生的学习情况。学习是学生的主要任务,指导学生搞好学习是班主任的重要任务。了解和研究学生的学习情况,主要包括学习态度、学习方法、学习习惯、学习能力、各科学习成绩、作业完成情况等。这有助于对学生进行学习目的教育,指导学生的学习方法,培养学生的学习习惯,提高学生的学习能力。

四是了解和研究学生的品德状况和行为特点。这有助于确定德育的目标,增强德育的针对性和实效性。主要包括了解和研究学生的行为习惯、思想状况、道德品质、人际交往等。这样有助于班主任制定恰当的德育目标和拟订活动计划,采取有效措施,提高学生的思想品德素质。

五是了解和研究学生的健康状况。身心健康是完成各种学习任务的基础和保证。班主任了解和研究学生的健康状况,有助于提出恰当的健身目标和心理教育目标,提出适合学生发展状况的学习要求。了解和研究学生的健康状况,不仅包括学生的身体发育状况和体质,而且包括学生的心理健康状况。通过了解和研究,班主任才能根据学生现有的身体状况,有目的、有计划地开展体育活动,安排好学生的作息制度,提高学生的身体素质;才能根据学生的心理健康状况,有针对性地开展心理健康教育,提高学生的心理素质,促进学生身心全面和谐发展。

2.了解和研究学生的主要方法

观察法。观察法是指在自然条件下,有目的、有计划地对事物进行直接感知,获取资料的方法。运用观察法需做到以下几点:一是要有计划性、有目的地进行观察。班主任要制订长期的和阶段性的观察计划,要有捕捉学生各种细微变化的意识,在各种活动中要有目的、有侧重地进行观察。二是要利用一切接触学生的机会进行观察。班主任要经常深入到学生的学习、交往、文体活动中去,与学生交朋友,不失时机地进行观察,以获取丰富的观察资料。三是要坚持做到持续性的观察。小学生的思想情绪变化无常,因此观察学生要长期坚持下去,特别是对一些重点观察对象。因为相同的思想可以通过不同的言行表现出来,不同的思想又可以通过相同的言行表现出来,如果草率下结论,可能会误解学生的行为动机,得出不正确的判断。四是要做好观察记录。对观察到的现象要及时记录在专门的记录本上,以便归类整理和分析评判。

调查法。调查法是以提问的方式搜集资料间接了解学生的方法。调查的对象可以是学生本人,也可以是其他同学、科任教师、学生家长等。调查的常用方式主要有访问、开座谈会、问卷调查等,班主任应根据调查的目的和内容选择调查方式。对调查所获得的资料,要及时整理保存,并进行分析研究。为了对需要调查的问题进行深入了解,班主任较多使用问卷调查法。问卷调查法的首要环节是问卷的设计,一份完整的调查问卷通常包括卷首语、问卷说明、问题和答案、编码和其他资料四部分。问题和答案是问卷的主体,也是问卷设计的主要内容。从形式上看,问题可以分为开放式和封闭式两种:开放式问题是那种只提出问题,不为回答者提供具体答案,由回答者根据自己的情况自由填答的问题;封闭式问题是在提出问题的同时还给出若干个答案,要求回答者根据实际情况而进行选择。问卷的设计要遵循三项原则:一是客观性原则,即所设计的问题必须符合客观和现实;二是必要性原则,即必须围绕调查项目设计必要的问题;三是可行性原则,即问卷中的问题设计要符合被调查者回答问题的可能性,超越或者低估被调查者的实际能力都将不能正确反映实际情况。

谈话法。谈话法是通过与学生进行面对面交谈来获取资料的方法。有效的沟通与交谈,可以深入学生的内心世界,获得真实可靠的信息。运用谈话法应注意以下几点:一是要创造自然和谐的谈话环境。谈话时,教师的态度要诚恳、语言要亲切,以便取得学生的信任,使学生愿意向老师敞开心扉。二是要学会聆听。谈话时,教师一定要善于倾听学生的倾诉,要控制情绪,要表现出对对方的理解和同情。三是要把沟通谈话与教育学生结合起来。通过师生真诚的交流谈话,老师可以弄清楚很多实情,这也为教育引导学生创造了最佳条件。班主任要善于抓住这些有利的时机,对学生实施针对性教育。

(二)选拔培养学生干部,形成班级管理团队

建设形成一个积极上进、团结友爱的班集体,必须组建好班级管理团队,挑选素质优良、乐意为班级服务的积极分子组成班委会,参与班级管理工作。通过班级干部的选拔和培养,让学生从小锻炼和形成一定的领导力。

1.组建班委会应遵循的原则

热心服务原则。由于能力、性格、态度、环境等多方面的原因,在一个班级中并不是人人都乐意为班级服务。而事实证明,欠缺服务意识是难以做好班级工作的。因此,班主任在挑选班干部时,最好选择热心班级工作的同学。

民主公开原则。班主任应充分发扬民主,公开选拔条件和要求,广泛征求全班同学的意见,真正把全班大多数同学信赖的学生挑选出来组成班委会。

用其所长原则。根据学生兴趣爱好和优势潜能的差异,充分利用学生的兴趣特长来为班级服务。

悉心指导原则。小学生毕竟在知识和见识两方面都有较大的局限,参与班级管理工作对他们往往是全新的挑战,因此班主任对"小干部"既要压责任,更要多指导。

严格要求原则。班主任要对"小干部"提出严格要求,让他们摆正"干部"和同学之间的关系,积极主动为班级服务,戒骄戒躁,以模范行动获取同学们的信任,以优异的工作业绩为班级赢得荣誉。

2.班干部选拔的常用方法

任命法。即由班主任直接任命。这种方法在班级刚刚组建时比较多见。任命班干部能在一定程度上体现班主任的意图,通过任命制委任干部,先把班级工作开展起来,也为班主任进一步发现和物色恰当人选赢得时间。

自荐法。即学生在明确干部职责的基础上,结合自己的个性特长,分析评判自己适合干哪项工作,毛遂自荐。自荐法有助于培养学生展示自己、勇于担当的意识。

民主推选法。即通过全班同学投票选举产生学生干部。这种方法产生的学生干部是众望所归,往往具有较高的威信。

自由竞选法。即在自由平等的氛围中,每个同学可根据自己的喜好自由竞选某个干部职位。自由竞选法有助于优秀人才脱颖而出,有助于培养学生主人翁精神和竞争意识。

在班级干部的选用方面,班主任应尽可能坚持"人人有机会,个个得锻炼"的原则,让全班每一个学生都有担任干部的机会,都可以从担任班干部中体验服务的快乐,培养学生的领导力和自制力。

【案例探析】

他投了自己一票[①]

今天选举班长,开始唱票时,我奇怪地发现,每次叫到王辉的名字,他的身子便微微一颤,表情很奇怪,好像有什么心事。

结果出来了,王辉满票!这就是说,全班同学都投了他的票,也包括他自己。

"啊!他居然选了自己。""他也太自以为是了吧。""就是,一点也不谦虚。"有人小声议论起来,他们用异样的眼光盯着王辉。王辉脸红了,低着头不作声,像是做错了事一样。

这样的情形,我也是第一次遇到。在我们的传统文化中,谦虚是一种美德。做人应该谦虚和内敛。我们不喜欢张扬的个性和表现自己的行为,因此在选举这类活动中,我们习惯于由别人来评价自己,即便是特别优秀,所谓的"满票"也是总人数减一。可是,随着素质教育的深入,我们欣喜地看到,沐浴在新世纪阳光下的孩子已经敢于大胆地展示自我了。

想到这些,我走过去,轻轻拍了拍王辉的肩膀。他抬起头,带着羞愧的神色对我说:"老师,我错了。"

我微笑着说:"不,你没有错啊,说一说,为什么要投自己的票?"

大家都一愣,王辉想了想,激动地说:"当班长必须学习好、纪律好、工作能力强,还要有热情,我觉得我能做到这些,所以就选了自己!"他的声音颤抖,却带着几分坚定。

我赞许地点点头说:"你既然认为自己最合适,当然不能选别人了。同学都投了你的票,说明大家也信任你,班长非你莫属。所以老师不仅认为你没有错,而且也要投你一票。"

说完,我带头鼓起了掌,教室里顷刻间响起了热烈的掌声。"自信是成功的开始,老师相信你会成功的。下面,请新班长上台,发表就职演说。"

王辉眼睛里闪烁着喜悦而激动的光芒,他迈着坚实的步子走上讲台,向同学们深深鞠了个躬,大声说:"谢谢大家的信任,我不想多说,请看我今后的行动吧!"

教室里再次响起了经久不息的掌声。

讨论:

本案例给予我们的启示。

[①]常坤.他投了自己一票[J].人民教育,2003(17):21-22.

(三)建立班级"法律体系",引导规范思想行为

俗话说"没有规矩,不成方圆"。建立班级"法律体系"就是指建立班级的制度体系。班级制度体系又常常称作班规班纪,它是班级成员间有序互动、班级目标得以实现的重要保证。班规班纪的制定过程本身也是对学生进行思想教育的过程。

1.制定班规班纪应坚持的原则

广泛参与原则。班级制度虽然是以静态的文本形式呈现的,但它的作用对象却是学生,是一个个鲜活且富有个性的个体。因此,在制定班级制度的过程中,不能由班主任或班委会闭门造车,而应该集思广益,调动所有学生参与其中,在所有学生进行民主讨论的基础上,适当集中,最终形成。

注重引导原则。制度是一种具有强制力、约束力的条文,但其最终目的在于引导学生养成良好的行为习惯。班级制度不应该把重点放在纠正学生的"错误行为"上,而应该把重点放在养成积极健康的行为上;是以"关注"学生、不让学生"出事"为工作目标的。从学生成长的历程来看,学生犯错误未必就是坏事,教育的关键在于引导学生认识并改正错误。

切实可行原则。班级制度要在符合社会规范要求的基础上,根据班级现在或者将来可能存在的某种倾向来制定,而不是越多越好,越复杂越好。班级制度的制定不宜太繁杂,表述要尽可能通俗易懂,契合学生的身心发展特点,切实可行,这样才有利于学生行为的规范,有利于班级各种问题的解决。

2.制定班规班纪的过程与方法

首先,熟悉《中华人民共和国义务教育法》《中华人民共和国未成年人保护法》《学校卫生工作条例》等法律法规,领会《小学生守则》《小学生日常行为规范》及校规校纪的精神实质。

其次,根据班级学生特点,充分发扬民主,广开言路,让学生各抒己见,积极参与班纪、班规、班级公约等制度的讨论和制定。

再次,由班主任和班委会集中大家的智慧,就一日常规中所涉及的方方面面的基本规范拟订成规章制度初稿,再经自下而上或自上而下几个回合的反复讨论修改,最后形成一套符合班情的班规班纪,成为大家共同遵守的行为准则。

资料链接

抓好班级制度建设的一点经验[①]

如果说班主任的工作是一项复杂而系统的工程,那么我只想谈谈我在抓班级制度建设的一点经验和体会。

我们生活在集体中,每个人都不可避免地要受到集体的影响和制约,当然每个

[①] 申伟军.抓好班级制度建设的一点经验[J].吉林教育,2014(11):128.

人也会对集体有着或多或少的反作用。你要知道你的班主任不是某一个人的班主任，而是班级所有学生的班主任。有了这样理性的思考和理解之后，你只需要组织建立一个大家都共同遵守的行为准则，因此班级的制度建设就显得尤为必要。

抓好班级的制度建设，首先要立人。即班级干部的选拔和培养。对班级干部的选拔我通常是遵循着这样几个原则：一是敢说话，敢质疑，敢发表自己的意见；二是要有责任感，能从大的班级利益的角度去思考，去表达自己；三是有自己的主见，不人云亦云，甚至有点小霸道，小张狂。当然这只是选拔，但是真要用还必须经过你的加工和锤炼。所谓加工和锤炼不是要磨掉他的棱角，而是要他在保持原有的特点的基础上，学会尊重和服从，学会宽容和大度，学会倾听和表达，更要学会担当和承受。

抓好班级建设，其次要立信。亲其师，信其道。榜样的力量无须多说，为师者不是因为你的位置是老师而是老师，也不是因为你的年龄是老师而是老师。为师就应该有为师的高招，有让学生佩服的东西，有让学生学习的本事。立信还包括对你确立的班级干部的评价和要求。班级干部要经得起同学的监督，每周的班会就是要建立一个班级同学和班级干部沟通的平台。建立好一支班级干部队伍还要明确分工，更要有团结和协作。放手把工作交给学生，相信他们能行，信任、支持、鼓励、指导，这些是我在面对班级干部同学经常做的工作。

抓好班级建设，再次要立威。立威首先是建立在班规的制定和执行上，班规不是摆设，而是要发挥它的作用。其次要强调执行的监督，容易出现的问题是执行的人不执行，知法犯法。立威还包含对班级干部执行力的绝对支持。立威的目的不是立某一个人，更不是立班主任，它是立一种信仰，立一种规矩，立一种习惯，而最终达到一种自我约束、自我管理的目的。

（四）形成正确班级舆论，大力培养优良班风

班级舆论是指在班级中占主导地位的、为大多数人认同的言论和意见。正确的班级舆论是优良班风的前提。班风是班集体的精神风貌，是班级舆论在班级成员行为上的较为稳定的表现。班级舆论正确与否、班风的优劣状态，是衡量班级是否转化为良好班集体的重要标志。形成正确的集体舆论和优良班风，班主任要注意以下几点：

一是充分发挥舆论阵地的作用。班级舆论阵地主要有黑板报、墙报、班队会等。班主任要善于利用这些阵地弘扬正气和主旋律，抵制歪风邪气，不断提高学生辨别是非的能力。

二是加强对学生的正面引导。小学生模仿性强，容易接受正确的东西，也容易受消

极思想的影响,具有"先入为主"的心理特点,所以正面引导十分重要。正面教育工作应抓在前,否则让不健康的东西先入为主并形成消极的态度定式,这时再要"纠偏"就十分困难。

三是及时制止不良苗头。教师对个别学生的不良行为和错误的言论倾向,要及时制止,把它扼杀在萌芽状态,防止其扩散。制止不良苗头,教师要晓之以理,动之以情,用耐心和真心去感动学生。对于小学生来说,最害怕的事就是在他们做错事后,教师大声地批评他们,这样会伤害到学生的自尊心。

四是树典型、严要求。小学生的态度、行为等往往是易变的,班主任对他们既要关心理解更要严格要求,对他们持续不断地施以正能量的影响。根据小学生模仿性强的特点,班主任要有意识地树立小学生身边的正面典型,号召大家向典型标兵学习。榜样的力量是无穷的。

五是与科任教师有效协同。优良班风的养成在一定程度上有赖于班级教师集体合力作用的发挥。班主任要充分信赖和依靠全体科任教师,共同为班级工作献计出力。比如共同制订班级工作计划、相互促进教师威信的树立、及时沟通学生思想行为表现、共同指导并积极参与班级活动、正确对待并妥善处理师生矛盾等。

六是激发和培养集体荣誉感。集体荣誉感是指学生自觉意识到作为集体一员的尊重和荣誉,从而更加热爱集体,珍惜集体的荣誉,推动集体成员积极向上的一种情感。集体荣誉是集体主义教育的核心,是打造团队精神,形成优良集体的一种黏合剂,它促使个人为争取或保持集体的荣誉而努力行动,改正不符合集体要求的缺点或错误,促使班级人人向上,为学生今后适应社会的发展奠定基础。班级是培养集体荣誉感的大花园,花园中的花儿需要爱的呵护,需要播撒阳光,需要供给水分,需要精心护理,只有这样,花期才能经久不衰。帮助学生树立正确的荣誉感,教师要以身作则、身体力行,要让集体时时充满温暖,要让每一个成员在集体中收获成长的快乐。

第三节　小学班集体形成与发展(下)

一、小学班级过程管理的基本环节

(一)制订计划

1.计划的含义

计划是一系列经过设计的行动目标和路线图。班级计划是学年或者学期开学前根据学校的要求以及班级的具体情况,为了实现班级发展目标,完成阶段性任务,达到某种预期状况而确定的工作安排和行动步骤。

班级计划是班级管理活动的起始环节。制订班级计划的重要意义在于提高班级的运行效率,做到有目的地、积极能动地、井然有序地管理班级。

2. 制订小学班级计划的依据

第一,新时期党和国家对教育的新要求。

第二,学校工作计划中对不同年级的要求和任务。

第三,本班学生的实际情况。包括本班学生的身心发展状况、思想行为、学习成绩、学习能力、学习兴趣、特殊才能等情况。

3. 小学班级工作计划的内容

第一,指导思想。小学班级计划的指导思想一般包括:新时期党和国家对教育的新要求特别是习近平总书记对青少年寄予的殷切期望,学校办学理念,班主任的教育信条,小学生身心发展特点等。

第二,班情分析。主要是对本班学生特点、发展状况以及上学期或学年工作成效及存在的问题等进行概括性分析,特别要注意分析把握本班学生在思想行为方面的倾向性问题。

第三,目标定位。根据班情分析确定本学期或学年的班级管理和学生发展目标。

第四,任务内容。为实现本学期或学年的班级管理目标,深入思考确定每个月的主要任务和活动内容,并详细地罗列出来。

第五,措施方案。即为落实各项任务内容,完成管理目标而采取的办法、手段、行动步骤以及必需的条件保障。

小学班级工作计划主要由班主任负责制订,在制订过程中班主任应尽量征求科任教师的意见和建议,同时也要充分发挥学生特别是班委会的作用。

【案例探析】

小学班级工作计划

一、指导思想

深入学习贯彻习近平总书记关于教育的重要论述,遵循学校总体工作计划,围绕学校主题教育活动,提高学生的思想素质和科学文化素质。以学生的行为习惯养成为主要内容,注重培养和提高学生的基本道德素质。开展丰富而有意义的少先队活动,适时开展心理健康教育,努力促进学生全面健康可持续发展。

二、本班学生现状分析

总体而言,本班学生能自觉遵守《小学生守则》,团结上进、尊敬师长、热爱劳动。但也存在一些需要纠正和解决的问题,例如:个别学生思想和纪律涣散,班级凝聚力还不够强;个别学生学习习惯不好,上课不能集中注意力听讲;有少数学生体质较弱,平时体育锻炼较少;个别学生干部能力欠缺、工作不够主动;一些家长对学校工作的支持力度不够等。

三、班级工作任务及目标

本学年班级工作重点是加强行为规范的养成教育，培养学生良好的行为习惯，继续进行热爱班级、团结同学的教育，促进班级健康和谐发展。

1. 主要任务

（1）鼓励和支持学生积极参加学校、班级的各项活动，力争取得优异成绩，锻炼能力，培养集体荣誉感。

（2）注意育人环境的美化，充分发挥其育人功能。建立各种生动活泼的评比栏、中队角，每个园地力求美观大方，突出特色，使学生在潜移默化中受到教育。

（3）开展丰富多彩的主题班队会，在集体活动中增强班级的凝聚力，形成良好的班风。

2. 具体工作

（1）继续抓好学生的思想教育和养成教育工作，培养良好行为习惯。

（2）加强班级卫生及教室环境创建工作，争创卫生文明示范班。

（3）加强安全教育，增强安全意识，形成一定的安全防范能力。

（4）开展小学生心理健康辅导，使其身心和谐发展。

（5）开展爱科学、学科学主题教育活动，积极探索新知教育。

3. 预期目标

（1）增强班级凝聚力，形成健康向上的良好班风。

（2）争当学校的"优秀班集体"。

四、主要措施

1. 优化班级育人环境

美化教室内外环境；让课程表、环境小卫士值勤表、作息时间表等上墙；利用壁报栏展示学生的个性特长，利用评比栏鼓励学生进步。

2. 培养班干部的责任心

给班干部压担子，让他们在为同学服务的过程中收获快乐，增强荣誉感和责任心。

3. 建立一日行为规范监督岗

学生轮流执勤，观察和收集全班每位同学的行为状况，发现问题，提出改进意见。

4. 普及心理健康方面的知识

上好心理辅导课，培养学生健康的心理品质；对少数有心理困惑的学生，及时与家长取得联系，实施有针对性的教育。

5.抓好个别教育

本班有几位学生属于特别活泼好动的孩子,自制能力较差,上课注意力不够集中,要针对这些孩子的具体情况,开展教育转化工作。

6.开展好安全教育和家校联系工作

向学生普及安全常识,进行安全防范演练;家校密切合作,形成教育合力。

讨论:

这份工作计划有何特点?哪些方面还可以进一步完善?

(二)组织实施

组织实施是指班主任把全班学生组织发动起来,把各种资源条件利用起来,将班级工作计划付诸实践的过程。组织实施环节应重点抓好以下工作。

1.思想动员,明确任务

要向学生做好思想动员,统一认识,明确任务、要求和意义,说明活动的原则和方法。

2.分工合作,各司其职

根据不同的任务和学生的特点,分工合作,让每位同学承担一定责任,发挥主观能动性,各司其职。做到每项活动有专人负责,有具体的活动方案。

3.加强指导,正确激励

班级工作的实施过程也是对学生教育引导的有利时机,班主任要切实加强指导,让学生在活动中长见识、强技能。在班级工作实施过程中,班主任要及时跟踪、发现问题,针对存在的问题提出解决办法,教会学生正确的方法,同时要采取各种激励手段去激发学生的进取心,调控个别学生的消极情绪,以调动全班学生的主动性和积极性。

4.顺应实情,调整计划

由于各种原因,在班级计划实施过程中可能出现与实际情况不相适应的情形。这时,班主任就要顺应实情,对原计划进行必要的调整。如学校提出了新任务和新要求,对原计划就要进行补充或调整,使班级工作开展符合客观实际。

(三)评价总结

评价总结是对班级工作计划在执行过程中所发生的情况及效果进行分析、评价与总结的过程。评价总结包括对单项活动的及时评价总结,也包括对学期或学年工作的总体评价总结。评价总结有利于发扬成绩和吸取教训,为改进下一个周期的工作提供依据。

评价总结的内容主要包括:任务内容、工作成效、存在的问题和经验教训、目标达成度、改进建议等。班主任在形成书面的总结材料时,要注意不能脱离计划本身,要突出重点与特色,要观点和材料统一,要有感悟和启迪。平时的资料收集和审时度势的分析提炼是做好总结的关键。

班级过程管理的三个环节是有机联系、互相衔接、不可分割的。制订计划是起始环节,统率全过程;组织实施是关键环节,组织实施富有成效,班级的教育管理才能落到实处,才能使工作计划达到预期的目的;评价总结是终端环节,为持续开展好下一个周期的工作提供依据,也是班主任提升自身工作能力的最佳历练机会。班级工作日复一日,年复一年,上述三个基本环节循环运转,构成了班级管理的全过程。

二、小学班级例会

班级例会是指为了推动班级工作和开展常规教育需要定期或及时召开的会议。小学班级例会是培养小学生民主意识、养成良好行为习惯、渗透德育的重要形式。

班级例会是班主任对班级实施管理的重要方式,也是班主任建立和巩固班集体的重要手段。班级在运行过程中,有许多日常事务要通过班级例会来落实;班集体建设和发展中的许多具体工作和活动开展也需要通过班级例会来统一思想和协调行动。

(一)小学班级例会的内容

(1)贯彻党的教育方针和政策,落实学校对班级工作的新要求,研究确立班级发展目标;

(2)讨论和制订班级学年或学期工作计划;

(3)选举、改选或补选班级干部;

(4)对照《小学生守则》《小学生日常行为规范》和班级有关规章制度,表彰好人好事,开展批评与自我批评;

(5)纠正不良思想倾向和错误言行;

(6)对班级偶发事件处理后,做善后教育工作;

(7)总结班级工作,评选先进等。

(二)小学班级例会的主要形式

班务会。班务会是在班主任指导下,由班委干部参加的会议。主要是研究决定班级工作中的重大问题和重要事项。班务会一般每月或每半月召开一次,遇紧急重大问题时可及时组织召开。

班会。班会是指全班同学参加的会议,安排在固定时间召开,一般每周举行一次较为适宜,由班主任负责组织。对学生进行思想品德教育,讨论和制订班级学年或学期工作计划,纠正不良思想倾向和错误言行,表彰好人好事,总结班级工作,评选先进等都可通过班会来进行。

晨会。晨会又称晨间谈话会,每天进行,一般安排10分钟左右,针对具体问题或事件,由班主任谈意见、提要求。

民主生活会。民主生活会是针对学生集体中出现的某些不良情绪或思想倾向而召开的。民主生活会要引导学生正确认识自己,公正对待他人,注意批评和自我批评的客观性、恰当性,要善于找出改进的方法和路径,使学生通过民主生活会得到思想的洗礼。

(三)小学班级例会应注意的问题

班级例会应尽量利用学校规定的班会课或课外活动时间进行,不宜占用学生的正常学习时间;根据小学生的身心特点,会议时间不要过长,要聚焦主题,切忌空谈;班级例会的召开应发挥好学生干部的作用,会议召开前应做好充分准备;切忌走过场、流于形式,要尽可能发挥出班级例会的育人作用。

三、小学少先队建设及其活动

资料链接

中国少年先锋队章程

(中国少年先锋队第五次全国代表大会2005年6月3日通过)

一、我们的队名

中国少年先锋队。

二、创立者

中国共产党。党委托中国共产主义青年团直接领导我们队。

三、我们队的性质

是中国少年儿童的群众组织,是少年儿童学习中国特色社会主义和共产主义的学校,是建设社会主义和共产主义的预备队。

四、目的

团结教育少年儿童,听党的话,爱祖国、爱人民、爱劳动、爱科学、爱护公共财物,努力学习,锻炼身体,参与实践,培养能力,立志为建设中国特色社会主义现代化强国贡献力量,努力成长为社会主义现代化建设需要的合格人才,做共产主义事业的接班人。维护少年儿童的正当权益。

五、队旗、队徽

五角星加火炬的红旗是我们的队旗。五角星代表中国共产党的领导,火炬象征光明,红旗象征革命胜利。五角星加火炬和写有"中国少先队"的红色绶带组成我们的队徽。

六、我们的队歌

《我们是共产主义接班人》

七、我们的标志

红领巾。它代表红旗的一角,是革命先烈的鲜血染成。每个队员都应该佩戴它和爱护它,为它增添新的荣誉。

八、我们的队礼

右手五指并拢,高举头上。它表示人民的利益高于一切。

九、我们的呼号

"准备着:为共产主义事业而奋斗!"回答:"时刻准备着!"

十、我们的作风

诚实、勇敢、活泼、团结。

十一、队员

凡是6周岁到14周岁的少年儿童,愿意参加少先队,愿意遵守队章,向所在学校少先队组织提出申请,经批准,就成为队员。队员入队前要为人民做一件好事。要举行入队仪式。队员是少先队组织的主人,在队里都有选举权和被选举权,可以对队的工作和队的活动提出意见和要求。每个队员都要遵守纪律,服从队的决议,积极参加队的活动,做好队交给的工作,热心为大家服务。优秀的少先队员可以由队组织推荐作为共青团的发展对象。队员由一个大队转到另一个大队,要带上队员登记表,到新的大队报到。超过14周岁的队员应该离队。由大队举行离队仪式。

十二、入队誓词

"我是中国少年先锋队队员。我在队旗下宣誓:我热爱中国共产党,热爱祖国,热爱人民,好好学习,好好锻炼,准备着:为共产主义事业贡献力量!"

十三、组织

在学校、社区建立大队或中队,中队下设小队。小队由5至13人组成,设正副小队长。中队由两个以上的小队组成,成立中队委员会,由3至7人组成。大队由两个以上的中队组成,成立大队委员会,由7至13人组成。小队长和中队、大队委员会都由队员选举产生。半年或一年选举一次。大队和中队委员会可以根据工作需要,设队长、副队长、旗手和学习、劳动、文娱、体育、组织、宣传等委员。

十四、活动

举行队会,组织参观、访问、野营、旅行、故事会,开展文化科学、娱乐游戏、军事体育等各种有意义有趣味的活动,以及参加力所能及的公益劳动和社会实践。

十五、奖惩

队员和队的组织做出优异成绩的,由队的组织或报共青团组织给以表扬和奖励。队员犯了错误的,队组织要进行耐心帮助、批评教育,帮助改正。

十六、辅导员

由共青团选派优秀团员或聘请思想进步、作风正派、知识丰富、热爱少年儿童的教师以及各条战线的先进人物来担任。他们是少先队员亲密的朋友和指导者，帮助中队或大队委员会进行工作，组织活动。

十七、领导机构

全国和地方各级少先队工作委员会，是全国和地方少先队经常性工作的领导机构，由同级少先队代表大会选举产生。全国代表大会原则上每五年召开一次。

少先队是中国共产党创立并领导的少年儿童群众组织，是少年儿童学习中国特色社会主义和共产主义的学校。在新的历史条件下，进一步加强少先队工作对于改进未成年人思想道德建设，全面落实立德树人根本任务具有十分重要的现实意义和深远的历史意义。

少先队活动是国家规定的小学生必修的活动课。要充分尊重少年儿童的主体地位，遵循少年儿童的身心特点，认真把握少年儿童的情感、意识、信念形成的基本规律，将少先队活动与学校其他教育教学活动有机结合。

在小学校，一般以一所学校为一个少先队大队，以一个班级为一个少先队中队。遴选优秀少先队员为大队长或中队长。班主任大多兼任中队辅导员。辅导员要认真履行职责，加强少先队思想建设、制度建设、文化建设和资源建设，引导少先队员树立远大理想，形成坚定信念，提升综合素质。要精选与少年儿童学习、生活经验密切相关的教育内容，采取少年儿童易于接受的方式，组织开展丰富多彩的实践性、体验性活动，努力增强少先队活动的吸引力和实效性。要充分调动社会各方面的积极性，挖掘各种社会资源，有效整合、利用各级各类校外教育机构，包括校外活动场所、社会实践基地等教育资源，为少先队活动的开展提供必要的条件保障。

少先队活动要坚持五大原则。一是教育性原则。少先队活动必须以提高少先队员的思想觉悟为首要原则，努力使少年儿童树立正确的人生观、世界观和价值观。二是自主性原则。少先队活动一般在辅导员指导下，由大队或中队自主开展。三是趣味性原则。在开展少先队教育活动过程中，要遵循少年儿童的年龄特点，用具有激励性、引导性的活动方式，激发少年儿童兴趣和爱好。四是实践性原则。少先队活动要强调少先队员的亲身经历和感受，要求队员积极参与到各项活动中去。五是创造性原则。辅导员和少先队员要充分发挥创新精神，运用创造性思维和技能，使少先队教育活动具有新思想、新内容、新形式。

本章小结

班集体既是教育的对象和目的，又是教育的力量和手段。良好的班集体是学生全面和谐发展的熔炉，对于培养学生集体主义思想，陶冶道德情操，增强自我教育能力和发展个性心理品质都具有极其重要的意义。

小学优良班集体的特征表现为：共同的奋斗目标，坚强的班级管理团队，健全的班级制度，有序的班级活动，正确的集体舆论，优良的心理氛围。小学班集体既具有个体化功能又具有社会化功能。小学班集体形成一般包括四个阶段，即初建阶段、形成阶段、发展阶段、优化阶段。

小学班集体建设过程中班主任要着力抓好四个方面的工作：全面深入了解学生，走进学生生活世界；选拔培养学生干部，形成班级管理团队；建立班级"法律体系"，引导规范思想行为；形成正确班级舆论，大力培养优良班风。小学班级的常规管理主要包括计划、实施、总结三大基本环节。少先队活动是国家规定的小学生必修的活动课，作为少先队辅导员的班主任应切实抓好少先队工作。

【思维导图】

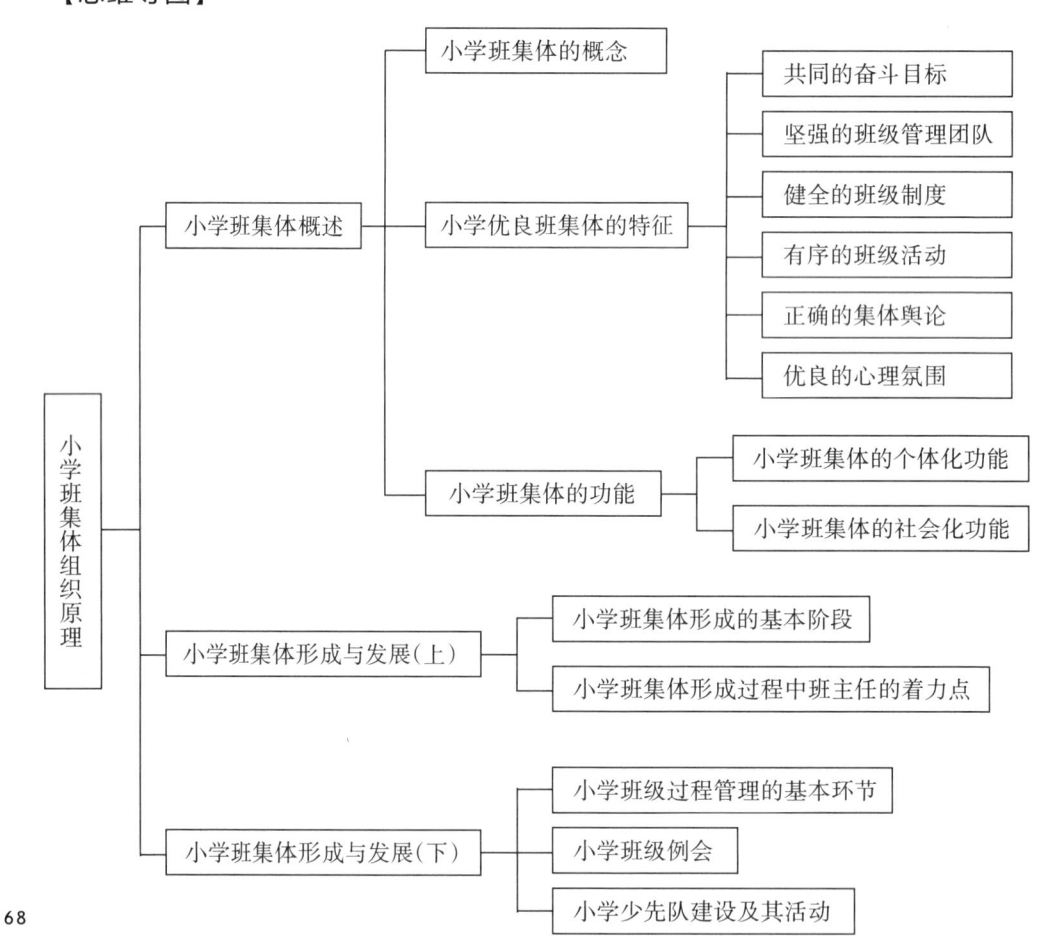

- 小学班集体组织原理
  - 小学班集体概述
    - 小学班集体的概念
    - 小学优良班集体的特征
      - 共同的奋斗目标
      - 坚强的班级管理团队
      - 健全的班级制度
      - 有序的班级活动
      - 正确的集体舆论
      - 优良的心理氛围
    - 小学班集体的功能
      - 小学班集体的个体化功能
      - 小学班集体的社会化功能
  - 小学班集体形成与发展（上）
    - 小学班集体形成的基本阶段
    - 小学班集体形成过程中班主任的着力点
  - 小学班集体形成与发展（下）
    - 小学班级过程管理的基本环节
    - 小学班级例会
    - 小学少先队建设及其活动

【思考与练习】

1.小学班集体对学生成长与发展有哪些促进功能?
2.小学班集体形成的基本阶段及每一阶段的特点是什么?
3.试论述小学优良班集体的特征。
4.根据小学少先队工作实际,自选主题设计一主题队会。

【推荐阅读】

1.魏书生.班主任工作漫谈[M].北京:文化艺术出版社,2011.
2.何万国.现代班主任工作研究[M].成都:西南交通大学出版社,2009.
3.胡小萍,叶存洪.班主任工作与班级管理艺术[M].南昌:江西高校出版社,2007.
4.王芳,唐和英.优秀班集体的建设与维护[M].芜湖:安徽师范大学出版社,2003.

第四章
小学班级文化建设

人创造环境,同样环境也创造人。

——马克思

教育之道无他,唯爱与榜样而已。

——福禄贝尔

每一个人可能的最大幸福是在全体人所实现的最大幸福之中。

——左拉

无论是种植花草树木,还是悬挂图片标语,或是利用墙报,我们都将从审美的高度深入规划,以便挖掘其潜移默化的育人功能,并最终连学校的墙壁也在说话。

——苏霍姆林斯基

学习提要

1. 理解班级文化的概念以及小学班级文化建设的意义。
2. 了解班级文化建设的特点与内容。
3. 掌握班级文化建设方案的设计与实施。

第一节 小学班级文化概述

一、班级文化的含义

班级是学校的基本组成单位,是学生学习与生活的主要场所,班级文化是一个班级的灵魂,是学校文化的基点,是社会文化的亚文化。

文化是我们普遍使用的一个概念,什么是文化？我们一般所认同的"文化"基本上都是从两个层面去解释的,即广义和狭义。广义的"文化"是指人类所创造一切物质和精神财富的总和。狭义的"文化"是指一个社会或组织包括其价值观念、共同理想、风俗习惯等在内的意识形态,以及在其指导下建立起来的与其相适应的组织环境和机构制度。

《教育大辞典》中对班级文化的界定为班级文化是"班级群体文化"的简称,作为社会群体的班级所有或部分成员共有的信念、价值观、态度的复合体。

我们认为,所谓班级文化是指在班级发展过程中形成的班级群体成员的理想信念、价值取向、思维方式、行为方式及其物质表现方式。一般而言,班级文化包括物质文化制度文化和精神文化。如教室布置、班徽、班歌、班训、班风、班级管理制度、班级目标等。班级文化是各种文化要素相互整合的产物,是一个班级的灵魂。

班级文化不是自发形成的,是班主任、各科教师和全班学生共同努力的结果。

资料链接

从企业文化到班级文化[①]

二战后的日本经过短短二十几年时间,到20世纪70年代,赶上并超过了一个又一个西方发达国家,成为仅次于美国的世界第二号经济强国。20世纪80年代,日本汽车和电子消费品等商品像潮水般地涌入国际市场,令世界头号经济强国美国尝到了竞争失利的苦头。震惊之余,美国许多管理学者、专家纷纷到日本一些优秀企业进行考察,详细研究后发现日本企业成功最重要的原因不是所谓的"硬件",而是"软件"——企业文化,一种组织亚文化。在此基础上,以阿伦·肯尼迪和雷斯·迪尔合著的《企业文化》一书为标志,20世纪80年代初在美国形成了企业文化管理理论,并在全世界范围内传播。20世纪80年代末,企业文化理论开始在我国传播,并因其朝学校管理领域延伸而形成了对校园文化的探讨和实践。较之于企业而言,学校与文化有更多的关联性,因此校园文化的理论研究在我国的发展非常迅速。1990年,高占祥主编的《论校园文化》一书的出版,标志着校园文化热在我国的兴起。走过近十年的历程之后,校园文化的理论和实践在我国已获得了长足的发展。20世纪90年代末,随着管理的柔性化趋势进一步加强,校园文化作为一种组织文化管理理论开始向班级管理领域发展。而今,班级文化建设的实践也已取得较丰硕的成果。

[①]周勇.我是怎样建设班级文化的:一位博士的班主任生涯回顾与反思[M].成都:四川教育出版社,2010:130.

二、班级文化的结构

班级文化是一个多层面、多因素的复杂系统。班级文化的结构分析有多种观点,主要的结构分析有以下两种。

(一)以表现形式来划分为显性班级文化和隐性班级文化

1.显性班级文化

显性班级文化是直接可以观察到的文化,是那些以精神的物化产品和行为表现出来的,人们能够直观感受到的内容。它包括班级的标识符号、教室环境布置、班级规章制度和班级成员的行为等。

2.隐性班级文化

隐性班级文化是隐藏的不可见的文化,包括班级的价值观念、道德规范、班风等。隐性班级文化是显性班级文化的基石。

(二)以组织文化属性来划分为班级物质文化、班级制度文化和班级精神文化

1.班级物质文化

班级物质文化是指主要以物质形态体现的表层的班级文化,是一种显性班级文化,是可以摸得着、看得见的环境文化,如教室墙壁上的名言警句、英雄人物或世界名人的画像,悬挂在教室前面的班训、班风等醒目图案和标语,等等。

2.班级制度文化

班级制度文化是具有班级特色的各种规章制度、行为规范的总和。如各种班级规约,构成一个制度化的文化环境。

3.班级精神文化

班级精神文化是班级成员在长期交往中所形成的群体心理定式和价值取向,反映了班级全体成员的共同追求和文化认同。这些观念认识弥漫在班级的各个角落,潜移默化地影响着学生。

三个层面中,班级物质文化是基础,班级制度文化是关键,班级精神文化是核心和灵魂。

三、小学班级文化的特点与功能

(一)小学班级文化的特点

1.独特性

班级文化是班级师生在教育实践中创造的,因此每个班级的文化都不可能相同,班级文化具有独特性。这种独特性体现在班级的特色上,由于班级的历史不同、区域地理和文化环境不同、班主任的教育理念不同、教师和学生群体不同,各班文化也会有自己的独特性。

2.动态性

班级文化不是在一种静态的状况下发展出来的,而是班级学生与班级环境互动的一种结果,班级文化会因内外环境、师生价值观、行为表现等因素的改变而改变。班级文化是不断变化的,是一个动态的、渐进的、发展变化的过程。

3.潜隐性

班级文化既具有显性的特征,又具有潜隐的特点,其对人的影响具有广泛性。苏联教育家苏霍姆林斯基在《帕夫雷什中学》中认为,"用环境、用学生创造的周围情景,用丰富的集体精神生活的一切东西进行教育,这是教育过程中的一个微妙的领域"。班级文化就是这样一种力量,它不是通过强制性的教育手段,而是通过环境、氛围、舆论、风气等,在耳濡目染、潜移默化中使学生受到陶冶、感染和影响。它的影响方式是熏陶与渗透,极具穿透力。

4.创造性

人本主义心理学家马斯洛认为,"人的创造性是一般人类遗传的一部分,它是一种共同的和普遍的东西,但它又是任何儿童都具有而大多数人长大以后又会失去的"[1]。小学生想象力丰富,再加上班级文化本身的丰富性,使得班级文化总能产生新思路和新办法,为班级文化注入新的因素,这就是班级文化创造性的体现。

(二)班级文化的功能

1.引导功能

班级文化对学生的健康成长具有引导、调节和纠偏的作用。班级文化是以班风、学风、价值观念、人际关系和舆论等方式表现出来的观念文化和与之相应的行为文化和物质文化,对每个学生都起着潜移默化的教育引导作用。班级文化的这种引导作用是无形的,又是无所不在的。班级文化不是一种刚性的、粗暴的、说教的固定模式,是一种充满柔性的、温和的、情意的精神(风气、氛围)、制度、关系和环境之综合存在。[2]

2.凝聚功能

班级文化能把个人利益与班级的命运和前途紧紧联系在一起,使个人与班级的行为和努力方向一致。班级文化是班级成员共同创造的群体文化,寄托着他们共同的理想与追求,体现着他们共同的心理意识、价值观念和文化习性。这种共同的心理意识、价值观念和文化习性会激发成员对班级目标、准则的认同感和作为班级一员的使命感、自豪感和归属感,从而形成强烈的向心力、凝聚力和群体意识。

3.激励功能

班级文化能为每个班级成员提供文化享受和文化创造环境,提供活动的背景以及必要的设施、模式与规范,从而有效地激发每个成员积极地发展自我,调动参与班级活动的

---

[1] 马斯洛.人性能达的境界[M].林方译.昆明:云南人民出版社,1987:87-88.
[2] 戴联荣,薛晓阳.小学班级文化建设[M].南京:南京师范大学出版社,1999:2.

积极性、主动性和创造性,使其以高昂的情绪和奋发进取的精神积极投入到学习和生活中去。

4.规范功能

班级文化所形成的规范体系是一种强大的力量,使班级成员不得不自觉地约束自己,让自己的行为符合班级规范,这也是学生的归属需要和集体的教育力量决定的。班级文化对成员的规范主要通过三条途径得以实现:一是氛围制约,包括班级环境、人际关系、班级风气等;二是制度制约,包括法律法规、规章制度、班规班约等;三是观念制约,包括班级理念、道德水平和班级舆论等。

【案例探析】

善行树[①]

在美国和加拿大的小学,老师在做教室布置时,经常会在低年级教室的墙上挂一棵"善行树"。这棵"善行树"其实就是一个枯树的模型。老师先把枯树挂在墙上,让学生感受这棵树。很多学生都会说这棵树不好看,没有树叶。老师说,要让这棵树变得好看,必须每个人都要动手帮忙。老师给每个学生分发一些用绿纸做的好看的大树叶,告诉学生可以在上面记一些事情,每个树叶上记一件别的同学帮助过你的小事情。例如,自己考试没有带水彩笔,同桌的同学借给我用了;或者是自己在活动中不小心跌倒了,被其他同学扶了起来,等等。然后,让学生把记过事情的树叶贴在枯树的树枝上。不久之后,枯树就变成了绿树。

讨论:

"善行树"对学生成长产生了什么影响?其影响机制是什么?

班级文化是班级全体成员共同营造的独特的文化,由班主任、任课教师和全体学生在学习和生活中共同创造的,它是校园文化的有机组成部分。优良的班级文化使学生置身于一个快乐、融洽、温暖的学习情境中,无论对小学生的全面发展还是班集体的建设都有积极的意义。

第二节 小学班级文化建设的内容与要求

从生态学的角度说,有形的物理环境和无形的社会环境,对学生的学习和行为均有重要的影响,"言教、身教、境教"的相互配合,才能使学生的学习和行为的改变收到事半功倍的效果。

---

①檀传宝.德育与班级管理(第2版)[M].北京:高等教育出版社,2013:48.

一、小学班级物质文化建设

班级物质文化在班级文化结构体系中处于表层。班级物质文化是以教室环境、班级文化标识为主要内容的文化形态,它是班级文化的载体。

(一)班级物质环境建设

班级物质环境是以物质为载体的环境,一般包括教室的空间大小、色彩、灯光和照明,教室的布置和班级座位的编排等方面。其中和班级管理密切相关的是教室环境的布置和学生座位的编排。班主任在学校给班级提供的良好教育设备基础上(如宽敞明亮、空气流通、视听效果佳的教室等)可组织全班学生对教室进行精心"包装",让教室的每面墙、每个角落都具有教育内容,富有教育意义。用苏霍姆林斯基的话来说就是:"无论是种植花草树木,还是悬挂图片标语,或是利用墙报,我们都将从审美的高度深入规划,以便挖掘其潜移默化的育人功能,并最终实现连学校的墙壁也在说话。"

1. 教室环境的布置

教室是班级组织存在的物质条件,是班级生活场所,是班级文化的组成部分。对于教育而言,一切都可以成为它有利的素材,有效的运用空间资源,创设具有教育性、开放性、生动性且安全性的教室环境,对于陶冶学生的情操,激活学生的思维,融合师生的情感有着巨大的积极作用。教室环境布置的内容没有定规,班主任可以根据班级特点进行布置,主要布置的内容有黑板报、公告栏、学习园地、评比栏、标语张贴、图书角、绿植盆花、桌套、桌椅摆放、劳动工具归置、书画长廊、一展风采等。

教室的布置是一项非常具体、非常繁杂的工作。教师可以借鉴他人的经验与做法,遵循教室布置的一些基本规律和原则,大胆实践创新,打造出有特色的班级环境。要布置好教室一般应遵循以下原则:

(1)教育性

教室的布置必须充分考虑到教室环境对学生的教育作用,起到春风化雨、潜移默化的教育功效。教室布置不能只是装饰和点缀,除了美化与绿化,班主任根据班级实际的客观条件选择催人奋进、发人深思、富有号召性、激励性,同时和教学的实际需要相联系的形式和内容加以编排与规划。所有栏目在填充内容时都要考虑所选内容是否有意义、有价值,杜绝内容的随意性。如可以选择劝学的名言警句,陶冶情操的诗歌、散文,还可以是和教学有关的辅助教学资源。

(2)主体性

教室的布置要在教师的指导下,由小学生自主进行。教室是学生在校生活和学习的主要场所,是学生自己的天地,教室的设计应发挥学生的参与意识,让学生参与设计、参与布置。把布置教室的过程变为培养学生的主体意识、实践能力,增强班级凝聚力的过程。如要办好黑板报,班主任可以从班上挑选出一批具有书法和绘画才能的学生组成板报小组负责具体实施,同时调动全班学生参与收集、撰写、制作等工作。

(3)阶段性

教室的布置要符合小学生的心理特点。要从不同年龄段的小学生的特点出发,既要考虑到趣味性,突出"童心",又要以不分散学生的课堂注意力为前提进行设计。小学低年级,教室布置形式上要活泼一些,格调应充满趣味,文字和内容要浅显易懂,主题以勤奋学习、规范行为为主;小学高年级,形式要庄重一些,格调要高雅一些,文字内容可富含哲理、寓意深刻,主题上要以培养品格、提高修养为主。

(4)整体性

教室是一个整体性的教育环境,要做到整体结构优美,合理利用空间,形式丰富多样,色彩搭配自然。如教室前面黑板的上方可以挑选一句整个班级的座右铭。"班训"或"班徽"可张贴或悬挂在教室的醒目之处;教室的正墙上可悬挂班旗或国旗以及张贴治学格言,两侧的墙壁可以贴一些字画、人物等;教室的四角,可以把它安排成自然角、科技角、书法角等;后面的黑板报应经常更换,由学生自己排版、策划。教室的布置不能凌乱,最好的办法是先确立班级的主旨,使各个部分都和谐统一起来。如布置一个热爱自然的班级,我们就可以四季的变化来布置,从而激发学生探索大自然奥秘的兴趣。

【案例探析】

教室布置的年龄特点[①]

低年级的布置可充满童趣,而高年级的布置则可显示内涵。例如,我曾带过一个六年级的班级,在班级的一面墙上是学生每个星期学习状态的总结,让学生在竞争与努力中达到你追我赶。红花榜之类的标语显然已经不太适合,在这种生态环境中,我用了"静静地耕耘、静静地收获"来固定了教室布置的基调。在另两面墙上分别贴上了以"找寻春天的足迹"和"关注一刹那"为主题的习作版面,让每个孩子用自己的心灵感悟进行交流。又如我现在带的三年级班,我的主题就是让孩子享受阅读,让孩子在充满浓浓书香味道的教室共享阅读的乐趣。因此,在一面墙上,我以"书香满屋"为主题,粘贴了许多有意思的小童话、小寓言;而另一面墙则以"秋天的童话"为主题,粘贴学生的优秀日记。教室空白的墙面,用几张印有名人名言装饰画点缀,整间教室充满着浓浓的书香,高雅而别致,让人赏心悦目。

讨论:

如何体现班级环境布置的阶段性?

2.教室座位的编排

座位的编排是指学生日常座位次序的排列方式。座位的编排方式对学生的课堂行

[①] 曾瑶.生命视野下的小学班级文化建设[D].湖南师范大学,2011.

为、学习态度、学习效果、社会交往、人际关系以及整个教育活动有着直接或间接的影响。每个学生都想拥有一个自己心中的理想位置,但是座位编排不可能让所有人都满意,由此可能会引发一些矛盾。没有一种万能的排座位的方法可以避免产生任何矛盾,关键是班主任如何教育、如何做工作,如何使矛盾最小化,让座位编排更合理,甚至使排座位变成有利于学生进步和成长的资源。因此,班主任在编排座位和管理上,基于公正、公平的原则,既要科学地安排,又要注意方式方法。班主任在编排座位和管理上应从以下几个方面考虑。

(1)根据有利于学生身心发展的方面考虑

生理因素方面。小学生的性别意识不强,男女生可同桌;身材高大的可坐后排,身材矮小的可坐前排。视力、听力的情况也要考虑进去。

个性因素方面。性格、气质不同的学生可以安排为同桌;遵守纪律好的和自我约束差的可以安排为同桌;兴趣爱好相同与不同的合理安排。这样在某些方面形成优势互补、互相制约,有利于学生互相促进。

智力因素方面。学习好的、善于思考的与成绩不理想、学习方法掌握不好的学生排在一起。注意力好的与注意力较差的不同的学生可以安排为同桌。这样有利于同学之间互相学习、互相帮助、共同提高。

(2)根据班级教学和活动的需要

"秧田式"是最常见的方法,这种排列方式有利于教师控制学生,教学效率高,但不利于学生之间的交流活动。教师可以排出便于师生交流的"马蹄形",便于生生交流的"面面型"等。

但无论采用何种座位编排方式,都要考虑到学生的实际情况,原则上以身高为座位安排的第一考虑点,但要兼顾视力不佳及生理状况特殊的学生,让每一位学生都能清楚地看到黑板上的文字。另一个重要的原则是教室安排要与教学目标及教学活动相契合。确定教师的目光很容易扫描到全班每位学生,使得学生在座位上的学习情形,教师均能由目光得知。同时要考虑到教室空间,尤其是要注意安全性。教室座位要根据实际课堂需求和学生行为表现调整,最好能每隔一星期或两星期轮流调整。

实践证明,优美的班级物质环境,具有"润物细无声"的特点,能使学生在不知不觉中自然而然地受到暗示、熏陶和感染,给他们增添了无穷的学习和生活乐趣,同时也带来希望和活力。把教室建设成一个"愉悦的场所",给学生一种高尚的文化享受。

(二)班级标识建设

班级标识是班级文化的可视象征之一,是体现班级文化个性化的标志,一般包括两大部分:一是班级名称、班训班歌、班徽等班级精神标志物;二是如班服、班旗等物质形态的标志。班主任可以组织学生设计班徽、班旗、班歌、班训(班级口号)等凝聚班级核心价值观的文化符号,培养班级共同语言。作为班级的个性标志,它们将有助于强化学生对班级的认同感和自豪感。这里主要从班训、班徽、班歌三方面来谈班级标志标识建设。

1. 班训

班训指的是为激励全班同学勤奋学习、积极进取进而形成积极向上的班风,而以简短的词句拟就的班级口号。班训是班级整体精神、目标的体现。

班训的拟定一要兼顾内容和形式。即要用形象的语言表达明快的意旨,切忌华而不实。要有较为明确的宣传和鼓励作用,以指导全班同学努力学习。要醒目、时看时新、耐人琢磨、给人以美的享受。字数不宜过多,一般控制在4~12字之间,最好双数。二要有创意。好的班训还应该有精巧的构思,即要符合班情,体现班级特色,又要贴近每一位同学的心,具有极强的针对性和可操作性,切实起到训诫作用。三要讲究文采。比如,运用对偶的方式拟就班训"学海无涯,脚下有路",一方面富有节奏感,读之朗朗上口,听之和谐悦耳,又便于记忆;另一方面言简意赅,内涵丰富,让人回味无穷,不失为班训中的精品。

2. 班徽

徽,表现主体的固有性格和最高理想。班徽,则是反映班级文化特征、精神的一种形象、物化标志。班徽,学生可佩戴,但也可以悬挂在教室里。只要对学生人格发展有益,班徽的形式及其使用可多种多样。

班徽是代表班级的标识符号,是无形班级文化的一种外在体现。班徽的设计和选择一般要求精致美观、积极向上、简明大气,能够为班级绝大多数成员所接受和喜欢,能够代表班级特征和目标追求。

3. 班歌

音乐有娱乐、消遣、调节身心和精神(或精力)状态等作用,音乐还有审美教育作用。孔子认为音乐可以"群""兴""乐",就是说它可以增强集体的凝聚力、向心力;可以催人奋发、进取,激发创造意念、冲动;可以寓教于乐。班歌是班级文化不可缺少的重要内容。它是班级及学校的精神风貌、历史文化传统、办学方向和特色的一种典型的文化标志。

班歌的制作通常有三种办法:一是借用某一首现成的歌曲做班歌,以激励全班同学奋发向上。二是将现成歌曲的词重新改写,借用原曲进行演唱的班歌。三是由学生或与班主任一起写好词,然后请曲作家帮助谱曲。

班级标识的建设是一项创造性的工作,需要班主任有较高的文化和审美素养。

【案例探析】

"我为班级设计班名、班徽、班旗、班歌、班训"活动[①]

一个班级就如同一个人,不仅要有形体,更要有自己的灵魂。只有给这个团队注入真正的灵魂,它才会是一支优秀的团队。此项活动,充分发挥了学生的自主性与创

---

① 王金重.我这样做班主任——全国中小学班主任管理艺术优秀成果选[M].北京:中国言实出版社,2015.

造性,人人都来参与设计、创作。最后,经过全班集体讨论,将最终确定的班名、班徽、班旗、班歌、班训制作成精美的图片,悬挂于教室墙壁。学生们将班级命名为"奇迹",并确定了"奇迹七班,创造奇迹"的班训,充满了激情与号召力,使班级内每一个同学的心紧紧地连在了一起;他们设计出的班徽美观新颖而又内涵深蕴;他们确定的班级目标、创编的班歌,更是激起了师生昂扬的斗志。他们还设计了班旗,并在设计理念中写道:"奇迹七班的班旗颜色为红色,象征着同学们蓬勃的青春、激情和力量。班旗的图案由内、外两部分组成:内部图形由数字7变形为萌发的绿芽,既寓意班级的序号,又寓意同学们在成长的岁月里脚踏实地,厚积薄发;外部图形是字母Q的变形,既寓意'奇迹七班,创造奇迹',又寓意全班同学是团结友爱的一家人。班旗将引领着同学们在青春的道路上奋勇前行,成为母校班级建设中的一面旗帜。"这项活动不仅使学生对班级产生了认同感和自豪感,更为重要的是这些设计挖掘了学生的创造力、合作力,加强了班级的凝聚力和战斗力。

讨论:

创设个性化的班级标识对班集体建设有何作用?

二、小学班级制度文化建设

班级制度文化处于班级文化结构体系的中层,是以班级模式化的人际交往方式和规章制度为主要内容的文化形态,规定着一切教育活动的行为标准,它是班级文化的保障。

班级制度文化是一个班级得以建立和存在的保证,只有设计出合理恰当的制度并将其落到实处,班级的发展才有章可循。学校制度向班级制度的转换,是班主任的创造过程。学校的教育制度本身包含着丰富的教育资源,但学校的各项制度规范,只能是一种原则性的规定,它的教育价值必须由班主任或任课教师通过自己的创造来挖掘。这就是为什么在同一所学校中,不同的班级、班主任都做着同样的事情,但教育效果却完全不同的内在原因。爱因斯坦说:创造比知识更重要,知识是有限的,而创造是无限的。班主任只有用自己的教育知识和创造力去面对学校的教育制度与管理规范,才能使学校的各项教育制度顺利转换成班级特有的教育规范。

> **资料链接**

规则的制定[1]

"同学们,"约翰快速地拍了一下手掌说,"因为这是你们的课堂,迈尔老师和我想让你们制定自己的规则,以便今年大家能融洽相处,谁想到了让大家融洽相处的规则?"

孩子们轮流发言,热切地参与规则制定。约翰把他们的建议写在一大张挂在黑板上的记录纸上,保留了孩子们原来的用意和语言。

"这些规则很好,但是太多了,而且一些规则说的都是一回事,所以我们要把它们分组,变成很少的几条规则。看我怎么做。大家在看吗?"

约翰停顿了一下,确保大家在看。

"这条'不踢人'的规则对他人的身体伤害有关。所以我要用蓝色记号笔把这两条圈起来。好,现在看看这条'对别人好'的规则和另外这条'不嘲笑别人'。这两条很相似,因为都涉及人们的情感,我要用红笔把它们圈起来。"

约翰把其余的规则也都圈好,分组。

"现在我们回来看看所有的蓝色规则。我们可以用一条什么样的规则就能说出所有的蓝色规则呢?"

没有人举手。

"这挺难的。因为所有的蓝色规则都和伤害我们身体的外部有关,我们就这么写吧,'不伤害别人'。"约翰继续这一过程,直到敲定了最后的清单。

1. 公平游戏
2. 不破坏任何物品
3. 轮流讲话
4. 手和脚规矩地放好
5. 不伤害他人
……

约翰把最后的清单钉在墙上,它要在那里挂一整年。

---

[1] 卡罗尔·西蒙·温斯坦,安德鲁·J.米格纳诺.小学课堂管理(第3版)[M].梁钫,戴艳萍译.上海:华东师范大学出版社,2006:48-49.

(一)用人文理念来建设班级制度

所谓班级制度是指班级根据国家教育方针和学校要求制定的各项规章制度和行为规范,是班级全体成员共同认可并自觉遵循的行为准则。班级制度是班级发展的强制性保障,它不仅奖励对班级有贡献的行为,还惩罚损害班级利益的行为。班级制度具有引导、警示和纠偏功能。

在强调制度强制性的同时,我们还主张班级制度的建设要重奖轻惩。作为学校教育管理的一部分,赞惩奖罚都只是班级制度制定的一种手段,其终极目的还是育人。小学生所处的年龄阶段决定了他们不可避免地要走一些弯路甚至犯一些错误,而教育的职能之一就是随时纠正他们的不良言行,及时帮助他们走出误区,一味地处罚会伤及学生的自尊心和创新意识,并不利于班级文化氛围的形成。而这种以学生发展为本的班级制度就必须在人文理念的指导下来制定。所谓人文理念就是充分尊重学生的主体地位,最大限度地发挥学生的创造力和积极性,一切依靠学生,一切为了学生。

1.全员参与

现代管理已进入了民主管理阶段,任何一个组织的发展都不能单靠少数几个领导者,班级管理也是如此。班级制度的建设不能由班主任或班委会闭门造车,应集思广益,虚心听取全体师生的意见,让全体师生都参与到制度的建设中来。大量事实表明,由全体师生共同参与制定的制度,学生在感情上更容易接受和认可,在内容上更容易理解,在行动上更容易自觉遵守。

班主任应该引导学生根据班级的实际制定一系列的班级规章、制度、公约和纪律等,在经过全体成员集体表决的基础上,认真组织实施,坚持"依法治班",在班级制度的各项条文中,突出精神风貌、价值观念、作风态度等具有文化气息的条款,给制度以灵魂,共同发挥规章制度的强制作用和激励作用,使班级形成"事事有人做,人人有事做,时时有事做,事事有时做"的良好局面。

2.以引导为主

制度是一种具有强制力、约束力的条文,但对天真烂漫的小学生而言,需要内容人文化、活泼生动。在制定制度时,要刚柔相济,以柔为主,即以教育引导为主,制度内容不能太绝对,要充分留有余地。

首先班级制度的语言表述可以采用生动活泼、小学生易于接受的形式;其次班级制度所涵盖的内容不应太绝对,因为学生是一个世界观还未形成、自控能力较差并正在发展中的群体,生活中往往是处于"犯错不知错"或"犯错不自觉"的状态,所以,我们应该允许学生犯错误,制度制定的目的也并非就是要杜绝学生犯错,而是引导学生认识错误和改正错误。

3.切实可行

班级制度的制定既要遵循社会的规范要求,又要切合班级的实际情况,要具有针对性和可操作性,这样有利于学生行为的规范,有利于班级各种问题的解决。

制度的制定要有针对性,应根据班级建设的实际情况需要,根据班级现在或者将来可能存在的某种倾向来制定,而不是制定的越多越好,越全越好。班规内容必须具体明确、合理可行,每位学生均能做到,因而要考虑到学生的认知与道德发展层次。班级制度不宜太复杂,表述应通俗易懂,条款应具有可操作性。

(二)抓好班级制度的宣传与落实

1. 抓好制度宣传

为了帮助学生实现将班级制度文化从强制约束向自觉遵守的转化,班主任可根据学生的心理特点,借助于晨会、板报、日记等方式,积极地进行宣传,同时结合开展丰富多彩的活动,正确加以引导,以帮助学生养成自觉遵守日常行为规范的良好习惯。

2. 落实班级制度,规范学生行为

班级制度的落实其实就是一个行为文化的建设过程。班级行为文化建设就是班主任有目的、有计划地指导和开展形式多样、内容健康的文化活动。班主任要善于组织学生开展丰富多彩的集体活动,如主题班会活动、文娱体育活动、评比和竞赛活动、社会实践活动等,而且活动形式和内容应充分体现学生的主体地位,尊重学生的意愿,力求贴近学生生活和已有经验。通过这些活动,促使学生自觉规范自己的日常行为,养成良好的行为习惯。

除了让学生在活动中体验感悟、发展以外,还要用制度纠正学生的不良行为。制度的纠偏实质上是制度的执行问题,学生在行为中犯错通常有三种情况,执行制度时,可以根据不同情况区别对待:一是"犯错不知错",是指学生很多时候并不知道自己的行为会对他人或集体造成危害,即使有了犯错行为,也懵然不知。对于这种犯错的学生,我们在执行制度时重点要落在让学生认识到错误这一点上。二是"犯错不自觉",由于学生处于未成熟期,自制力比较差,很多时候明知道会对他人或集体造成危害,但还是不自觉地做了,当犯错以后,马上醒悟并显得非常自责,这就是"犯错不自觉"。对于这种犯错的学生,我们应把制度的执行重点放在自制力的培养上,要有耐心,要给学生一些时间来养成习惯。比如,有一位学生一时糊涂偷了别人的东西,过了几天认识到自己的错误,将所偷之物交给老师,并请求老师为其保守秘密。类似的处理方式在班级管理中不胜枚举,这种执行制度的人文化管理也可以称之为班级的模糊管理。三是"知错也犯错"。学生明知道是不对的,但他就是要做。教育这类学生难度比较大,需要班主任有勇气、经验和智慧。教师可通过改善师生关系、行为矫正的方法来教育。

(三)巧用批评与表扬,培养学生规则意识

制度文化的优秀有赖于班级制度的合理,班级制度的合理来自管理理念的科学。班级制度是强制性的规定性引导或约束,所以在制定班级制度时首先要遵循管理学上的"火炉原则",即"不碰则不烫""一碰即烫""哪碰哪烫""谁碰谁烫"。具体说来就是制度

管人要一视同仁,及时有效,谁触犯了谁就要受到惩罚。触犯了某一规定就要受到相应处罚,只要触犯规定肯定要受到处罚。但是,面对丰富的班级制度文化,学生学习吸收内化,本身就是一个教育过程。班级制度文化的建设,不仅为学生提供了一个制度化的法治环境,还为学生提供了评定品格和行为的尺度,从而使每一个学生时时都在一定的准则规范下自觉地约束自己的言行,使之朝着符合班级的群体利益、符合教育培养目标的方向发展。学生在良好的文化氛围中正确面对学习和生活,建立法治观念,按照法规办事,履行自己的职责和义务,依法维护自己的权利,不断提高自身的社会化程度。

三、小学班级精神文化建设

班级精神文化是班级文化的核心,是班级文化中深层的隐形的文化。班级精神文化是在班级核心价值观指导下,一是以外显的符号标识系统体现,如班训、班徽、班歌等,班训是班级文化的集中体现;二是体现在班级奋斗目标和班级愿景中,班级愿景是班级目标的具体化;三是体现在班级舆论、班风、人际关系中,班风是班级精神文化的灵魂。班训、班徽和班歌等班级符号标识既是班级精神文化的体现,同时又是班级物质文化的表现,在"班级物质文化建设"已经介绍过。这里班级精神文化的建设主要介绍班级愿景的提出和班风的建设。

(一)班级共同愿景的建立

1.班级愿景的含义

愿景是一种共同的愿望、理想、远景或目标。愿景作为管理专业知识中的用语,首先出现在企业管理领域,随后被引入其他管理领域,包括班级管理领域。美国组织管理学专家彼得·圣吉认为共同愿景(Shared Vision)是"组织中人们所共同持有的意象或景象,它创造出众人是一体的感觉,并遍布到组织全面的活动,而使各种不同的活动融汇起来"。共同愿景的建设强调通过自下而上的程序,融合个人目标和组织目标,确定共同理想,使之成为组织成员共同关切的焦点,进而产生强烈实现其愿景的动力与希望。共同愿景的整合,涉及运用"未来景象"的技术,它帮助组织培养成员主动而真诚的奉献和投入,而非被动地遵从。

班级愿景是基于班级成员的个人愿景,经过充分地酝酿与讨论,为班级成员所认同并愿意践行的班级共同愿景。班级愿景与班级目标是相互联系的。班级目标是班级愿景的核心,班级愿景是班级目标内化的结果。班级愿景比班级目标更具体、更形象、更有感召力。

2.班级共同愿景的建立

(1)愿景的产生

班级愿景的呈现与产生是一种自下而上的班级组织沟通过程。首先,教师应引导学生反思班级发展的过去与未来、成就与问题,明确班级愿景的方向。其次,教师需向全体同学阐明班级愿景的意义和价值,激发学生参与愿景的热情。再次,应发展学生个人愿景,教师应组织学生探讨他们理想的班级和理想的自己,帮助学生逐步明晰和确立个人理想的愿景目标和愿景特征。

(2)愿景的确立

汇总班级所有成员的个人愿景的目标和特征,在教师的引导下,形成班级成员的共同愿景。这个共同的愿景,就是共同的理想、一致的追求、相似的目标。在马卡连柯看来,要激励一个集体、鼓励学生,首先必须形成大家共同拥有的希望和追求。

(3)愿景的实施

愿景的实施关键在于班级愿景的强化和坚持,使班级愿景生根和扩散。首先,教师要引导学生制定切实可行的目标,让学生有具体明确的奋斗方向,使愿景生根落地。例如,对于勤奋学习的愿景,可具体化为学习计划的制订、上课听讲、作业和考试成绩等量化指标。其次,教师要通过开展愿景相关的实践活动,搭建平台为学生实践愿景。例如,根据班级愿景目标,组织班级成员开展愿景交流讨论活动,组织培养班级团队精神的活动,组织学习合作活动等,通过班级成员对班级愿景的认知与实践的交互作用,从而使愿景在实践活动中实现。再次,在愿景实践过程中,要引导学生反思自身实践,实现自我超越,进一步改进、完善愿景。

(二)班风建设

班风是班级文化的灵魂,它具有强大的凝聚力和感召力,会无形地鼓舞支配着班级成员的行为和集体生活,潜移默化地促进学生身心的健康发展。

1.班风的含义及意义

班风是一个班级稳定的、具有自身特色的集体作风,又称"组织人格"。它是班级绝大多数学生言论、行动和精神状态的共同倾向或表现。班风是班级的精神面貌,它是经过长期、细致的教育和严格训练的结果。

班级文化的核心是班风。良好的班风是无声的命令,是不成规章的准则,它能使学生自觉地约束自己的思想言行,抵制和排除不符合班级利益的各种行为。建设优良的班风,能在班级成员的心理上产生巨大的内在的激励因素,增强班集体的向心力和归属感。班风巨大的激励作用,还能使班级中的每个人精神振作,身心愉悦,人与人之间紧密团结,高度信任,人际关系和谐,班集体由此焕发出无穷的力量和生机,班集体与学生获得共同的成长与发展。因此,班级文化最大可能地成了塑造学生心灵的栖居地。

2.班风建设的方法

(1)建立民主型的领导方式

班主任对班级的领导方式,与"班风"有着密切的关系。一种好的班级领导方式,对于学生的身心发展有着极大的鼓励作用。当前,我们大多数的小学采用的都是专制型的领导方式,它在很大程度上抑制了学生的创造性,使学生丧失了自觉性,阻碍了学生的主动行为。所以,在教师的领导方式方面,建议采用一种民主型的领导方式,或是一种参与式的领导方式。教师参与到班集体当中,与学生一起共同制定班级的各项规章制度、班级计划,或对某事进行集体的裁决;教师在不损害班级整体利益的情况下,非常乐意给予某个学生帮助或指导,同时,接受他们的监督;教师要给班级活动以最大的支持,并尽可能地参与其中;在学生做出选择时,教师要给予客观公正的表扬和批评,尤其在批评时,教师要注意对语言的使用,不可挫伤学生的积极性。在建立民主型领导方式的过程中,作为班主任,应该是一个班级发展方向的设计师,而不是保姆、消防员。

(2)合作与竞争的协调

在班级的活动中,尤其是在班级的学习当中,合作和竞争是影响班级风气的两个重要的变量。合作,就是为完成同一目标而协同活动,从而产生对双方都有益的结果。在班级中,它能增进集体的凝聚力,形成积极的班风,促进学生的和谐健康发展。它能够取长补短,让学生积极思考彼此间的差异,从而积极改正自己的不足,提高学习的自觉性。竞争,就是为同一目标而与他人竞争,以实现自己的目标。它能够活跃课堂的气氛,使集体生活富有生气,避免学生对学习产生单调感,增加他们的学习乐趣。竞争还能够激发学生的学习动力,提高他们的标准和抱负,提高学习的效率。当然,激烈的竞争可能导致一部分学生过分紧张和焦虑,因而抑制学习激情,引起学生对学习的抵制,对解决问题产生挫败感,同时,过分地强调竞争,会使学生之间产生矛盾,最后的胜利成为他们主要的目标,而对学习的内在价值和创造活动视而不见,对学生的内部团结也造成了伤害。所以说,协调好这两者的关系,对班风的建设显得非常重要。

(3)重视正确舆论的引导

正确的集体舆论,是指在集体中占优势的,为大多数学生所认同的言论和意见,通常以议论、褒贬方式肯定或否定集体或成员的言行。如果在一个班级中形成了正确的集体舆论,符合行为规范的思想和言行就会得到肯定;各种违规违纪行为就会遭到否定。班主任要充分利用班级舆论阵地(如班会、少先队活动、黑板报等)对学生行为进行引导,鼓励先进,维护正气,抵制歪风邪气,不断提高学生判断是非的能力。

(4)对非正式群体的引导

青少年时期是身心急剧发展的时期,身心机能的迅速变化使学生产生许多新的、尚不十分清楚的体验。所以,他们迫切希望从对同辈集体和伙伴的了解中来揭开心头的疑团和困惑。于是,他们逐渐把注意力转到同辈同伴和集体的身上来。随着对同辈集体力量的依赖以及与同辈集体的利害关系的发展,学生遵从集体压力的倾向日益明显。在班集体的创建过程中同时会伴有一个或多个非正式群体的产生,这些群体往往以一个人或两个人为领袖,有着他们自己幼稚的行事原则,对于外界的交往有一定的限制,组成的时间往往不能维持很长。非正式群体对于班级的影响十分巨大,当它的原则与班级一致时,它能极大地促进班级的发展,积极参与班级的活动,维护集体的利益;当它与班级的发展方向相背或是不一致时,它就会严重阻碍班级的建设,甚至会损害班级的利益。所以,我们应加强对班级中存在的非正式群体的正面影响,通过"班委改组""家校合力""逐个击破""树立信心"等方法,把小群体的"核心人物"——引向"正道"。

总之,学生一旦置身于班集体的文化氛围之中,他们的思想观念就会受到潜移默化的影响,日积月累就会形成一种与班级文化相融合的价值观。班级中全体成员的群体意识、舆论风气、价值取向、审美观念、制度文化和精神风貌的反映,是班级文化的核心与灵魂。班级的"软文化"弥漫在班级的各个角落,时时撞击着学生的心灵。学生经过耳濡目染,社会化的水平不断地得到提高。

第三节 小学班级文化建设实施模式

一、小学班级文化的发展阶段

班级文化建设是一项长期的系统工程,要对班级文化发展阶段及其发展趋势进行纵向考察,针对不同发展阶段提出班级文化的建设策略,从而有效地推动班级文化建设。以班级文化的核心价值观、结构要素体系的形成标准,可将班级文化建设的纵向发展阶段划分为起步阶段、发展阶段、成型阶段、创新阶段四个阶段。

(一)班级文化起步阶段

班级核心价值观、班级精神尚不明确,班级文化要素是表层的、零散的、局部的。此阶段班级文化建设应在班级文化活动中发现班级文化核心价值要素,逐步确立班级核心价值观。

(二)班级文化发展阶段

班级核心价值观取向逐渐明晰,班级文化活动由点到面、由表及里推进,班级精神基本形成,但尚未定型、不明显、不稳定。此阶段班级文化建设应积极巩固班级核心价值观和塑造班级精神,积淀优势,积极传播。

(三)班级文化成型阶段

班级核心价值观和班级精神清晰,并开始落实到班级文化活动中,在班级活动中模式化发生作用,并形成惯性。此阶段班级文化建设应适时、恰当地提炼或定格班级核心价值观和班级精神,并在具体文化活动中落实。

(四)班级文化创新阶段

班级文化构成要素一致,学生进行自发的创新,班主任做适当的调整。班级文化的惯性作用比较明显,可能产生一些负面效应。班主任要根据班级文化的发展趋势,实事求是地对班级文化进行完善和改革,打破定式。

二、小学班级文化建设实施的误区

(一)功利主义

一些班级文化建设的指导思想存在误差,班级文化建设没有立足于学生的发展,班级文化建设过于追求班级在学校中的形象与位置,变成应对学校评比的重要工具,具有较强的功利性。班级发展的理念和价值取向停留在表面形象的设计和口头的灌输,并没能内化成学生的价值观念。班级文化建设表面繁荣,班主任热衷推行,但学生态度冷漠,班级文化建设不能形成推动力。一些班级文化建设急功近利,缺乏对班级文化建设的长期性认识,开办几周看不到明显的结果,就放弃了努力。

(二)物化主义

班级物质文化可视可感,是班级文化的外显和外化,是班级文化建设最明显的表现。一些班级过于强调外在的包装而迷失了班级文化本身所蕴含的意义。例如,一些班级热衷于设计班级的愿景、班训、班名、班歌等,一些班级热衷于教室美化、教室放置图书和花草盆景等,一些班级热衷于举办文体比赛等,将班级文化等同于某种简单、一时的行为方式。

班级文化建设需要注重班级环境建设,发挥环境的育人功能,但如果只重视外显文化,忽视文化内化,割裂班级外在物质文化与内在精神文化的关系,物质文化不能体现班级的内在精神,没能整合形成一整套独特的教育价值体系,那么这就是一种"没有灵魂的班级文化",是表面的、形式的、现象层面的文化。

(三)拿来主义

这种倾向又称为"移植过多",主要表现为班主任采取简单的"拿来主义策略",对他人文化采取复制式借鉴,使班级文化建设标准化、模式化,丧失了应有的独立性和个性。其主要有以下几种类型:一是拿来"企业文化",认为企业文化研究和建设相对比较成熟,注重对企业管理的成功经验和理论移植;二是拿来"兄弟学校文化",一些学校简单移植示范学校、一味模仿兄弟学校的班级文化建设;三是拿来"国外班级文化",认为国外学校班级文化建设理念都是先进的,模仿国外就代表班级文化的先进性和国际化,忽视移植的适用性和现实性。

(四)经验主义

班级文化建设处于自发经验阶段,一些学校的班级文化建设仍只是班主任根据自身长期教育实践中无意识积累起来的经验，多是班主任自发形成的价值观念和建设内容，缺乏科学理性的理论与指导，文化建设随意性强，缺乏整体系统科学的规划。

三、小学班级文化建设实施的原则

（一）全面性和深入性相结合的原则

班级文化建设的内容要全面，不仅要重视物质文化建设，还要重视精神文化、制度文化建设。在一些班级文化建设中，往往把物质文化等同于物质，制度文化等同于制度，精神文化等同于一些精神文化的标识系统，缺乏人文和科学精神。这个认识的偏差使班级文化建设逐渐流于形式化，走向形而上学，如果一味追求班级环境优美，班训班风包装，班规简单"上墙"等。班级文化建设不能仅仅停留在表面的物质文化层面，还要深入到班级精神文化层面，深入到学生处世态度和行为方式等方面，从而促使班级师生态度、价值观念以及行为方式发生改变。

（二）理论与实践相结合的原则

班级文化建设要从班级文化实践中提炼班级文化理论，再把班级文化理论运用于实践。一些班主任在班级文化建设中往往基于经验，缺乏相应的理论指导，缺乏与班级文化研究者的沟通和合作。一些理论研究者也很少深入到班级教学实际生活中去，这样的研究方式导致研究成果无法对实践起到基本的指导作用。因此，理论与实践有机结合才是班级文化建设的出路。

（三）继承与创新的原则

继承是指对原有事物的合理因素的延续，创新是指旧事物向新事物的转变，是一种扬弃。批判继承和发展创新应有机统一。班级文化建设要对中国传统文化进行批判性地继承，把弘扬中国传统文化与班级文化建设的各项活动有机结合。创新是班级文化永葆活力的关键所在，创新不仅包括理念的创新和内容的创新，也包括机制和方法的创新，班级要注意培养班级师生的批判精神，并给予师生充分的思想自由、学术自由的空间，为班级文化的创新营造良好的环境和氛围。

（四）借鉴与个性相结合的原则

企业文化建设和班级文化建设具有一些共性，合理借鉴成熟的管理学科，把科学管理理念引入到学校管理中，借鉴企业文化中的建设成果，合理借鉴兄弟学校的成功经验，是班级文化建设的重要策略。但是每个班级具有自身的独特性，尤其是教育对象的独特性，这就要求班级文化的建设也要坚持一定的个性，百家争鸣式地进行班级文化建设。

> **资料链接**

班级文化创建的CIS理论模式[1]

班级文化是一种特殊的环境，是班级成员在共同的学习、工作和生活中所创造的物质、制度和精神环境的总和。可以借鉴企业组织形象设计理论（CIS）进行班级形象设计，从CIS系统的"理念识别、行为识别、视觉识别"三方面构建班级文化。

企业形象识别系统是英文"Corporate Identity System"的中文翻译，简称CIS，是企业视觉设计、理念形象、行为形象的统称，是一种源自西方的现代品牌传播手段。

CIS包括三部分，即MI（Mind Identity，理念识别）、BI（Behavior Identity，行为识别）、VI（Visual Identity，视觉识别），其中核心是MI，它是整个CIS的最高决策层，给整个系统奠定了理论基础和行为准则，并通过BI、VI表达出来。所有的行为活动与视觉设计都是围绕着MI这个中心展开的，成功的BI与VI就是将企业富有个性的、独特的精神准确地表达出来。

班级形象是通过班级相关的一切活动、事物、人员为载体而反映出来的，涉及班级的方方面面，这就要求班主任要借助形象设计系统来实现参照"企业形象识别系统"的管理模式，依据班级管理的实践进行应用。

班级MI具体包括班训、班风、班级宣传口号等一系列理念总结。班级理念能够加强班级学生的集体意识、突出班级特色进而形成团结向上的班风，同时也为班级BI和班级VI的演绎指明了方向。

班级BI具体包括班规班纪、行为准则。班级行为的规范能够使同学们注意到自己的日常行为都关系到班集体的利益，在处处维护集体利益的过程中，培养良好的行为习惯。

班级VI应当贯彻班级MI，并且保持与班级BI的高度吻合，其内容主要包括班级标志、班级名称、班旗、班级吉祥物、班服、班级手抄报、班级日志等。班级VI内容的适当选用能够从形式上强化班级意识，但是应当根据具体班级的实际情况权衡，不切实际地生搬硬套不但浪费时间精力，也很难达到理想效果。

---

[1]曹宗清.CIS理论在班级文化建设中的实践[J].学校管理，2017（02）：54-55.

四、小学班级文化建设的模式

(一)班级文化建设的一般模式

1. 以班集体目标为抓手,凸现班级共同价值追求

班集体的目标是构成班集体的核心要素,是班级文化建设的方向。首先,我们应该根据年级、班级的实际情况和学生的特点,制定具有特色的班级文化的目标。班主任必须明确,民主制定班集体目标是班级文化建设的关键所在,因为班集体目标的实现需要班集体全体成员的团结一致和共同努力。

2. 营造共同价值追求的班级环境,提升班级文化品位

班级的环境是班级的物质文化,高品位的班级物质文化,对小学生具有潜移默化的教育影响力和感染力。我们应该努力改变缺少文化的班级环境,创设丰富多彩的班级环境文化,组织学生对教室进行精心"包装",让教室的每一面墙壁、每一个角落都具有教育的内容,富有教育意义。

3. 围绕共同价值追求组织班级活动,强化班级核心文化

班级活动是班级文化中最活跃的因素。它的健康发展,不仅发挥出独特的育人功能,也成为班级生活独特的景观。班级活动是班级文化开展的有效载体,通过丰富多彩的活动来树立学生的认同感与荣誉感,来凸现班级精神品质。班主任要有目的、有计划地指导和开展形式多样、内容健康的班级活动,让学生在活动中增长知识、提高能力、培养兴趣、增强自信心。特别是要根据自己班级的目标,开展主题化、系列化、特色化的活动。

4. 围绕核心文化完善班级制度,促进班级文化积淀

核心文化的形成需要一个长期的建设过程,它是在建设过程中不断生成的,需要制度来规范学生的言行,从而更好地保证实施。班级的制度也是在班级建设过程中逐步形成,逐渐完善的。平时,我们要根据班级的情况,满足学生的民主要求,让学生共同讨论制定班级制度,并在实施过程中共同遵守,逐步完善,最终要把班级的各项公约规定转化为学生的一种观念意识和形态存在,以无形制度代替有形制度,将"硬制度"和"软文化"熔于一炉,使班级规章制度既起规范作用,又能发挥激励作用。

5. 促进班级文化的外显,形成共同价值下的班级风气

班级风气犹如一种无形的力量和精神,有意无意地影响支配学生的行为,陶冶学生的情操,营造一种浓厚的精神文化氛围,这对提高全班学生素质有着重要的现实意义。在班级共同目标的指引下,通过环境文化的建设、制度文化的建设、活动文化的建设,班级核心文化不断生成、积淀,逐渐形成共同价值下的班级风气。

(二)小学班级文化建设的两种基本实施模式[①]

班级文化建设的本质内涵是以班级价值、理念等精神文化为导向,进行班级物质、制度文化建设。班级精神是整个班级文化的灵魂,班级文化的其他一切要素都是由此衍生的。判断某种班级文化是否成熟的标志就是看它是否有一种比较明确的班级精神。因此,班级文化建设的操作模式要以班级精神的形成和发展为线索来考察问题。只有将班级精神落到实处,班级文化的目标匹配作用才能真正发生。班级文化建设有两种基本实施模式:一是理念演绎模式,先提炼班级精神,后创造实践班级优势和特色,即"先说后做";二是实践归纳模式,先创造实践扎实的班级优势和特色,后提炼班级精神,即"先做后说"。

1. 理念演绎模式

理念演绎模式是班主任在一定的教育观和学生观的指导下,深入了解班级学生的特点和状况,建立班级发展的核心价值观、班级发展目标,提炼班级精神,然后通过引导获得学生的认同,通过学生在学习和活动中践行而发展成熟。其发展一般经历三个阶段:班级精神的确立阶段、认同阶段和践行阶段。确立阶段:班主任应对班级文化的现状或发展前景进行检测、预测和评价,通过对师生行为的内隐概念去体会和感悟,分析班级价值取向,适时提出自己预设的班级发展目标和班级精神,从而预设班级文化建设的基本方向。认同阶段:班主任应在班级活动中大力宣传并让学生认同这种班级精神,并逐步明晰班级精神的具体内涵。践行阶段:践行班级价值观和班级精神,这是理念演绎模式实施的重点和难点。要使教师理念演绎模式下的班级文化落地生根,班主任必须参照班级精神,在班级环境布置、制度建设、班级活动中引导学生不断实践,形成班级优势和特色,从而使班级精神变得充实。

2. 实践归纳模式

实践归纳模式是在班级后积淀文化建设的实践中,对代表班级核心价值取向和班级目标的班级优势和特色进行长期积淀后逐渐形成,并在其定型之后提炼出班级精神。其形成过程一般经历三个阶段:班级特色显现阶段、班级传统的形成阶段、班级精神的提炼阶段。

班级特色显现阶段:在班级文化建设的启动阶段,班主任应在深入了解班级状况的基础上,从某点突破,引导学生在学习活动中取得优势,形成班级特色。班级传统的形成阶段:在班级文化建设取得突破性进展之后,依据已形成的文化的核心要素,引导学生在学习和活动中不断累积和加强班级特色,逐渐演变成一种班级传统。班级精神定型阶段:这是班级文化成熟的阶段,这一阶段班级精神和班级传统在班级活动中模式化地发挥作用,班主任适时引导学生提炼班级精神。经过长期实践形成的班级精神一旦被恰当地提炼和表达出来,并得到进一步的强化,一种良好的、强势的班级文化就形成了。班级

[①] 周勇.我是怎样建设班级文化的:一位博士的班主任生涯回顾与反思[M].成都:四川教育出版社,2010:152-156.

文化实施的两种模式,可以为班级文化建设的实施提供一个参照标准。

本章小结

班级文化是指班级在发展过程中形成的班级群体成员的理想信念、价值取向、思维方式、行为方式及其物质表现方式。班级文化通常包括物质文化、制度文化和精神文化。物质文化建设重在建设和谐的教室环境和个性化的班级标识。制度文化建设要求用人文理念建设班级的人文制度,并通过种种管理手段做好班级制度的宣传和落实工作。班级精神文化建设重点在于做好班级愿景设计、班风建设。班级文化的建设实施没有固定的模式,班主任可根据班级精神是班级文化的核心出发采用理念演绎模式和实践归纳模式。

【思维导图】

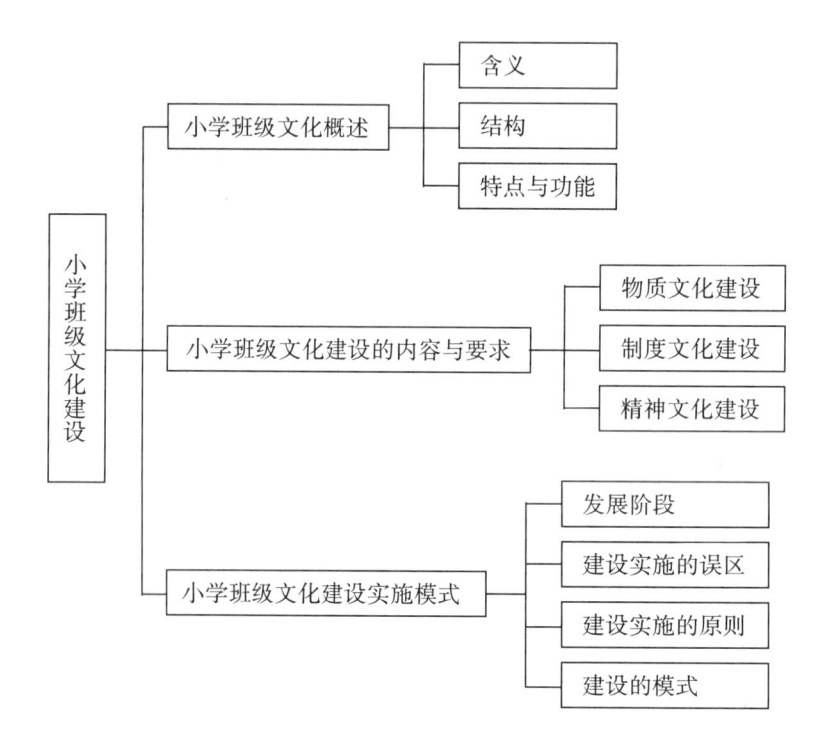

```
                          ┌─ 含义
         ┌─ 小学班级文化概述 ─┼─ 结构
         │                └─ 特点与功能
         │
小学班级  │                          ┌─ 物质文化建设
文化建设 ─┼─ 小学班级文化建设的内容与要求 ─┼─ 制度文化建设
         │                          └─ 精神文化建设
         │
         │                              ┌─ 发展阶段
         └─ 小学班级文化建设实施模式 ─┼─ 建设实施的误区
                                       ├─ 建设实施的原则
                                       └─ 建设的模式
```

【思考与练习】

1. 实地调查一所小学班级的教室布置,分析其特点与不足,并尝试为自己未来的班级设计一套教室布置方案。

2. 有人认为班级文化建设就是教室墙壁布置,你认同这一观点吗?为什么?

3. 下表是《小学班级文化建设评比细则》,根据此细则分析班级文化建设的内容和措施。

小学班级文化建设评比细则

项目	要求	考核办法
班级物质文化建设（35分）	1.环境整洁,桌椅摆放整齐(10分)	看双周大扫除记录和卫生检查成绩
	2.室内布置简约,体现班级文化追求(10分)	看室内布置
	3.板报主题鲜明,定期更换,有特色(10分)	看检查评分记录
	4.爱护公物,无损坏(5分)	看班级日常记录
班级制度文化建设（30分）	1.组织健全,分工明确,学生自我管理参与率高(10分)	看资料,结合访谈
	2.制度健全,切实可行,并注意不断完善(10分)	
	3.制度落实得力,学生文明守纪,养成良好习惯(10分)	
班级精神文化建设（35分）	1.班级有明确的奋斗目标,形成良好的班风(10分)	看资料,结合访谈
	2.班级管理能发挥学生主动性,有特色做法(10分)	
	3.学生兴趣广泛,发展全面(10分)	
	4.学生集体荣誉感强,集体活动表现突出(5分)	

【推荐阅读】

1.戴胜利,徐雄伟,万瑾,陈勇.班级管理技能[M].上海:上海教育出版社,2012.

2.艾斯奎斯.第56号教室的奇迹 让孩子变成爱学习的天使[M].卞娜娜译.北京:中国城市出版社,2009.

3.汪昌华.班主任与班级文化建设[M].芜湖:安徽师范大学出版社,2014.

4.付学成,吕炳君.班级管理的理论与实践[M].北京:北京师范大学出版社,2016.

第五章
小学班级教育合力的形成

办好教育事业,家庭、学校、政府、社会都有责任。家庭是人生的第一所学校,家长是孩子的第一任老师,要给孩子讲好"人生第一课",帮助扣好人生第一粒扣子。

——习近平

一个人所能想到的,所能做到的,是很有限的。如果跟他人合作做一件事,成就一定更大。做教师的,如果跟同事共同编制教材、商讨问题、交流教学经验、丰富教学内容,这是求取进步的一种方式。反之,关门自守,坚持成见,他将无法求得进步。

——陈鹤琴

没有父母参与的教育,是不完整的教育。

——朱永新

教育的效果取决于学校和家庭的教育影响的一致性。如果没有这种一致性,那么学校的教学和教育过程就会像纸做的房子一样倒塌下来。

——苏霍姆林斯基

学习提要

1. 了解班级教育合力的主体及其基本内涵。
2. 理解班级教师集体、家校合作教育及开发利用社区教育资源的重要意义。
3. 掌握形成班级教育合力的基本策略。

第一节 小学班级教师集体的形成

小学班级教育工作永远也不是一个人"单打独斗"就能取得成效的。一个班主任教师的工作能够取得一些成果,一定是全校教师,特别是同一个班级包括班主任在内的所有任课教师共同努力的结果。

一、小学班级教师集体构建的意义

所谓教师集体,按照《教育大辞典》的定义,它是指教育的目标和任务一致的教师群体。班级教师集体即是指由班级所有任课教师组成的有一致的教育目标和教育任务的群体。这里的关键就在于这个群体内的每一个教师都遵循共同的教育目标,完成一致的教育任务。

(一)班级是学生道德品质形成、行为习惯养成、健康身心发展的重要载体

班级对学生德智体美劳全面发展意义重大。第一,班级是学校教育的基本单位,是一个相对稳定的学习组织。一个小学生从入学到毕业,一般情况下都是在一个固定的班级里学习、生活的。班级文化、班级学习风气、班级舆论、班级管理制度等时时刻刻影响着班级里的每一个学生。第二,班级是学校管理的基本单位,是学校乃至上级教育主管部门对教师教育教学工作进行考核评估,对学生学习活动、文体活动、文明礼仪、遵纪守法等各方面进行考核评价的基本单位。班级的共同目标让所有班级成员感受到团结协作、互相帮助、珍惜集体荣誉的重要性。第三,班级还是学生形成基本价值观念体系的微型社会。对小学生良好行为习惯的养成、基本是非观念的形成,以及其个性发展都起着重要作用。

(二)班级管理中"只听班主任的话"的现象给班级管理带来消极影响

首先,"就怕班主任""只听班主任的话"在中小学校园已成普遍现象。一方面,学生在校园里或校园外的一些不文明、不礼貌行为,似乎只有班主任才"有权"干预,别的教师或其他社会成人的话对于当事学生基本上没有影响。另一方面,非班主任教师即使看到这样的学生、这样的行为也表现出"视而不见",因为他们知道,如果出面干预也可能没有效果,甚至以一句"你又不是我的班主任"回击,让教师下不了台。其次,因为班主任之外的任课教师没有了教育学生的责任义务意识(只上好自己的课就行了),导致"多一事不如少一事"的消极心态产生,给班级学生健康成长带来消极影响。再次,当非班主任教师对班级学生文明礼貌问题、课堂纪律问题过多干预时,因为和班主任教师缺乏有效沟通,极有可能导致同事之间的矛盾冲突,对班级学生积极健康发展带来消极影响。

(三)构建班级教师集体是新时代学校教育的必须要求

"做老师就要执着于教书育人,有热爱教育的定力、淡泊名利的坚守。"这是习近平在2018年全国教育大会上对教师提出的要求。"教书育人"是一件事情的两个方面:育人是目的,教书是手段。赫尔巴特认为教育和教学是不可能分开的,"没有无教育的教学",所以作为一个教育工作者,作为一个教师,除了上好自己所教的课程以外,关心学生的健康成长应该是我们分内的事情。通过"教书"去"育人",是教师的天职。

二、小学班级教师集体构建的策略

(一)建立和谐教师团队,提倡四种精神[①]

陶西平曾撰文主张"把教师集体建设成为和谐的团队",他认为,"一个学校的教育理念转化为教育实践,需要全体教师的共同努力,需要依靠共同的创造性劳动"。"所以,我们应当在教师队伍建设中倡导团队精神,营造和谐的合作氛围,树立正确的竞争观。"这种团队精神包括"双赢共好"的精神、"相互借助"的精神、"自觉协调"的精神和"交替引领"的精神。

1.发扬"双赢共好"的精神

龟兔第三次赛跑最好的结局是它们能互相合作,在陆地上乌龟趴在兔子背上,在河里兔子趴在乌龟的背上,这样可以用前所未有的成绩到达终点。这个事例说明今天学校里的竞争不应该是你死我活,而是通过竞争激发活力,最后达到共同进步,从而使学校既充满生机又能将每个人的追求融入集体的成功之中。

2.发扬"相互借助"的精神

变象棋思维为跳棋思维,只有有效利用对方的棋子才能更顺利地达到赢得最后胜利的目标。在教育工作上也是如此,每个教师都在思考、都在钻研、都在实践。都有自己的优势,也都有自己的劣势。如果一个教师团队能够做到资源共享,那必定能提高教师的研究和实践的能力和水平,且也提高了工作的效率与效果,避免了重复研究、做无用功的风险。

3.发扬"自觉协调"的精神

有一种在海边群居的动物叫海狸,据说它们能够共同搬运石块构筑堤坝以防止海浪的冲击,它们不经组织就能够自觉协调。学校需要的正是这种精神。因为教育的改革与发展需要教师与学生之间的协调、教师与家长之间的协调、教师与教师之间的协调。这种协调不应该都由领导来组织,而应当成为教师的本能、自觉。这样才能使合作成为生存的主动需求,使和谐成为发展的自觉需要。

4.发扬"交替引领"的精神

北雁南飞时头雁的作用及付出的努力我们都非常清楚,但头雁是由每只大雁轮流担任的。其实教师往往各有所长,在不同时期、不同方面重视发挥不同教师的引领作用才是保持学校持续发展的不竭动力。

有了双赢共好的愿望,有了相互借助的思维,有了自觉协调的习惯,有了交替引领的能力,这样的教师队伍才能是和谐的团队。

[①]陶西平.把教师集体建设成为和谐的团队[J].北京教育(普教版),2005(04):16.

(二)尝试"班主任+辅导员"模式,建立以班主任为核心的班级德育教师团队[①]

"百年大计,教育为本;教育大计,教师为本;教师大计,师德为本。"教师良好的职业道德修养,是教师事业心的重要组成部分,"师德不牢,地动山摇"。师德建设工作不仅是时代的需要,更是全面推进素质教育、强化教师队伍建设、创办人民满意教育的需求。学校班级在确定了班主任之后,再在本班任课教师中选择担任主要学科的教师为班级德育(心理)辅导员,与班主任一起积极参与班级各项活动,如学科主题活动、学生社会实践活动、纪念日主题活动等。同时,由班主任为每位德育(心理)辅导员安排10名左右学生作为辅导对象。鼓励辅导员主动关注学生思想动态、心理变化、人际关系、学习困惑等,并及时与班主任和家长进行沟通,共同维护学生的健康成长。

(三)抓练功活动,强化教师的基本功,打造学习型的教师团体[②]

所谓教学基本功是指教师完成教学工作所必需的条件性的技能和技巧。这里的"条件性"旨在说明教学基本功是教师完成教学工作的必要条件。

传统意义上,教师的基本功一般是指"三字一话"。这是教师完成教育教学任务必备的基本功。在新的课程改革背景下,在此基础上还要具备新的教学基本功。

1.现代信息技术的掌握和运用

现代信息技术与课程的整合是新课程改革的一大焦点,也是改变传统教学方式方法的重要标志。实现这一整合的关键是教师。教师的信息素养、技能准备决定了信息技术应用的程度和效果。因此,在某种程度上我们可以说,适应新课程改革需要教师准备的第一位的新的基本功就是在教学中整合现代信息技术。

2.课程资源开发的基本功

传统上,我们总是习惯于根据大纲和教材来安排学习内容,但是新课程的实施不仅需要教师理解课程标准的目标要求,了解教材的知识体系和重难点,而且要求教师首先要了解学习主体的学习需要,了解他们已有的经验,了解他们的个别差异,然后根据他们的需要、经验及差异开发、选择或重组各方面的课程资源。新课程开发还需要教师不断反思自己的教学效果,根据反思的结果不断调整课程内容及教学方式。

3.协作教学基本功

长期以来,教师的教学都是孤立地、分别地展开的,但是新课程倡导的探究学习、合作学习、综合学习等学习方式的转变及课程开发等,都需要教师之间的协作。通常情况下,一个能诱发不同学生积极参与探究和讨论的主题往往都具有综合性和跨学科的特点。因此,帮助学生完成整个探究活动往往也需要多个教师协同完成。同样,课程开发中不仅需要同学科的教师集体协作,更需要不同学科的教师走到一起共同选定研究的课

[①] 余玲华,何康,瞿新忠,等.基于班级学生成长的教师集体建设[J].思想理论教育,2011(16):36-41.
[②] 李荣辉.加强教师队伍建设,打造阳光和谐教师团队[EB/OL].(2018-07-01)[2019-07-29].https://wenku.baidu.com/view/187e5cc189eb172ded63b75e.html.

题及活动形式。

由于时代的变迁及基础教育课程改革的需要,我们不得不重新思考教师的基本功。一些学校针对学校教师的实际情况,对全校教师提出了"八个一"的要求。即坚定一个信念(忠诚党的教育事业的信念),树立一个观点(正确的教育观),写一本好教案,上好一个学科的课,写一手好字(包括粉笔字、毛笔字),合作开发一门校本课程,每周完成一次网上培训或网上教研,搞一项教改科研。这样有针对性的基本功要求值得推广。

4.关注和关心学生的心理健康的基本功

只有心理健康的老师才能教出心理健康的学生。一般地说,师范院校毕业的教师在大学期间都系统学习过心理学、教育学等"教师教育专业基础课程"。进入教师工作岗位以后,有意识地提升自身的心理素质,掌握学生的心理特点,是教育好学生的最基本前提。所以经常关注学生心理发展动态,学习应用心理学的技术和方法解决教育教学中师生之间、学生之间的各种矛盾和冲突,也是教师必备的基本功。

第二节　班主任与小学生家长教育合力的形成

一、班主任与小学生家长形成教育合力的意义[①]

古语云:"养不教,父之过;教不严,师之惰。"家庭是孩子接受教育的第一课堂,父母是孩子人生中的第一任老师。家庭是学生成长的温馨港湾,学生的健康成长离不开家庭教育。家庭教育是学校教育的基础,是与学校教育互为补充的重要途径。学校教育和家庭教育都有各自的优势和局限性。只有加强班主任与家长的联系,做好家长工作,使家校形成合力,才能促进孩子的全面健康发展。

(一)家校教育合力的形成能更好地促进青少年的健康成长

家校合作的目的是为了孩子的健康成长,让孩子充分享受来自老师和家长的关怀,以及教育给孩子带来的欢乐。由于家庭的千差万别,家长对教育子女的目标、成才的观念各不相同,因此家长对子女的教育理念也不相同,所以家庭教育必须在学校教育的配合下,具体分析每个孩子的实际情况,正确引导孩子,才能让孩子健康成长,成为有用之才。

(二)家校教育合力的形成有利于培养学生良好的行为习惯

学校教育是培养学生良好行为习惯的主要渠道,学校严格按照《小学生守则》和《小学生日常行为规范》的要求对学生进行行为规范教育。而社会上长期流行的所谓"5+2

---

①https://www.wenku.baidu.com/view/05c0adec10661ed9ac51f3cc.html,(wojiao yujiali,2018-12-19)家校合作,共促进步

=0"的现象却狠狠地给学校和老师上了一课,也给每一个家庭甚至整个社会上了一课。现代教育的一个基本共识是,培养学生良好的行为习惯是一项复杂的系统工程,需要多方面连续不断地、数年如一日地努力。家庭是学生接受教育最早、时间最长的场所,家庭教育的模式适合与否,对其能否顺利接受学校教育关系极大。因此,家庭教育和学校教育之间的一致和配合,更有利于培养学生良好的行为习惯。

(三)家校教育合力的形成可以促进学校和家庭之间的信息交流

学校教育与家庭教育是否密切配合,重要的一条是双方是否及时交流信息。教师要了解学生在家庭中的表现及对待父母的态度等,以便有针对性地做好学生的思想工作。家长也想要了解孩子在学校中的表现,并且还想知道学校是怎样开展教学工作的。建立家校联系后,能使这一渠道更畅通,学校与家庭教育更有时效性、针对性,目标要求更一致。

(四)家校教育合力的形成能够优化学校教育的环境

学校教育虽然严格按照国家的教育要求办学,但家长和社会对学校的要求也是学校教育不断优化的一种动力。因此,家长在家长委员会的牵头下,不断地提出改善学校教育的要求,传授社会上的经验,调动家长及社会成员改善社会环境的积极性和主动性。学校可以充分利用家长这一有力的教育资源去优化、促进学校内外的教育环境,使学生接受的教育更完整。

二、班主任与小学生家长的沟通技巧

(一)建立有效的家校合作机制[①]

班主任要善于利用多种教育资源创设浓厚的合作氛围。通过制度的建立、体制的保障,组织教师、学生家长学习教育理论和教育案例、有关教育的政策和法规等,首先从思想上、观念上转变,真正将家校合作内化为学校和家庭双方的内需。

1.确立合作目标

既然是合作,针对目前家校合作缺乏计划性和延续性的问题,应首先确立合作的总体目标:建立家长与学校特别是班主任之间长期而稳定的合作关系,着眼于合力促进学生整体素质的发展,密切关注孩子在成长过程中的每一个变化,在孩子成长发展的每一个关键时期给予适当的帮助和引导。同时,提高家长对学生的教育水平和教育技巧,促进学校教育教学工作向更高水平迈进。

学校还应根据学校、家长以及学生的具体情况,分学期制订每学期的家校合作计划,

[①] https://wenku.baidu.com/view/30fae782da38376baf1faeed.html?from=search,(雕刻2196128,2019-01-18)家校合作共促教育

使整个家校合作能够有序地螺旋式递进。

2.选择合作内容

合作进行思想道德建设。家校之间要加强沟通与交流,及时了解学生的思想动态,创设健康、文明、乐观、向上的德育育人环境,将师德高尚的教师形象和正直有爱的父母形象展现在孩子面前,让学生始终受到正面人生观、价值观、道德观的引导。共同关注并及时发现学生(孩子)思想错位的苗头,对其晓之以理动之以情,在学生成长与实践中不断提高他们的思想道德水平。

合作建设学习型家庭。社会倡导创建学习型组织,学校可指导"学习型家庭"的建设。比如帮助家庭完成"亲子阅读计划",保证每个家庭每天固定有一段父母与孩子共同阅读的时间等。学校也可以组织一些有学生、家长、教师共同参与的读书沙龙、故事会、演讲会等活动。

合作开展综合实践活动。综合实践活动是新课程下的一门全新的活动课程,需要全社会尤其是家长的关心、支持和帮助,综合实践活动的许多内容诸如搜集信息、查阅资料、社会调查和实践、社区服务等都是在校外完成的,学校如果能得到家长的理解、支持和帮助,无疑会事半功倍。

合作培养学生健康心理和强健体魄。家校合作中要密切关注孩子的心理健康和身体健康。学校可以指导家长制订家庭锻炼计划,可以组织一些亲子、师生趣味运动会,让家长及孩子们感受到运动的乐趣,还可以组织一些如"祝您健康"等的知识竞赛。此外,孩子的心理健康问题也要引起家校的关注,学校可以有针对性地开设一些心理健康教育的讲座,用板报、手抄报、宣传单等形式组织家长们学习。

合作进行劳动技术教育、家政教育。在科技信息日益发达的今天,劳动技术依然是一项重要的生活技能,特别是一些家政服务、自我服务技能等,可以通过家校合作的方式培养和训练。学校可以针对学生的年龄特点,组织一些如"巧手小厨师""妙手小裁缝""家庭才艺大展示""我的纽扣钉得棒""我的衣服穿得快"等活动,以此来培养学生热爱劳动、尊重劳动的思想道德情操,并能够充满热情地投入时间和精力练习这些劳动技能。

合作进行安全救护教育。孩子年龄小,抵抗外界危险的能力差,所以要针对孩子的年龄特点和实际情况开展一些安全救护教育活动。如怎样面对陌生人?遇到歹徒怎么办?一个人在家的时候要注意些什么?失火了怎么办?溺水了如何自救?等等。这些情境看似杞人忧天,但一万次的生存教育只是为了万分之一可能发生的那一次危险,学校和家长都应以积极的态度对孩子进行生存教育。

合作进行审美、塑美教育。人生的童年时代是人类最美好的精神家园,让孩子们度过一个美好童年是我们教育工作者和天下父母的共同心愿。所以家校合作中的一个重要内容就是让孩子们学会感受美、欣赏美,进而创造美。可以通过各种形式的美育活动以及美好事物、快乐事件的熏陶和感染,让孩子们从小就努力做一个心灵美的人,永远带给别人美好的东西。

(二)建立有效的家校沟通渠道[①]

1. 变"家长学校"为"家校合作研讨班"

改变的不仅是一个名称,更重要的是改变"家长学校"那种学校一言堂、老师说了算的"家长制"作风,以更科学、民主的方式进行深入、广泛的合作。学校作为组织方,可以邀请家庭教育专家、有经验的教师、有丰富育儿经验的学生家长等走上讲台发表自己的见解,进行互动式、主题化、系列化的研究、讨论。

2. 变"家长会"为"家校联系会"

改变期中、期末考试后开家长会的惯例,增加在开学初举行一次家长会,将本学期学校、班级的教育教学计划、对学生和家长的要求等向家长汇报并征求家长的意见,保证开学之初家校合作就具有一定的计划性。在学期工作开展的过程中,也可就一些共性的问题分批次地开一些小型的家校联系会,比一个个带家长到学校来更富有实效。

3. 变"学校对家长开放日"为"学校开放日""家庭开放日""社区开放日"

让家长走进学校、深入课堂、参与活动,让学校、教师参与家庭活动、社区活动,在参与中共同发展。在开放的课堂、家庭生活与社区活动中,让孩子的身心更加愉快,让家校双方得到更多的交流与沟通。

4. 设立家长园地

在学校或教室的某一个角落设立一个家长园地,可张贴一些家教方面的资料、图片等。也可以介绍一些适合家长与孩子共同看的节目,刊登一些学生的绘画或写作作品,报道一些家长和孩子在家里的学习活动、生活等。

5. 精心制作家校联系卡

学校可以制作一些印有校园风貌的卡片,教师定期向学生家长发放。内容可以是对学生良好行为的表扬,可以是对学校、班级工作的介绍,也可以是对特殊情况的反馈,如一次慰问、一份祝贺、一声问候等。家长也可以在联系卡上写上对学校、教师的建议和希望,或反映孩子在家的表现等。

6. 有计划的家访

教师抽出一定时间到学生家里访问,仍是一种十分有效的交流和互动方式。教师应对家访有一定的计划性,包括制定路线、确定家访时间和家访内容,以及事先与家长做好联系等。总之在教师精力许可的情况下多做家访仍是一个好方法。

7. 举办家校联谊会

学校可组织教师、家长、学生共同参加的联谊会,展示各自的才艺,吐露大家的心声。在一种轻松、愉快的氛围下体验各自的角色,使今后的家校合作工作更加完美。

[①] https://wenku.baidu.com/view/30fae782da38376baf1faeed.html?from=search,(雕刻2196128,2019-01-18)家校合作共促教育

> 资料链接

把握家长心理,增强教育合力[1]

前言:所有从事教育工作的人都清楚要教育好一个孩子,绝不是靠教师、家长、社会任何单方面力量就能做到的,一定要三方目标一致,齐抓共管。然而现在我们做教师的,常常会感到在舆论的导向中,家长成了老师的上帝,社会成了学校的监管者,不知不觉地形成了对立局面,甚至家长和学校对薄公堂,教师战战兢兢、无所适从。在这种紧张情形下,我们教师怎样才能掌握好分寸,和家长共同教育好孩子呢?

我的体会是:将心比心,把握家长心理;因事因人,做好家长工作;循序渐进,赢得尊重信赖;水到渠成,合作愉快成功。下面我将就家访、家长会、电话、来校、写条等具体形式,谈谈怎样把握家长心理,增强教育合力。

一、在不同时间段,做好家访工作

1.新接班开学前务必做到访问每一位学生家庭,尤其是经济贫困学生、学习困难学生和班干部

因为开学前还属于放假阶段,学生和家长尚处于休闲放松状态,大多数人能较平和地接受家访,教师则能于平淡中了解到学生家庭的最真实状况。亲眼见到某些学生的家境贫寒,往往能促使我们在今后长期的学习生活中有意识地给予他们尽可能多的关心、呵护,家长的心头则倍感温暖,而且弥久不忘。学习困难学生和班干部的家长,则会在老师的第一次家访中感受到老师对孩子的重视,前者会产生与老师配合的意识,后者会为自己的孩子而自豪。凡此种种,都是有利的心理基础,便于开学后的工作开展。

2.考试前(尤其是双休日)到中等生和后进生家庭去访问,往往会产生巨大的激励效益

对中等生,无论是家长、孩子本人还是教师,都容易产生一种放心的惰性心理,以为既不会考得太好又不至于考得糟糕。其实这种"放心"隐含着被忽略、不重视的隐患。教师在考前去家访,以热情赞美的口吻充分肯定中等生的能力,同时指出他的可发展空间。这能极大地唤起学生的自信和志气,也引起了家长的积极重视。对后进生的考前家访,能就具体学科的复习要领和可实现目标进行指导,既有察看督促的意图,给家长发出信号——不要对孩子不抱希望放任自流,同时又帮助家长

---

[1] https://wenku.baidu.com/view/5e865f838762caaedd33d411.html?from=search(bhsy2001,2012-04-01)

和孩子坚定"迎战""奋战"的信念。我班几次考试的情况都证明了考前家访中等生和后进生是行之有效的。

3.学生有重大事件发生时,教师更应及时家访慰问

去年刚接班不久,学生王某因在快放假前带刀具到校玩耍,政教处为教育起见让他参加法治教育班,为此家长的反感抵触情绪相当强烈,到政教处、校长室讨说法,甚至扬言要到教育局去。尽管涉及的事件发生在我接班以前,但我还是怀着理解的心情,以最大的耐心几次上门和王某的父亲交谈,请他也理解我的处境,以平静、谦和、有礼的方式与校方交涉,不要把矛盾激化上升。那样我将理解为他对我一个新班主任的支持,我会心存感激。家访沟通,竟化干戈为玉帛了。此后王某的父亲堪称最配合家长。第十四、十五周我班女生小王胃出血住院,小刘丧父成为孤儿。孩子稚嫩的身体、心灵都在遭受着磨难,除了家人的陪伴和安慰,他们最渴望得到的是,相处两年多形同一家人的老师同学的问候和帮助。因此我抽出空来带上学生代表尽早来到这两个学生身边,既转达了全体同学的关心,也告诉她们落下的学习有班干部和老师会辅导。这极大地宽慰了学生及家长的心,也赢得了他们发自肺腑的信赖。

二、充分利用每次家长会,进行形式各异的交流,达到不同效果

1.接新班级后的第一次家长会,宜面向全体家长,做好"就职演说"

力争把首次的家长教师见面会,开成对全体同学的表扬赞美会!尽管假期家访时,老师已基本和每一个学生的家长碰过面了,但全体家长在同一时间聚集在孩子们学习的教室中,郑重其事地听班主任讲话,毕竟是头一遭,他们会充满各种明确和不明确的期望。因此,我认为班主任应在外形服装上稍做修饰,给人清新悦目感;更应仔细考虑讲话内容和措辞语气,保证每句话都能让家长听得舒心宽慰。家长们任何时候想听到的都是老师对他们孩子的评价,或多或少地希望老师对他们孩子夸奖或赞扬。我们做老师的何不顺势给每一位家长烫一壶温度合适的高汤?找出孩子的优点真诚地赞美,以热诚亲切的笑脸和话语来缩短老师与家长的距离,既有亲和力又不失威信,树立起班主任的个人风格。

2.第二次家长会宜具体有针对性

既具体到个体孩子的优点缺陷,也具体到课程学习和常规生活。因为家长不会再满足于听赞誉之辞,而是更想了解孩子的每一点情况,包括好的也包括不足的。但直接从教师口中说出某学生的不足或缺点,家长很可能会担心老师有成见不喜欢孩子,从而背上不必要的心理包袱。所以我让不同的学生干部分好工,向家

长们反馈通报各类情况,我发现,家长都听得全神贯注,而且表情平和。这说明,出自学生的有针对性、有真实感的情报,家长更易于接受,而且后进学生的家长会自然而然地将自己的孩子与台上讲话的孩子做比较,从而思考今后的教育方向和对策。

3. 第三次家长会可以让教子有方的成功家长谈谈自己的教育心得

说实在的,有些家长也希望孩子各方面好,可他们真的不懂教育方法,甚至自己的行为根本不能给孩子做表率,这些家长自身很需要教育。谁来担负教育指导家长的使命?家长学校吗?教育经验丰富且子女成才的老教师们有这个资格,他们对家长的指导很有说服力。像我这样的年轻教师,自己孩子尚年幼,正在摸索育儿之道,不敢在家长面前妄谈。因此,最好的办法是物色不同类型的成功家长,让他们现身说法,既是对这些家长的肯定赞许,又能让其他家长听得心服口服。本学期期中考试前的家长会,我让三位学生的家长准备发言交流,他们都按我布置的要求选取了有针对性的事例来谈教子心得。班长俞某的母亲,谈她怎样教育孩子正直坦诚、热心地为班级服务、和同学建立和谐的人际关系、遇到难题大胆向老师请教、明辨是非远离网吧并身为表率劝阻同学去网吧;学习委员赵某的父亲,谈他怎样做到与女儿交流无阻隔、沟通无极限的,包括怎么样引导精力充沛的女儿恰当处理广交笔友导致的麻烦后果;小队长邵某的父亲,谈怎样在平时的言谈中给孩子灌输"读书、争气、成材"的观念,怎样培养儿子心静专注、自觉上进的习惯。这三位家长平淡谦逊的谈话,让我这做老师的也频频点头,收到了理想的效果。

4. 家长会听广播的时候,可与个别问题学生家长单独交谈

与个别的问题学生家长悄悄打招呼,让他们会后稍留片刻,表示有事情要单独谈谈。这样做,充分维护了家长的自尊及面子,又不耽搁其他家长的时间。因此,多数被招呼的家长都表示很乐意留下,会诚心实意地听取老师的意见。

三、巧妙利用现代化通信工具——电话,密切与家长的联系

在第一次家长会上,我就向全体家长公布了家里的电话号码,欢迎他们有事及时联系。

(1)当家长打电话询问孩子近期在校情况或生病请假时,我会诚恳地说"您把我的电话号码派上用场了",无论电话多晚或多早,我都绝不流露出一丝诧异、半分讨厌。久而久之,有下班晚的家长会定期打来电话,有出国务工的家长会打来国际长途。那语气,已宛然是最熟悉最亲切不过的人。

(2)对贪玩爱打游戏机的孩子,我常在晚上七点打电话过去查岗,家长虽觉诧异,却也感动于老师盯得紧,回家还想着他们。对自我要求不高、比较懒惰的孩子,

我会在复习期间晚上八点半打电话过去,了解复习情况。这样做一来让家长感受到老师对他孩子的重视,二来使家长清楚在家督促的责任。

(3)碰到班级有重大活动,需辛苦某些学生时,我会打电话跟家长说明以便得到家长的支持与配合。如主题班会的准备期间,好几次王某和俞某在多媒体教室忙碌到晚上七八点。尽管他们说家里知道的不用打电话了,我还是打开手机,跟他们的家长表示歉意,告知还需多久可回家。咱得让家长放心啊!科技节小制作的任务交给了两个调皮蛋小沈和小李,周末我特地给他们家里打电话过去,表示要辛苦他们两个孩子,鼓励认真做好为班争光。家长一听连声说:"要不是老师打电话来说,我还真不会同意他做呢!我肯定会骂他书还没读好呢,不许玩这个!"这让我体会到,有老师一句话,家长就会大力支持。

四、妥善恰当地请家长来校,当面协商讨论

从心理学上讲,"我主动上门去"和"请你过来谈",那是完全不一样的感受。前者显示"我"的诚恳和对人的尊重,后者则有傲慢和对人支配之嫌。因此,我不太愿意请家长来校,不愿让家长有挨训的顾虑。但教学工作繁忙,不可能事必家访,有时电话又达不到面谈的效果,怎么办?

(1)利用家长送物品给孩子、傍晚到校接孩子之机,抓紧时间说几句"知心话"。其实家长偶然有事来校,也想顺便跟老师碰个面,了解点情况。教师不妨长话短说、言简意赅地表扬批评,指出近期的动态,提醒家长予以关注。这就要求老师随时掌握每一个学生的情况,碰到没有预约的家长才有话可说,也才能说到点子上。

(2)对个别好动、行为习惯差的学生,如果其家长通情达理,有教育好孩子的愿望,可与家长商量,让他挑自己方便的时间,每周定时来校。这样既尊重了家长的选择,也以老师的无私奉献满足了家长育儿的愿望;同时更是与家长一起为孩子树立了言而有信的榜样;调皮的孩子也会顾及每周的来访日,收敛自己的行为,逐步改正缺点。

(3)要及时、真实地反馈考试测验成绩,既需要学生的诚实,也要老师有心通告。成绩不够理想或进步显著的同学,都可提前电话预约家长,和家长商定来校的时间。或面对面分析情况指出不足,指导家长督促教育的方法;或诚挚地肯定孩子的进步,激起家长的认同赞赏,提出下一阶段目标,给予孩子鼓励和信心。

(4)最不恰当的是,当孩子闯祸、不做作业、测验极差时,当即电话把家长"召来",或差其他学生把家长"唤来"。在"召"与"唤"的过程中,也许就打乱了家长的本来计划(不管他是在睡觉还是在上班),还给他强烈的被支使感和预料不妙的压

抑感。如此一来，难怪家长来到办公室会没好气，或大光其火打骂孩子发泄一通，或唯唯诺诺附和老师说一通孩子。这对于问题的解决能有多大作用，实在不可知！不过最起码一点，家长对来校已有反感厌恶情绪，以后断不愿再来学校与老师碰面。与小叶、小刘家长的这种联系方式，就是我的失败案例。

五、郑重使用"写条子"这一招

工作第三年，我就不再让学生使用备忘录。一来锻炼学生的记忆力和学习的自我责任感，二来减轻家长每日签名的累赘工作，还可以避免不必要的假冒签名。我既无备忘录可批红字告状，也不想轻而易举写张条子捎信，因为那样做意味着对学生极端不信任，也显示了教师工作的轻率。

若学生有较严重错误，有必要让家长知道避免重蹈覆辙的话，我会在与学生交谈后，让他自己写下经过、认识、反思，然后我在下方写批语意见。这样的一张纸，我才会让学生自己交给家长，并且第二天给我看同一张纸上家长的回话。一张纸记录着学生、老师、家长三方面的态度，这传递的过程就是孩子自我教育的过程，就是家长与老师形成合力的过程。

后记：十年的班主任经历，十年琢磨家长的心理，十年探索与家长的合作，我有了很多收获：得到了家长的理解，他们会感叹"老师也是人，老师也有家庭、孩子"；赢得了家长的敬意，过年的贺岁礼券和土特产我肯定会婉言坚拒；获得了家长的配合支持，他们监督孩子复习颇有效果，他们会热情提供主题班会的道具服装。我特别感动于家长融入班级教育。前面提到过的到校长室"讨说法"的王某父亲，会在下小雨的中午赶来学校送上200元表达对丧父的小刘同学的一片同情；小徐、小夏的母亲会经常给我提供学生活动的情况，帮助我捕捉动向、及时教育学生。

第三节 班主任与社区资源教育合力的形成

一、班主任与社区资源形成教育合力的意义

（一）社区教育的特点与作用

所谓社区教育，是指在社区中，开发、利用各种教育资源，以社区全体成员为对象，开展旨在提高社区成员的素质和生活质量，促进成员的全面发展和社区可持续发展的教育活动。

社区教育主要有五大特点：一是区域性。即在一个相对稳定、闭合的社区范围内进行的教育。二是群众性。社区内所有成员，无论老人、孩子、家庭主妇以及居住在本社区内的所有参与各种各样社会工作的成员，都是社区教育的主体。三是开放性。社区教育的内容是开放的，形式也是开放的。四是综合性。一切关乎社区成员生产、生活、健康、娱乐、休闲等等的内容，都是社区教育应该关注的。五是多样性。文化沙龙、专题讲座、文化娱乐、家政培训、亲子教育、子女托管、老人托管、广播影视、板报专栏、社会实践等。

社区教育对人才培养的作用主要体现在[①]：

1.开展社区教育，对人才培养具有推动作用

首先，社区教育满足社会成员知识更新的需要。每个人在学校学习的时间是有限的，所掌握的知识也是有限的。如果不及时进行知识更新，就要落伍。社区教育为社区成员提供全员、全程、全方位的教育，弥补了社区成员参加工作以后知识不足的缺陷。其次，社区教育根据社区居民对知识的多元化需求，开展的满足不同层次、不同人群、不同年龄的终身教育体系的活动，起到了对学校教育的拾遗补阙的作用。

2.开展社区教育，对人才结构具有改善作用

社区教育的本质是提高人的素质，促进人的全面发展，并根据社会的需求，为社会培养所需要的人才。社区教育既是素质教育，同时又是专业知识更新教育。它根据社会需求培养短缺人才；根据个人需求提供继续教育服务，不断开发新的知识领域。人们通过接受社区教育，掌握新的知识，找到能够发挥自己聪明才智的岗位。社区成员知识结构的调整，促进了人才的合理流动。

3.开展社区教育，对构建终身教育体系具有推动作用

创办社区学院作为一种新型的社区教育模式，有利于实现资源的共享，有利于挖掘社会优秀的人才，有利于培养社会各界需要的人才。因此，以创建社区学院为基础，来实现终身教育体系。首先是在各个社区都指定专人负责，组建师资队伍、招收学员，拟订和落实教学计划，对社区内的高级专业人才、管理人才进行统计储备。其次要成立各类专业学校，为社区居民提供不同形式、不同专业、不同级别的专业技能知识，使社区居民享受到不同层次的教育与培训。

4.开展社区教育，对满足社区文化生活具有推动作用

首先是满足社区学员的生活技能需求。社区内部有大量的下岗失业人员，为了生存，他们将面临再就业。社区教育为这部分人员进行新知识的培训，使他们成为一专多能的高级技术人员。社区教育，既使他们学习到了新的知识，又为他们再就业提供了技术服务。其次是满足社区居民群众的精神生活需求。人民群众物质生活水平的不断提高，从而使他们对文化休闲等精神生活的需求就越来越高，社区教育将担负着培养文艺骨干、组建文艺团队、传播先进文化等重要职能，社区教育将成为社会主义精神文明建设

[①] 薛仁喜.浅析社区教育在人才培养中的作用[J].才智，2017(32):72.

的主阵地。再次是满足社区成员的自身发展需求,体现个性化。通过开展社区教育,提高社区成员的思想道德素质和科学文化素质水平。加强人力资源开发,使每个社会成员都可以根据意愿选学自己向往的专业,不断进行新技能、新知识培训,使其成为社会的物质财富和精神财富的创造者,这是最大的人才资源的储备和后备军。通过开展社区教育活动,使社区居民在精神上、学习上、生活上的水平都得到了不同程度的提高,社区居民、邻里之间更加团结。这不仅提高了社区居民的政治思想觉悟,还提高了社区居民辨别是非、审美的能力以及社区居民的文化素质、道德素质。

5.开展社区教育,对创建学习型组织具有推进作用

开展社区教育,不能仅依靠社区学院,而是要建立形式多样的学习型组织。如学习型的家庭,通过家庭成员间的毫无保留的相互学习,无论是理论知识还是专业水平,都可以达到最佳学习效果。家庭学习的过程,实质上是知识积累、促进人才成长和储备的过程,是众多学习方式中人才储备最明显的阶段,具有自发性、平等性等诸多特点。再如学习型的社区,在开展学习型家庭创建的基础上,通过挖掘社区人才资源,与驻街单位、学校等实现资源共享,积极为社区教育营造良好的学习环境,使社区成员在理念上与时代同步,在掌握新技术上与社会发展水平相适应。工作学习化、学习工作化,每个社区成员都可以成为与时俱进的人。还可以开展学习型的机关的创建活动,通过建立多种类型、多种层次的学习型组织,使社区教育、终身教育的过程不断深化,最终构建学习型的社会。

(二)班主任与社区形成教育合力的意义[①]

1.教学环境的复杂性需要班主任工作与社区教育紧密结合

教学环境是学校教学活动所必需的诸客观条件的综合,是按照发展人的身心这种特殊需要而组织起来的环境。从广义上说,社会制度、科学技术水平、家庭条件、亲朋邻里、社区等,都属于教学环境,因为这些因素在一定程度上制约着教学活动的成效。表面上看,教学环境似乎只处于教学活动的外围,是相对静止的,但实质上它却以特有的影响力影响着教学活动的进程和效果。如果说教师和学生是教学活动的主角,那么教学环境就好比是他们活动的舞台。现代社会是信息社会,社会节奏加快,各种社会思潮对校园的冲击是前所未有的,而学生是最容易接受新生事物而又被其左右的一个群体。因此,社会信息不仅是教学环境的一个重要因素,而且是一个必须认真加以调节控制的因素。这就需要学校、家庭教育与社区教育结合,共同培养学生。

2.传统管理模式弊端的改革需要班主任工作与社区教育紧密结合

如今,我们的管理者——班主任,常常感叹"现在的学生越来越难管了""现在的学生不知如何去管"。因为以往,班主任对小学生小到扫把如何拿,大到人生观、世界观都

[①] https://wenku.baidu.com/view/c9c700daab00b52acfc789eb172ded630b1c9877.html,(峭壁劲松885,2017-02-21)小学班主任工作应与社区教育紧密结合

得管,并且一厢情愿地让学生听从其安排和布置,唯恐管理不周。随着社会的发展,班主任再用一种封闭性的观点和办法对学生简单地说"不"与"是"、"可以"与"不可以",是达不到教学效果的。

既然传统的管理模式已不适应现代教育,那么当然需要改革。但这种改革不是全盘否定,而是一种创新。因为21世纪的世界主题是知识创新,传统的教育理念中的部分内容观念必须扬弃。教育要面向未来,唯有学会创新创造才是最佳出路。如果我们用心挖掘社区内的各种教育资源,动员社会各界的力量,形成教育合力,共同培养学生,那必将会收到事半功倍的效果。虽然社区教育工作千头万绪,但是根本着眼点是放在人的全面发展上,要坚持以人的发展为中心。因而要想学生全面发展,还必须向社区方向发展。

3.学生的心理需求需要班主任工作与社区教育紧密结合

(1)学生对交往的需求

一代独生子女在其家中特殊的地位致使孩子大多缺乏交往能力,但新时代的人才要求会生存,会发展,会生活,会创造,会交往。因此,班主任除了应创设一个团结的集体,还应扩大学生的交往圈。社区便提供了广阔的空间,班主任可以通过组织多种多样的活动,使学生在实践中学会尊重,学会相处,学会关心,学会帮助,增进彼此的了解,为将来真正融入社会做准备。

(2)学生对环境的需求

小学生处于家庭、学校、社会三大环境中,他们需要在不同的环境中得到重视、尊重;需要在良好的环境中求知交友,施展自己的才能;需要在他们成长的道路上,有良好的环境为他们做基础。在三大环境中,家庭是孩子成长的摇篮,学校是成长的阶梯,社会是施展才干的大舞台。所以早一日让学生踏入社区,就能让学生在更繁杂、更广大的环境中适应、生存,得到有利的发展。

(3)学生对情感的需求

小学生的情感波动性较大,对周围的反应敏感性强,他们需要平等、友善、关心、理解和尊重。现在的孩子并不是首先接受周围人的叮嘱、辅导、说教,而是先考虑周围人对自己的态度。如果这种说教是令人振奋、愉悦的,是有帮助、有关怀的,他们往往会积极接受;反之就会消极接受,甚至对抗反叛,从而影响人的情感活动。良好的社区教育,能使生活于其中的学生经常保持乐观、稳定、愉快的积极情绪,使孩子获得爱的互需、爱的激励,从而促进其在学校、家庭的学习与生活。

(4)学生对求知的需求

小学生正处在长知识的阶段,求知欲很强,这种求知的需要不仅是文化科学知识,还包括社会、生活等方面。因而,班主任工作应与社区教育相结合,除了教学生学好书本知识以外,还应教他们学会做人,学会处理各种矛盾,学会解决问题,学会在实践中求知,这样才能使他们坚定地立足于竞争越来越强的社会中,适应时代的需要。

4.班主任工作的特殊性需要班主任工作与社区教育紧密结合

班主任工作在小学教育工作中相对来说工作量更大,班主任极其微小的一言一行有时都会对学生产生重大的影响。但学生在校时间毕竟有限,还有将近2/3的时间在校外度过。小学生都有极强的表现欲,他们重视周围人对自己的评价。不光在校内,走出校门也同样。班主任工作与社区教育的结合,能使学生获得更多、更全面的评价,从而促进学生向正确的方向积极发展,起到优势互补的作用。例如,利用社区力量为丰富学生课余生活提供各种辅导或指导。

二、班主任开发利用社区资源的策略[①]

班主任需要在学校的统一协调下通过社区教育委员会与社区建立普遍的联系;学校可以充分利用社区内各单位团体和各种有利条件对学生施加教育影响。

(一)树立学生的"小公民"意识,建立制度保证

很多小学生都明白在学校要成为一名好学生,就应该在德、智、体、美、劳诸方面得到主动、活泼、和谐的发展。但是他们在家庭、社区中,或许由于儿童的天性,或许由于如今独生子女众多、家长平日的娇生惯养,从而对自己在社区中的角色不太明白。学生在校内一般不会毫无顾忌地往地上丢纸屑,而出了校门就可能自由散漫了。正如大部分家长所说的,现在的孩子只有在学校里才是最乖、最听话的。面对这种情况,我们首先要启发教育学生,要成为一名好孩子还必须加强对自己行为规范的要求,建立制度保证,做到尊老敬老、热爱劳动、热爱家庭;引导孩子走向社区,参与社区开展的各类活动,让孩子亲身体验到,社会是由群体组成的,每个人都是这个群体中的一分子,应发挥各自不同的作用。孩子的认识速度是很快的,他们在得到一个正确的认识后,便会朝着这个方向去做。

(二)加强学校与社区联合开展活动,增强学生社会责任感

在社区设立学生活动室,与学校少先队大队部联合开展学习和社会实践活动。不仅可以形成教育合力,而且为锻炼学生的能力提供了更多的机会和更广阔的空间。班主任也可以请居民干部来学校,为小学中、高年级的学生做诸如"小朋友应为社区争创文明小区做贡献"的专题讲座,让学生进一步增强自己的社会责任感,体验出自己在社区中的所作所为是一种公民职责的表现。也可以请居委会干部在"国旗下讲话"中向小朋友讲述在社区中该怎样做的具体要求,使学生们懂得学校、社会和社区教育对他们的希望是一致的,增强小学生在日常生活中学会负责、争做"好公民"的意识。

[①] https://wenku.baidu.com/view/35afabc8770bf78a652954ba.html,(流河111,2013-12-21)班主任工作应与社区服务教育紧密结合

(三)共同培养学生创造意识,挖掘闪光点

培养学生的创新意识和实践能力,让学生具有创造性,是学校教育的重要目标。小学生年幼好奇,对什么都会有自己的憧憬和向往,每当自己有一种欲望时总能大胆去尝试、追求,还经常表现出欲罢不能的状态。针对小学生的这些心理特点,为保持孩子的好奇心,班主任可以利用班队活动、节假日等,带领小学生走进社区,开展丰富多彩的集体活动,在活动中让孩子乐于创造,敢于提出自己的各种见解,让孩子多体验一些帮助别人的快乐,并及时从社区了解反馈信息,表扬其中的好人好事,挖掘出学生更多的闪光点,使其取得更大的进步。例如,一些学校在暑假建立了社区学生评价反馈表,开学时学生纷纷介绍了活动情况,社区管理人员表扬了许多好人好事,让很多平时在学校表现一般的学生提高了积极性。通过这些活动,小学生的公民意识、创造意识、主人翁意识、社会责任感明显增强,他们的组织能力、交往能力也得到很大的发展。

(四)建立活动评优机制,培养完整、向上、独立的人格

榜样的力量是无穷的。在各种社区互动活动中,班主任有针对性地收集整理活动资料,通过图片、文字、小视频等,定期或不定期地通过班级园地、班级QQ、家校联系册等分享给学生、学生家长、社区居民。班主任可以在校内建立活动评优机制,大张旗鼓地表扬参与活动积极、表现优良、成绩突出的学生,乃至表扬学生家长,使他们成为全体学生(家长)的榜样。班主任通过及时挖掘学生的内在潜能,激发他们争做先进、学习先进的热情,达到共同成长的教育目的。

【案例探析】

让孩子站在正中央[①]

苏联教育家赞可夫赞同这样的观点:凡是儿童自己能够理解和感受的一切,都应当让他们自己去理解和感受。不过教师知道应当朝哪个方向引导儿童:对于他们的思想,有些加以支持和发展,而有些则机智地予以抵消。

接到四年级这个班的第一天,放学后我坐在办公桌前拿着名单一一回忆学生的模样,好借此能把班上的学生和名字对应上来,躺在桌上的手机响了起来,打开一看:"唐老师,我是班上谢小强的爸爸,今天孩子的表现怎么样?"

我开始在大脑里细细地搜索这个小男孩,想起来了。但是,才短短几十分钟就对一个孩子下判断,似乎太草率了。我回复道:"小强爸爸,今天才第一次见到孩子,不能说全面了解。这样吧,过段时间我再进一步了解后回复您好吗?"他很快回复了一句:"谢谢!"

[①] 本案例来自贵州省遵义市航天小学唐瑜

这以后，我对这孩子认真关注起来。我了解到谢小强的头脑十分聪明，反应灵活，而且课外阅读量特别大，学习对于他来说很轻松。可是这样的孩子也是特别自我的，还有点自大，不容易接受别人的观点，爱搞恶作剧，不参加劳动，也不会劳动，总引来老师或同学的批评和指责。前面的班主任用了很多办法，他依然故我，不见丝毫改变，家长也因此被请到学校很多次。可能是因为换了班主任，希望能使他发生点儿改变。家长望子成龙的心谁都可以理解的，不是吗？

第二天有同学向我告状：谢小强上课打人。他是被同学们拖到我办公室的。他站在我的办公桌旁低着头小声地说着事情的经过，话里话外都是别人的错。说话的过程中不时地用目光偷窥我的反应，发现我并没有发怒的征兆，才大胆地抬起头来看着我，我才开始问："你就没有一点错吗？"

他脸一下就红了，又低下了头。我接着说："这下如果我要把你的妈妈请来，你猜猜这次她会有哪些反应？"他红着眼睛摇了摇头。孩子不坏，只是调皮了些。

我又问："现在已经上课了，你又想一想，如果你现在回到班上去，上课的老师会说什么话？同学们又会用怎样的眼光看你？"听完，他愣了愣。我知道他从来没思考过这些问题。

我把老师和同学们可能会出现的情况都说了一遍，再亲自把他送到教室门口。不出所料，大家的反应和我说的一样。

放学后我打电话把他的妈妈请到学校里来，从小强妈妈那了解到孩子在家的情况。原来，他的爸爸平时对孩子的教育很严厉，从小就引导孩子阅读，所以读了不少书。男孩子在生活中本身就要调皮一些，每次犯了错后爸爸都会大声地斥责他，还会讲一通大道理，所以在孩子的成长中就获得了很多类似的大道理，不管他的内心能不能接受，反正这些大道理就在他的心里堆成了山。爸爸的教育没法让孩子的心理得到疏导，反而让他产生了叛逆。在家中有爸爸压着，到了学校就找到了宣泄口。妈妈讲到孩子目前的状况，禁不住流下了眼泪。

我想问题应该在孩子的爸爸身上。爸爸的教育没考虑过孩子的感受，孩子所遇到的一切事情都会在他的成长中留下痕迹。爸爸的那些大道理只是父亲获得的经验，对孩子来说不等同于他自己的感知。父母也好，老师也罢，不能替代孩子长大，父母能给予的是陪伴，在陪伴的过程中适时的提醒和引导。急于求成的教育只能逼迫孩子产生逆反心理，甚至向相反的方向行走。

我找来小强的爸爸，第一句话问他："你希望小强长大后成为一个什么样的人？"第二句话是："他想成为一个什么样的人？"听完，他愣了，原来他真的没考虑过儿子的想法。我把对小强的观察一一向小强爸爸讲述，面对这样的情况他也很惭愧，也反思了自己的行为。我还对他提出了一些建议。

这以后小强爸爸周末都带着孩子一起去参加体育活动，增加父子间的亲子感情。在生活中对小强提出的问题也不再一味地粗暴拒绝，而是采用商量的方式解决问题，教孩子学会尊重，懂得礼让。还有意识地培养孩子的劳动习惯，在劳动的过程中引导孩子思考解决问题的方法，从劳动中获得经验……

教育是科学，也是艺术，我们应该让家长们也懂得这些道理，只有学校教育和家庭教育一致，形成教育合力才能让孩子更好地成长。

不难看出，孩子的教育是在生活中进行的，父母的言传身教直接决定孩子成为一个什么样的人。如果生活中孩子不能自己体验和感受，大人强行灌输的那些道理经不起考验，孩子一旦遇到事情，那些道理就会像纸做的房子一样倒塌。生活中孩子经历了、体验到了的那些道理他才会灵活运用，比如什么叫尊重，怎样与人相处，怎样思考解决问题……只有这些点滴的感受形成经验，才会成为一种能力，让他们内心变得强大。所以陪伴中的引导才是最好的教育。孩子最终长大会成为社会的人，在此之前我们要做好准备。

让孩子站在正中央，任何人不可替代他们成长，让他们体验到成长中的酸与甜，他们的成长才会更从容。

讨论：

1. 你认为老师眼中的"你"和父母眼中的"你"有何不同？
2. 案例中班主任唐老师处理问题的哪些做法让你印象深刻？

本章小结

形成学校、家庭、社区多方联合互动的大教育格局，是新时代小学教育全面贯彻党的教育方针，落实立德树人根本任务，发展素质教育，推进教育公平，培养德、智、体、美、劳全面发展的社会主义建设者和接班人的根本保障。学校教师、班主任和学生家长是学生健康成长的引路人、同盟军，社区是学生开展社会实践活动、参与社会公益活动的重要阵地，同样是学生健康成长的重要合力。只有充分、协调、有效发挥三方力量，真正形成教育合力，才能保证学生全面发展，成为合格的社会主义事业的建设者和接班人。

【思维导图】

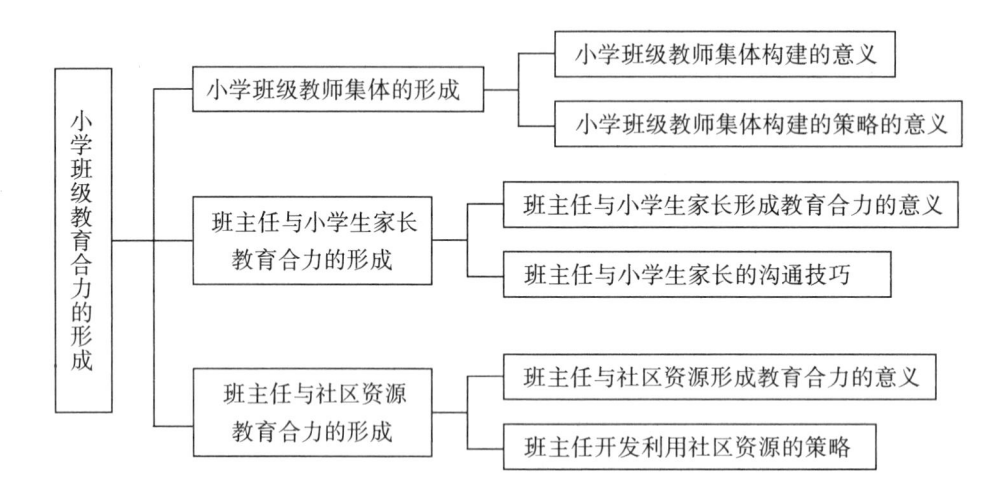

```
小学班级教育合力的形成
├── 小学班级教师集体的形成
│   ├── 小学班级教师集体构建的意义
│   └── 小学班级教师集体构建的策略的意义
├── 班主任与小学生家长教育合力的形成
│   ├── 班主任与小学生家长形成教育合力的意义
│   └── 班主任与小学生家长的沟通技巧
└── 班主任与社区资源教育合力的形成
    ├── 班主任与社区资源形成教育合力的意义
    └── 班主任开发利用社区资源的策略
```

【思考与练习】

1. 班主任形成班级教育合力要着重关注哪些教育力量？
2. 班主任怎样和班级任课教师形成教育合力？
3. 班主任与家长形成教育合力的意义是什么？具体策略有哪些？
4. 班主任开发利用社区资源的策略有哪些？

【推荐阅读】

1. 郁琴芳.家校合作50例：区域设计与学校智慧[M].上海：华东师范大学出版社，2018.

2. 张国超，曹建，何静.家校合作教育研究和指导[M].广州：广东高等教育出版社，2016.

3. 史蒂芬·M.康斯坦丁诺.家校合作：5个原则读懂教育互动[M].王圆圆译.哈尔滨：黑龙江教育出版社，2017.

4. 郑蕙.我是你的合伙人：一个校长关于家校合作的思与行[M].广州：暨南大学出版社，2017.

第六章
小学班级中不同类别学生的教育与管理

培养教育人和种花木一样,首先要认识花木的特点,区别不同情况给以施肥、浇水和培养教育,这叫"因材施教"。

——陶行知

一个后进生就是一个很好的教育科研对象。

——李镇西

世界上没有才能的人是没有的。问题在于教育者要去发现每一位学生的禀赋、兴趣、爱好和特长,为他们的表现和发展提供充分的条件和正确引导。

——苏霍姆林斯基

当教师把每一个学生都理解为他是一个具有个人特点的、具有自己的志向、自己的智慧和性格结构的人的时候,这样的理解才能有助于教师去热爱儿童和尊重儿童。

——赞科夫

学习提要

1. 了解不同类别学生的含义,以及不同类别学生教育与管理的现实意义。
2. 理解不同类别学生的界定、成因、特点及常见问题。
3. 掌握不同类别学生的教育原则、教育策略。

第一节　小学班级中不同类别学生教育与管理的意义

一、小学班级中不同类别学生的含义

子曰:"唯上知与下愚不移。"①孔子认为这个世界上只有两种人是改变不了的,一种是"上知",即生而知之者;一种是"下愚",即先天就愚钝者。当然,生而知之者是不可能有的,用今天的话来讲这类人应指天赋很高的人;"下愚"用今天的话来讲是指先天性脑部疾病的人,通常是残障、智障的人士,可以看作不健全的人。子曰:"中人以上,可以语上也;中人以下,不可以语上也。"②即孔子说中等资质以上的人,可以告诉他深奥的道理;中等资质以下的人就很难让他了解深奥的道理了。很显然孔子认为人的智慧是可以分为不同的等级的,具体可分为:上智、中人、下愚。这说明从出生之日起,人的智慧就有了不同的类别,所以在施教时所采用的方法和要达到的标准都是不一样的。孔子又提出"性相近也,习相远也"③,用今天的话来说,就是处于中智的人群先天的智力都差不多,但由于受到了不同的教育,人与人的差别就相去甚远了。这说明孔子非常重视教育对人的影响,而且重视对不同的人实施不同的教育影响,于是他又提出要"因材施教"的教育原则。今天"因材施教""有教无类"已成为教育工作者进行分类教育、分类管理的重要理论依据,而且在实践中有很好的发展。

综上所述,笔者以为,小学班级中不同类别学生的含义是指,根据小学生先天的特性,主要包括气质、性格、能力、记忆力、智力、兴趣、爱好等,为了充分挖掘其潜在的天性,并对其进行相应的分类,从而产生的不同类别的学生个体或群体。目前我国小学生的分类,从不同学习水平来看主要有优等生、中等生、学困生,从不同个体特殊因素来看主要有特殊儿童、留守儿童、非正式群体儿童等六大类。

二、对小学生进行分类教育与管理的意义

从历史来看,先秦时期孔子第一个创办私学,打破了官学对教育的垄断,而且提出了"有教无类"的教育思想。孔子对待学生不分阶级,不分地域,不分智愚,只要肯虚心向学,他一律对他们进行教育。所以南郭惠子曾问子贡:"夫子之门,何其杂也?"子贡回答说:"欲来者不拒,欲去者不止。且夫良医之门多病人,檃栝之侧多枉木,是以杂也。"他的这一思想奠定了当代教育公平的理论基础;另外,其"因材施教"的教育原则又为现代教育的个性化发展指明了方向。在2010年党中央、国务院颁发的《国家中长期教育改革和

---

① 《论语.阳货篇第十七》,转引自杨伯峻.论语译注[M].北京:中华书局,2006.
② 《论语.雍也》,转引自杨伯峻.论语译注[M].北京:中华书局,2006.
③ 《论语.阳货篇第十七》,转引自杨伯峻.论语译注[M].北京:中华书局,2006.

发展规划纲要（2010—2020年）》中指出：以学生为主体，以教师为主导，充分发挥学生的主动性，把促进学生成长成才作为学校一切工作的出发点和落脚点；关心每个学生，促进每个学生主动地、生动活泼地发展；尊重教育规律和学生身心发展规律，为每个学生提供适合的教育，培养造就数以亿计的高素质劳动者、数以千万计的专门人才和一大批拔尖创新人才。从历史的发展以及现代学校教育制度的责任担当来看，追求教育公平始终是人类寻求自身解放之永恒主题。对小学生进行分类教育与管理，正是基于"教育公平""有教无类""因材施教"等方面的教育宗旨，其意义主要体现在以下两方面：

（一）丰富教育公平的内涵

2018年新修订的《中华人民共和国义务教育法》总则第二条规定：义务教育是国家统一实施的所有适龄儿童、少年必须接受的教育，是国家必须予以保障的公益性事业。实施义务教育，不收学费、杂费。可以看出，为了社会政治、经济、文化、科技等的全面繁荣与发展，就必要推进教育的发展，所谓"百年大计，教育为本"就是基于这样的考虑，而教育要得以长足的发展，必须保障教育公平，为了这一宏伟目标的实现，我国在20世纪80年代就以法律法规的形式对基础教育进行了规定，并且明确为九年制义务教育。

近40年来，我国的义务教育使广大的适龄儿童获得了系统、科学、全面的基础教育，使绝大多数儿童在德、智、体、美、劳等方面得到了全面的发展。在20世纪末我国已全面完成"两基任务"，即基本普及义务教育，基本扫除青壮年文盲。但40年来义务教育主要是完成了让所有孩子有学上、有书读的任务，这只是在受教育权上，让所有的孩子获得了公平的对待。《中华人民共和国义务教育法》总则第四条规定：凡具有中华人民共和国国籍的适龄儿童、少年，不分性别、民族、种族、家庭财产状况、宗教信仰等，依法享有平等接受义务教育的权利，并履行接受义务教育的义务。随着社会的发展，当前我国社会的主要矛盾已经发生了转变，2017年10月18日，习近平同志在十九大报告中强调，中国特色社会主义进入新时代，我国社会主要矛盾已经转化为人民日益增长的美好生活需要和不平衡不充分的发展之间的矛盾。人民对教育的需要，已经不仅仅是获得教育权的问题，当前人们对美好教育的向往，一方面表现为对优质教育资源的获取，另一方面表现为孩子的个性是否得到尊重与发掘。而对小学生进行分类教育与管理，在一定程度上正好满足了人们的需要。分类教育，不是歧视教育，分类教育承认个性差异的存在，并充分尊重个性差异，注重"长善救失"，尤其重视对个体个性中优秀素质的挖掘与培养，分类教育丰富了传统教育公平理念的内涵，使孩子的受教育权和个性开发都得到了保障。

（二）完善班级授课制的功能

1632年，捷克教育家夸美纽斯的《大教学论》出版，标志着班级授课制的理论构建完成。清朝末年班级授课制传入我国，1862年京师同文馆首先采用班级授课制。后来清政府又陆续颁布了"壬寅学制""癸卯学制"班级授课制在中国开始正式推进和普及，后来民国政府又颁布了"壬子癸丑学制",北洋政府时期继续颁布"壬戌学制",直到1922年"六三三学制"颁布,标志着中国近代以来的学制体系建设的基本完成。这些学制都以班级授课制为基础,对国民进行教育。班级授课制的最大优点就是普惠性、公益性、高效性,保证了大多数人有学上、有书读,接受基本的国民教育。其最大的缺点就是批量性、标准性、统一性,极少关注个性特点,不能满足不同个体对不同教育的需求。

新中国的学制改革,首先都借鉴西方的班级授课制模式,其次注重对基础课程设置的全国统一要求,这种影响可以说一直持续到今天,尤其是大多数小学里,依然以语文、数学、英语作为核心课程,并且对学生的评价都是以这三科的成绩优劣作为唯一的标准。而对于美术、音乐、体育、科学等方面的课,依然没能引起教育工作者的足够重视。很显然这与以学生为本,德、智、体、美、劳全面发展的教育观是相违背的。当前,对学生进行分类教育与管理,正是为了弥补班级授课制的不足。通过分类教育与管理,既保证了基础教育其教育公平、教育普惠、教育公益的性质,又可以让"每一个孩子都是天使"的梦想成为可能。

资料链接

黄远远的转变[①]

著名教育家马卡连柯说过:"爱是教育的基础,没有爱就没有教育。"没有爱就没有教育,教育事业是爱的事业,教师职业是爱的职业。作为一名德育工作者,爱的意义显得更为厚重。因为德育工作不仅关系到每一个学生的全面发展,而且关系到每一个学生的生命成长。

我担任六年级班主任时,有个学生叫黄远远,他脾气异常暴躁,经常惹是生非,在班级中影响极为不好。他的一个同伴告诉我:黄远远从来就天不怕地不怕,父母、老师都对其束手无策。听完这个同学的汇报,我深感问题的严峻,更感到自身的责任重大,于是我给自己下了"军令状",天下没有教育不了的学生,任何学生都会有他的可爱之处,无论花再多的时间、再多的心思也必须教育好他,这是一件功德无量的大事。经过细心观察与深入地了解,我发现这位同学虽然脾气暴躁,好惹是生非,但他很讲义气、重感情,而且体育素质相当不错,特别是长跑。

当时,恰逢我校运动会,黄远远同学在800米中取得了第一名的好成绩,在颁奖仪式上,我特别为他颁发奖状,并紧紧握着他的手说:"黄远远,你很了不起,老师十分佩服你顽强的意志,希望我们成为好朋友!"那时,他默默注视着我,手微微颤抖。过后他告诉我:就是那么一句很简单的话,他却记住了我。

[①] 小学班主任班级管理案例研讨[EB/OL]-豆丁网http://bookshelf.docin.com/,2011-10-30.

有一天中午放学时，我刚要下班，他突然到我办公室找我说："老师，我想找您谈一下，您有空吗？"我说："好啊！非常欢迎！我能帮你做些什么事呢？你尽管说，别客气。"他吸了口气说："老师，为什么同学们不喜欢我？都不选我当体育委员？我很生气，也很烦恼，老师，您能帮助我吗？"当他讲完这一番话，我看到了一双充满渴望的眼睛，仿佛看到了一个全新生命的诞生的希望。

于是，我抓住时机，耐心地与他一起分析了其中的原因：首先，我肯定了他在体育方面的优势；其次，让他认识了体育委员必备的品德条件；最后，引导他认识到了自身的不足之处，并鼓励他扬长避短。离开时，我握住他的手，郑重地向他承诺："只要他愿意，随时可以来找我，我一定是他最信得过的好朋友。"这时，我发现他的眼睛亮了，恼怒、不满的情绪没了，露出了微微的笑容，他也认真地向我承诺："今后绝不再惹是生非，有什么不明白的事一定先听老师的意见。"从那以后，他真的进步很大，不久凭借优秀的表现，当上了班级的体育委员，学习也较以前努力了许多。后来，还考上了很好的初中。

多年之后，每当想起这些，我的内心就有无限的感慨：作为一名德育工作者，爱学生，就要爱每一个学生，爱学生的一切，绝不能放弃任何一名学生！放弃任何一名学生，影响的不仅是一个班级、一个年级，将来影响的可能就是一个家庭，一个社会；相反，不舍弃任何一名学生，挽救的不仅仅是一个个体，更是一个家庭的幸福，一个民族的希望。同时，也让我更深刻地体会到了德育工作的丰富内涵，爱字当头的重要意义。

第二节　小学班级中不同学习水平学生的教育与管理

一、优等生的教育与管理

（一）优等生的界定

当前对于优等生的含义，不同学者从不同的角度进行了定义。有学者从素质教育的标准，指出"按照素质教育的标准来看，所谓的'优等生'应是德、智、体、美、劳全面发展的学生，即学生知识全面、品德良好、能力强、学习主动、自我心理调节能力强，热爱劳动，积极参与社会实践等"；有学者按照应试教育的标准，指出"优等生"就是在"应试教育下学习成绩好的学生"。

另有部分学者从成绩优良、自我同一性、社会赞赏这三方面对"优等生"的概念进行了界定,如王一杰将优等生界定为"学习成绩的排名在同年级或同班级前15%,因此受到社会(包括学校、长辈、同辈等)的赏识,且自身对'好学生'的身份也认同的学生"。此外,一些学者使用"尖子生""绩优生"概念来描述"优等生"群体。陈少锋把"具有较高的智力水平,同时学习刻苦并取得优异的成绩"的学生群体定义为"绩优生"。邱中华将"那些对学习具有浓厚的兴趣,有较为广博的学科基础知识和理论,有较强的实验能力和分析问题、解决问题的能力,有较强的学习能力和创造能力的学生"定义为"尖子生"。

国外一些学者将学校中的"优等生"称为"资优生"。他们从学生的特质、测试指标以及鉴别选拔等方面对资优生进行了理论研究。美国伦朱利认为,资优生应当具备高创造力、积极的动机、超常的智力三方面的素质,并且这三方面的素质是相互独立的,在学生的发展中起着决定性的作用。

在国内,薛建平结合我国的国情,强调"资优生,主要是指智商高、学习成绩优秀、思维活跃、具有潜在特质的在校学生群体"[①]。

结合国内外学者的观点,本书的优等生,是指身心正常,学习自觉,努力,且成绩高于班级大部分学生的少数群体。这类学生所占班级的比例通常在10%~15%之间。他们在德、智、体、美、劳等诸方面表现都很优异,是一个班集体的榜样、标兵。

(二)优等生的成因

根据调研,目前我国小学班级里的优等生可以分为两大类:一类是应试教育优等生,另一类是素质教育优等生。两类优等生的成因各不相同。

1.应试教育下优等生的成因

一是"唯分数论"的功利价值取向。在一些地方,小升初,初升高,高中考大学,依然以学生的卷面分作为唯一的录取标准,这让家庭、学校、社会都把对学生的评价标准聚焦到了分数上。而对于学生的品德、实践、创新等核心素养却没给予很好地关注和培养,可以说当前高校唯分数论的录取制度依然主宰着各级各类学校的教育评价模式。"唯分数论"成为优等生的唯一标准,家庭、学校、社会都去追逐高分数。

二是晕轮效应的错误导向。部分教师对学生评价比较单一,认为学生成绩好,其品德也就想当然地好,往往一叶障目不见泰山。还有的老师只看到学生某一方面表现好就认为其整体素质都好,很容易犯下"一美遮百丑"的错误。

三是人为区分与关注。不可否认,由于受应试教育的影响,部分教师很容易形成自己的一套优等生评价标准,他们往往把那些上课认真,又按时完成作业,不迟到,不早退等很守规矩的学生视为优等生。于是,给予这部分学生以很高的关注度,并且在学习中给予很大的帮助。

[①] 薛建平.资优生德育:一个值得关注的课题[J].思想·理论·教育,2004(03):26-29.

2.素质教育下优等生的成因

一是素质教育意识的觉醒。1999年6月,中共中央、国务院颁布《关于深化教育改革,全面推进素质教育的决定》指出:"全面推进素质教育,培养适应二十一世纪现代化建设需要的社会主义新人。"该文件的颁布唤起了人们对素质教育的觉醒,于是从素质提升方面培养优等生,成了人们的教育追求。

二是社会的分层需求。社会分层是西方社会学分析社会纵向结构的一个重要概念,指社会成员依据一定的社会属性被划分为高低有序的不同层次和等级的过程。[1]这种分层的不平等却是社会发展的一种必然,不仅无法避免,而且也是保证社会正常运转所需的。[2]社会发展的多元化需要不同领域、不同层级的人才,而不同领域都想获得相应领域的优秀人才,因此社会分层成为优等生产生的客观原因。

三是个性化教育的需求。个性化教育是小学班级授课制下,"优等生"现象产生的另一重要原因。现代学制虽然解决了教育公平的问题,却难以解决学生的个性化需求,于是部分家长购买优质教育服务,从而满足了孩子的个性化需求,并希望其成为相关知识或技能领域的优等生。

(三)优等生的常见问题

1.自我中心泛滥

所谓"自我中心"是指凡事都只希望满足自己的欲望,要求人人为己,却置别人的需求于度外,不愿为别人做半点牺牲,不关心他人痛痒,表现为自私自利,损人利己。持有这样价值观的人,对完善自我的灵魂或精神没有追求,只对自己的利益有着浓厚的兴趣。优等生十分清楚自己在班上获得的优待,他们会在班主任老师的面前表现积极主动,他们害怕其他学生取代自己在老师心中的地位,于是有些优等生显得更加地自私自利,以满足自我为中心。

2.道德冷漠

优等生因为自身的优势,很容易不把其他表现普通的同伴放在眼里,他们往往为了自身的利益需求,忽视对其他同学的帮助,甚至不惜伤害其他同学的自尊心,比如在集体活动中放弃表现一般的同学,在生活中不与表现平平的学生交往、玩耍,不与成绩糟糕的同学同桌等。

3.特权意识固化

官本位的思想在小学的班级往往有了雏形,尤其是有些长期担任班长职务的优等生,随着时间的推移他们有着强烈的特权意识,在同伴关系中常会利用班长职务来维护自己在班级中所享受的各种特权。他们会首先得到班主任的信任、赞赏、提拔、评优等,而且他们认为这是自己应该得到的,其他同学是不可以与其竞争的。

---

[1] 徐瑞,刘慧珍. 教育社会学[M]. 北京:北京师范大学出版社,2010:140.
[2] 戴维·波普诺. 社会学(第十版)[M]. 李强,等译.北京:中国人民大学出版社,1999:256-257.

4.性格缺陷

通过调研,发现部分优等生还有性格上的一些缺陷,比如:优越感太强、高傲、妒忌心严重、依赖性强、缺乏抗挫折力等。还有部分优等生对自己的父母只求索取不感恩,对老师不尊敬,对同学不友好等。

(四)优等生的教育策略

比起把学困生培养成中等生、中等生培养成优等生来说,让优等生一直保持"优"的水平其难度会更大,所以对优等生的培养更要讲究策略。

1.对优等生进行挫折教育

优等生由于长期生活在掌声与鲜花里,所以对本应出现的正常挫折缺乏一定的抵抗力。在平时的教育中,教师应教育学生客观地看待和应对手中的荣誉和失败,教导他们在荣誉面前少沾染功利主义的社会陋习。回避法、自我安慰法、幽默法、补偿法、升华法、宣泄法等都是挫折教育常见的方法。

2.对优等生进行生命教育

生命教育,即直面生命和人的生死问题的教育,其目标在于使人们学会尊重生命、理解生命的意义以及生命与天、人、物、我之间的关系,学会积极的生存、健康的生活与独立的发展,并通过彼此间对生命的呵护、记录、感恩和分享,由此获得身心和谐,事业成功,生活幸福,从而实现自我生命的最大价值。[①]优等生的自尊心太强,在面对失败与打击时,抗挫折能力较弱很容易走上极端,比如抑郁、自杀、怀疑自己等。而这却是对生命的轻视,所以对优等生进行生命教育显得十分重要。

3.对优等生进行考试心理指导

客观应对考试成绩,学校尽可能地减轻应试教育下考试分数对学生带来的心理压力。尤其是优等生,为了考第一或获得"三好学生"等荣誉,他们往往会受到考试焦虑或失眠等心理问题的困扰。学校应对其进行考试指导,教会他们客观看待考试成绩,放平心态应对考试。部分老师、家长用过度的物质奖励来博取孩子的考试分数,这些做法都是不对的。

4.对优等生进行交往指导

在班级管理中,班主任应指导优等生多参与公益活动、班级活动、学校活动,或指导其培养自己的业余爱好,如篮球、乒乓球、足球等。优等生应放下自己的自傲心理,多与其他同学交流,多帮助学习困难的学生,从而培养自己宽广的胸怀。

---

① 生命教育.搜狗百科.https://baike.sogou.com/

二、中等生的教育与管理

(一)中等生的界定

本书的中等生,是指身心正常,学习较自觉,较努力,且成绩处于中等水平的班级大部分学生群体。这类学生所占班级的比例通常在70%~80%之间。

(二)中等生的成因

笔者认为导致中等生产生的因素很多,但总的来说主要有四点:一是应试教育下"唯分数论"的人为划分;二是教师的期望值不高;三是个体的自我效能感低下;四是个体客观存在的优势未被发掘和培养。

(三)中等生的常见问题

1. 自我意识不强

自我意识是对自己身心活动的觉察,即自己对自己的认识,具体包括认识自己的生理状况(如身高、体重、体态等)、心理特征(如兴趣、能力、气质、性格等)以及自己与他人的关系(如自己与周围人们相处的关系,自己在集体中的位置与作用等)。自我意识具有意识性、社会性、能动性、同一性等特点。[1]中等生对自身的优点和缺点没有准确的认识,他们通常以老师、家长和同伴的评价为准。小学生对自身的特长缺少明显地察觉,他们也不懂怎样去认识真实的自我,这是很正常的。

对于中等生来说,他们对自我的认识,主要还是从家长、老师那里获得,而这二者的判断往往又缺乏真实性、全面性。有的老师用应试教育的标准去统一评价不同的孩子,这样得出的结果当然有失偏颇。而有些家长对自己孩子的认识和评价,习惯于以学校老师的评价为准,自己却并不真正了解自己的孩子。对于小学班级里的中等生,只有家长、老师认真地分析,才有可能让他们对自身的特点有一个正确的认识。

2. 主动意识不足

主动性也称主观能动性,亦称"自觉能动性",它指人的主观意识和实践活动对于客观世界的反作用或能动作用。主观能动性有两方面的含义:一是人们能动地认识客观世界;二是在认识的指导下能动地改造客观世界。[2]在学习和实践活动的参与方面,中等生的主动意识不够强,他们习惯于被动地接受老师、家长、班干部等的安排。他们认为只要按照老师的要求去做事,不犯错误、不被老师批评即可。同样,他们也不希望得到老师特别的表扬和关注。

3. 自我效能感低

20世纪70年代,班杜拉首次提出的自我效能感,是指一个人在特定情景中从事某种

---

[1] 知乎.自我意识[EB/OL].https://www.zhihu.com/question/273021683/answer/370375615
[2] 知乎.主观能动性[EB/OL].https://www.zhihu.com/question/273021683/answer/370375615

行为并取得预期结果的能力,它在很大程度上指个人对自我有关能力的感觉。中等生,由于每次考试都在班级的中间位置,或者,每次参加各项活动也都是成绩平平,加上老师和家长也没有认真发掘其自身的优势,于是,他们就更加肯定自身的平庸、智力的普通等。他们甘愿平庸,自认为自己智力一般,无法看到自己的优势和特长所在。

4.成败归因错误

美国心理学家伯纳德·韦纳认为,人们对行为成败原因的分析可归纳为以下六个方面:能力,根据自己评估个人对该项工作是否胜任;努力,个人反省检讨在工作过程中是否尽力而为;任务难度,凭个人经验判定该项任务的困难程度;运气,个人自认为此次各种成败是否与运气有关;身心状态,工作过程中个人当时身体及心情状况是否影响工作成效;其他因素。中等生总把自己的成败归结为先天的智力普通或能力有限。不能从自身的努力与否等方面进行归因。

(四)中等生的教育原则

1.因材施教原则

因材施教,是指教师从学生的实际出发,使教育教学的深度、广度、进度适合学生的知识水平和接受能力,同时考虑学生的个性特点和个性差异,使每个人的才能、品行获得最佳的发展。由于中等生人数较多,教师在实施教育的时候,很容易犯"一刀切"或"一锅煮"的错误。因此教师应该考虑这个大群体中不同个体的个性特征,要根据学生的个性不同、基础不同,而采取不同的教育方法,并为他们指明不同的发展方向,提出不同的教育要求。同时,教师要进行培养、跟踪和监督,才会真正实现因材施教的应然教育目的。

2.长善救失原则

《礼记·学记》:"知其心,然后能救其失也,教也者,长善而救其失者也。"是说教书的人要善于发现学生的长处,并能引导学生纠正自己的错误。对于中等生来说,最重要的是要发现他们的长处,尤其是学习、生活中的哪怕微小的闪光点都要去发掘,让其呈现"燎原之势"。对他们的不足,要及时发现,并施以正确的方法加以引导和补救。

3.罗森塔尔效应原则

罗森塔尔效应给教育者的启示就是在学习上一定要充分地信任孩子,尊重孩子,相信他们一定能行。对中等生的教育一定要真诚、耐心、信任。在罗森塔尔看来,孩子是没有优、中、差等级之分的,孩子只有不同的个性差异罢了。因此,教师在教育学生时,一定要给予学生肯定,帮助学生树立信心。

4.教育机会均等原则

孔子很早就提出了"有教无类"的教育思想,他从受教育权的角度,告诉每一个教育工作者,给予孩子的爱和关注是不能分等级的。给中等生更应充分地关注,让他们在课堂、活动、实践等方面都有展现的机会,不是所有的机会都只能是给优等生的,或者所有的帮助都只能是针对学困生的,中等生理应获得应有的关注和表现的机会。

(五)中等生的教育策略

1.注重自主意识的培养

关于自主意识的培养,首先必须激发其自我表现的欲望。教师可以采用目标分层法,用实现小目标作为中等生成功的开始,进而完成较高难度的任务,一步步树立其信心。其次,教师应该提供或者创造机会,让中等生有充分的展示平台。平台对于人的发展有时起着至关重要的作用。再次,老师应该鼓励中等生多与优等生交流,在交流中培养自信心。最后,还要培养中等生的责任意识。有了责任意识,再重的任务也能出色完成;没有责任意识,再轻松的工作也做不好。学习也罢、班级事务也罢,是所有学生分内应做的事情,是学生应承当的责任。因此要特别注重让学生参加实践,让学生在做中学,让学生从小就有对自己负责、对他人负责、对集体负责、对社会负责的意识。对于班集体的事不要总是认为自己平庸,就不需要主动参与做事或者承担任何责任。

2.注重非智力因素的发展

许多中等生的智力是很不错的,但为什么学习成绩不是很好呢?其根本原因就是不注重非智力因素的培养与发展。部分中等生之所以"中"就是因为自身对于学习没有持之以恒的意志力。另外,他们对自身的要求也不高,缺乏学习的动机和兴趣,学习不用心,想要达到"博学之,审问之,慎思之,明辨之,笃行之"的层次就更难。古语"勤能补拙""笨鸟先飞"充分地说明了,对中等生的教育重在非智力因素的挖掘,重在意志力、毅力的培养。

3.注重多元智力的发掘

1983年,加德纳教授在《心智的结构》一书中明确提出人的智力是由言语——语言智力、逻辑——数理智力、视觉——空间关系智力、音乐——节奏智力、身体——运动智力、人际——交往智力、自知——自省智力、自然观察智力八种智力构成。加德纳认为,单纯依靠使用纸笔的标准化考试来区分儿童智力的高低,考查学校教育的效果,甚至预言他们未来的成就和贡献,是片面的。[1]中等生其实和优等生一样,也是有许多优点值得挖掘的。作为教育工作者,应改变教育观念,尤其是学生观的改变,要把每个学生都当作是独立个性的个体、完整的个体、发展的个体来看待,更多地发掘中等生身上还没有发现的智能,促进中等生的健康全面发展。

4.注重激励与评价机制的运用

从当前的教育来看,中等生之所以"中",还与不合理的教育评价机制有很大的关系。对学生的评价本应该是综合的、全面的。当前的问题是,中等生没有得到符合其自身实际的评价,他们往往成了"唯分数论"评价标准的牺牲品。因此,要改变这一现状,基于多元智能理论,应建立多元的评估体系,让中等生也看到自己的优势和独特之处。另外,教师的激励、期待等也很重要,所以教师在工作中应该与中等生多沟通、多发现他们的长

---

[1] 加德纳.多元智力.搜狗百科[EB/OL].https://baike.sogou.com/v523006.html.

处,增强他们的自信心。

三、学困生的教育与管理

(一)学困生的界定

本书所指的学困生,是身心正常,学习不自觉,不努力,且成绩低于班级大多数学生的少数群体。这类学生所占班级的比例通常在10%~15%之间。本书把学困生分为两大类:一类是学习困难、品行端正,另一类是学习困难、品行不端正。

(二)学困生的成因

调研发现智力正常的学困生其产生的主要原因是家庭教育或学校教育的不当。概括起来主要有:"唯分数论"的应试教育,家长"读书无用论"的观点,社会风气轻视文化教育等因素。

(三)学困生常见问题

1. 心理障碍

学困生心理障碍主要有:感统失调、注意缺陷、多动、自闭、抑郁、敌对、敏感、焦虑、习得性无助、自我效能感低下等。

2. 行为障碍

学困生行为障碍主要有:怕苦、怕累、怕难、贪玩、依赖性强、骄横、任性、意志薄弱等。

(四)学困生的教育原则

1. 尊重性原则

根据马斯洛需要层次论,人人都有尊重和爱的需要,人与人之间在人格上是平等的。尊重原则是指老师对学困生实施教育时,应淡化教师的权威,尊重被教育者,也就是尊重学困生的人格,激发其自尊、自爱。一般来说,学困生都有较重的自卑心理,他们总觉得自己不如别人,但同时又有较强的自尊心,对老师的当面批评或指责,会产生逆反心理和厌烦情绪。所以,当班主任与学困生谈心时,一定要放下架子,否则,会使师生关系陷入僵局。对学困生进行教育时,必须坚持平等尊重原则,使他们感到老师可亲、可敬,缩短师生心理差距,从而达到良好的教育效果。

2. 真诚性原则

《庄子·渔父》:"真者,精诚之至也,不精不诚,不能动人。"《中庸》:"自诚明,谓之性。自明诚,谓之教。诚则明矣,明则诚矣。"都说明了真诚对于教化人的重要性。对学困生教育的基础就是多给予关心、理解、信任。对于一个学困生而言,他需要的可能不是成绩的优异,需要的是教育工作者的真诚。为此,教师应多给他们一点关心,多去了解他们。

真诚原则是对学困生教育与转化工作取得实效的一个关键点。实践表明,最难教育的学困生也能在教师真诚的语言下被感化、被融化。

3. 激励性原则

埃里克森人格发展八阶段理论的第四阶段即勤奋对自卑冲突,说明了小学生自卑心理的形成与教师的鼓励与否有着直接的关系。所以激励、鼓励、积极的期待等依然是小学生最重要的教育原则。激励原则是指在学困生的教育和转化过程中,要注意激发和鼓励学生,促进学困生的自我转化。学困生的转化,外因是条件,内因是主体,只有其受到激励,才能使主体得以真正的改变。因此,在与学困生谈心时,教师要多给予鼓励,坚持正面引导,不说伤害学困生自尊心的话,更不可体罚之,要特别注意抓学困生的闪光点给予充分肯定,从而使学困生既看到成绩,又找出不足,增强其奋进的信心。

4. 合力性原则

合力原则是指在学困生教育过程中,应注重家庭、学校、社会等方面的协同作用,充分发挥各方面的力量,使之形成合力。同时,还要充分发挥学生的自我教育与集体感化作用,充分发挥任课教师的德育渗透功能,充分发挥同学、同伴的影响功能。值得注意的是,实施合力原则应注意教育目的的一致性和教育方法的多样性,不可"同吹一把号,各吹各的调",这样无法形成合力。

(五)学困生的教育策略

1. 创设体验成功的机会

为学困生创造体验成功的机会,让他们在学习活动中有更多的成功体验,而非失败的痛苦体验。在教学中,可安排一些难易适中且学生经过一定努力可以完成的教学任务,以帮助学生有效地形成良好的学习自我效能感。在制定学习目标时,着重制定一些具体的、近期的学习目标,使学困生能够比较容易地观察到自己在学习上所取得的进步,增强学习自我效能感;而学习自我效能感的增强反过来又促使学生为自己设定更富有挑战性的目标,如此循环,学困生的学习成绩会不断提高。

2. 建立宽松、和谐的师生关系

情绪状态也会影响其自我效能感的形成。当人们心情处于过分紧张状态时,获得成功的能力判断水平要比心平气和时差得多。学困生本来成绩就不理想,如果教师经常采用指责、讽刺、辱骂等不恰当手段,会使他们在学习过程中处于一种紧张、焦虑的情绪状态,导致师生关系疏远,甚至对立,这些都不利于他们自信心和主动性的形成。教师要采用恰当的方式与学困生平等交往,建立一种互相支持、互相理解的师生关系,在师生间形成一种良好的合作关系,让学困生在教学活动中能以一种比较轻松的情绪状态投入学习,提高学习效率,增强自我效能感。

3. 培养良好的学习策略

研究表明,学生的自我效能感、学习策略、学业成绩之间存在显著正相关。自我效能感高、学业成绩好的学生,往往具有较高的学习策略运用水平;而自我效能感低、学业成绩差的学生,策略运用也比较低。在教学过程中,教师可以根据学困生的不同情况,培养其搜集信息、记录、复述、确定学习目标和计划、复习、检查等学习策略,变机械学习为有意义学习,使其学习效果更佳,从而增强自我效能感。

4.培养问题解决能力

学习能力的培养重在学习思维的培养,思维的培养又体现在解决问题的过程中。老师可以充分利用课本中的习题与例题,培养学困生的独立思考能力和问题解决能力。比如数学问题的解决,其目的在于培养学生的推理与逻辑思维,教师就要善于开启学生,并鼓励他们通过其自身的努力去解决在学习中遇到的问题,让其亲身去体会学习的乐趣,养成独立解决问题的习惯。

第三节　小学班级中特殊情况学生的教育与管理

一、留守儿童的教育与管理

(一)留守儿童的界定

本书的留守儿童是指,年龄在6~12岁之间,因父母的谋生或工作的需要,被寄养在祖父或外祖父辈、伯、叔辈以及其他亲戚关系、朋友关系家的孩子。根据留守地域不同,留守儿童可分为:农村留守儿童和城市留守儿童。根据父母工作性质不同,留守儿童可以分为:打工族留守儿童和上班族留守儿童。本书主要研究农村打工族留守儿童。

(二)留守儿童的成因

关于留守儿童的产生,学者们的研究比较多。归纳起来,其主要原因是我国经济快速发展和城镇化进程的加快,从而导致广大农村剩余劳动力常年进城务工谋生,而经济发达城市又不能为大量农民工子女提供必要的基础教育和学前教育资源,其子女就只能滞留在农村的老家里,于是产生了大量的农村留守儿童。

(三)留守儿童常见问题

通过分析发现,近十年我国农村留守儿童学习与发展问题研究主要围绕在农村留守儿童身心健康现状与对策研究、家庭关怀与生存状况研究、社会支持与保护研究、教育公平和基本权益保障研究以及学校教育管理研究五个领域。[1]当前农村留守儿童的常见问题主要有:

---

[1] 刘隽,范国睿.农村留守儿童学习与发展问题研究热点与发展知识图谱[J].教学与管理(理论版),2019(03):19-23.

1.社会怀疑较重

留守儿童因缺少亲情而产生对社会的怀疑感,这主要是因为父母常年不在家,客观上他们没有获得父爱、母爱的机会,于是失去对社会的热爱与信任。而根据以往的研究显示,对社会失去热爱与信任的孩子,产生不良社会行为的趋势会明显增强。

2.心理自负较强

个体的自负心理一般表现为:封闭自己,排斥别人,过于自信或过于自卑等。留守儿童易出现自我封闭、自惭形秽、自高自大等问题。自我封闭是因为他们缺少交流与倾诉的对象,自惭形秽是因为他们缺少父母的关爱与呵护,自高自大则是他们缺少良好的家庭教育等。这类孩子在学校通常是心理有问题的典型学生群体。

3.学习逃避增多

一方面,受父母文化程度不高照常可以打工为生的影响,一些留守儿童认为只需混完小学或初中,就可以外出打工或谋生;另一方面,受应试教育的影响,一些留守儿童还不能从较深刻的意义上去理解"读书提高生活品质""读书提高个人修养"等的真正含义。于是新"读书无用"的思想就在他们的头脑中形成,而"读书无用"思想很容易让他们在学校养成厌学、旷课、逃学等不良学习行为,有的甚至还发展到偷窃、打架、斗殴等不良社会行为。

4.手机游戏普遍

新时期,手机游戏成了小学生上课之余休闲的首选。而留守儿童因为没有父母的陪伴和监控,他们用在手机游戏上的时间会更多。手机游戏以其刺激、新鲜、离奇等特点让失去监管和自控力的孩子陷入其中不能自拔,而留守儿童深陷手机游戏的现象更为普遍。

(四)留守儿童的教育原则

1.关爱性原则

对留守儿童的心理学研究发现,留守儿童的抑郁、焦虑、冲动等问题比较突出,而抑郁问题尤其严重。[1]抑郁症的主要原因之一就是亲子感情的缺失。所以给予留守儿童的教育首先要遵循爱的原则,使其在师爱中找回心理上对爱需求的平衡,从而培养其完整的人格。根据马斯洛的需要层次论,留守儿童在爱与尊重上的需要是比较欠缺的,所以,对留守儿童的教育一定要践行师德标准,注重爱与尊重的教育。

2.开放性原则

针对留守儿童的自负心理,教师在对其教育时,应注重加强留守儿童人际交往与沟通能力的培养。让留守儿童敞开心扉,用阳光、积极、开放的心态主动与身边的同学、老师、邻居交往,从而形成积极进取的人生态度。开放性原则还体现在,让留守儿童多接触

---

[1] 梁娟.留守儿童心理健康对教育教学的启示——留守儿童抑郁和相关影响因素研究综述及讨论[J].语文教学通讯,2019(02):42-44.

大自然,多参与社区、学校、班级组织的各种公益活动、节庆活动等。

3. 自立性原则

通过调研发现,如果加强对留守儿童自立、自强、自信等励志教育,他们在学习、生活、社会适应等方面的表现最终与其他孩子区别不大,而且有的甚至比其他孩子做得更好。留守儿童的成长问题主要是对不利环境的选择与应对,如能教育其主动积极地去选择与应对,不利环境对留守儿童的成长反而是一种历练和帮助。所以,对留守儿童的教育,自立性原则非常关键。

4. 精准性原则

精准性原则是指对留守儿童的教育与帮扶应该定人、定性、定位。即在留守儿童的教育与帮扶上一定要精确到帮扶人数、帮扶内容、帮扶目标等方面。在以往的做法中,人们往往在经济援助、物品捐资方面进行得多,而对个性缺陷、个体行为问题等方面的帮助不够具体和精准,对要达到的目标也没有严格标准,以至于对留守儿童的帮扶教育"治标不治本",所以当前对留守儿童的教育和关爱一定要做到精准、精确。

(五)留守儿童的教育策略

1. 心理健康跟踪法

心理健康跟踪法,是指对留守儿童心理发展的主要方面进行详细的记录和跟踪,一般主要针对个性、自我意识、能力等方面的跟踪。在跟踪的过程中,对学生相关方面出现的问题进行及时的治疗和纠错,严重的还要进行心理咨询和药物治疗。其次,跟踪法的宗旨还在于能自始至终地对某些有严重心理问题的留守儿童进行长期的关注和治疗,甚至可以从小学、初中、高中、大学进行全程地追踪和帮助。这当然是一个漫长而艰难的过程。

2. 同伴协助激励法

同伴协助激励法,是指让班级的同学或同伴共同帮助留守儿童成长,让同学、同伴发现留守儿童自身的优点,班主任直接介入并进行激励的一种教育方法。留守儿童由于没有父母的关爱,对自身的优点和特长缺乏了解,而同伴、同学却很容易发现。班主任应多从留守儿童的身边伙伴、要好同学处获得留守儿童的优点,抓住了闪光点教育起来就比较得心应手了。

3. 家校合作教育法

家校合作教育法,是指家校合作共同对孩子进行教育。由于留守儿童的家长常年在外务工,当前的做法主要是建立微信群,班主任每周或每月将孩子的表现发在微信里,让家长及时了解孩子的学习、生活动态,实现家校共育。有些学校也通过与留守儿童家长或临时监护人沟通、交流,及时了解留守儿童的心理发展变化,积极引导留守儿童走出困境,使留守儿童乐观、阳光地生活和学习。还有些学校将现有教育网络变成连接社会、家长与学校联系沟通的中心,开发家庭教育资源,转变家长育子观念,形成家庭、学校真正意义上的齐抓共管、合作育人。

4.政府介入法

政府应努力增加就业岗位,帮助留守儿童父母不再外出务工,使他们获得与孩子交流沟通的机会,而孩子又能得到父母更多的情感支持。同时,政府还应净化小学周边的治安环境,如卫生、交通、娱乐场所、食品等的安全治理,还要防止不法分子对留守儿童的引诱、陷害等。同时,社区或村委会应创建留守儿童之家,给孩子以家庭式的关爱。

【案例探析】

留守儿童需要关注[①]

魏俊龙同学今年八岁了,由于频繁转学而成为问题学生。在家里是独生子,父母常年外出打工。从小在爷爷奶奶呵护下长大,由于是男孩,更是得到奶奶无微不至的关怀和溺爱,谁也不能碰他一下,谁也不能骂一句,再加上家庭优越的物质条件,使他养成了固执、偏激、倔强的性格,办事不爱动脑,我行我素,不计后果,出了问题又缺乏责任感,表现出逆反心理。另外,在学习上缺乏自觉性,老师布置的作业完成了,多一点也不想做,没有毅力克服学习上的困难,根基打得不牢,学习成绩处于下游。做了错事,不接受批评,不让人家说,表现出较强的虚荣心和反抗心理。

魏俊龙虽然是留守儿童,但从小娇生惯养,被捧为掌上明珠,凡事随心所欲,被家庭主要成员所溺爱,过于放纵,使他过着衣来伸手、饭来张口的生活。缺乏自理能力,养成了依赖别人的惰性心理。在班级里,学习成绩不好,又缺乏认真、刻苦的学习精神,对较难的问题不愿意动脑筋,又不肯问别人,不懂装懂,长此以往,产生了自卑心理。

讨论:

从当前的教育实践来看,留守儿童的常见问题有哪些?

二、特殊需要儿童的教育与管理

(一)特殊需要儿童的界定

特殊需要指的是人基于个体差异的独特性对其生命存在、延续和发展的特殊条件的依赖性。[②]特殊需要儿童指的是基于个体身心差异的显著性,为了获得身心的充分发展,在学习上有着特殊需要的儿童。[③]本书的特殊需要儿童主要是指:年龄在6~12岁之间,

---

[①] 留守儿童个案分析.百度文库[EB/OL].https://wenku.baidu.com/.
[②] 盛永进.特殊教育学基础[M].北京:教育科学出版社,2011:7.
[③] 盛永进.特殊教育学基础[M].北京:教育科学出版社,2011:14.

包括超常儿童和障碍儿童。超常儿童是指智力明显高于同龄者水平（智商130以上），或在某一方面有特殊才能的学生。[1]障碍儿童主要是指残疾儿童和问题儿童。残疾儿童主要是指有视力残疾、听力残疾、言语残疾、肢体残疾等缺陷的儿童；问题儿童主要是指有多动症、自闭症、抑郁症等心理障碍的儿童。

（二）特殊需要儿童的成因

1.遗传因素

遗传方面如家族中有人曾患某种神经症或精神疾病（如精神分裂症等）、学习障碍（尤其是阅读障碍）、各种残疾及过敏中毒史的，则其他成员发生此类疾病的危险性较高。个体遗传物质决定障碍儿童发生的易感性和可能性，从遗传学的角度，一些个体伴随有障碍是因为他们自身或是父母的遗传物质对某些不良环境因素表现出易感性，抵抗力不强导致的。这些个体的遗传物质表现出基因多态性。[2]

2.环境因素

环境的因素，一方面是来自孕妇的，如：孕妇疾病、不良生活习惯、接触有害物质、产程不良等，当然还包括如孕妇酸中毒、胆红素升高、机能失调、大龄妊娠等带来的问题；另一方面是来自个体本身的，如新生儿疾病、机械性损伤、营养物质代谢失衡以及激素、递质代谢异常等。当然，环境因素还包括个体后天受到的教育影响，如个体家庭教育的缺陷、同伴资源的缺乏、家庭教养方式的不当等。最后还应包括自然环境污染和社会环境不良等。

（三）特殊需要儿童的特点

1.超常儿童

不同的超常儿童，具有不同的超常特点：有的具有超高的智商，有的具有卓越创造和生产性思考能力，有的在语言或数理逻辑方面具有非凡的才能，有的在艺术创造和表现上有着超高的天赋等。

2.智障儿童

感受范围狭窄，反应较迟钝；运动笨拙，协调性差；注意分配和转移较差；分析、综合等抽象概括能力弱；记忆速度慢、容量小；意志品质弱，易疲劳。

3.多动症儿童

智力基本正常，具有良好的大运动能力；交流有障碍但不严重；注意力缺乏，在注意的集中性、持久性、转移、分配及容量储存等方面都有缺陷；多动、冲动。

---

[1] 盛永进.特殊教育学基础[M]北京：教育科学出版社，2011:104.
[2] 王和平.特殊儿童的感觉统合训练[M].北京：北京大学出版社，2011:6.

4.学习障碍儿童

学习活动笨拙、缓慢、知觉动作不协调;注意广度小,持续时间短,缺乏持久性和合理分配;记忆容量小,保持性差;缺乏毅力,坚持性差,情绪不稳定。

5.自闭症儿童

社会交往障碍;语言发展障碍;行为与兴趣异常;感觉统合失调等。

6.脑瘫儿童

运动能力差,姿势异常;视觉、听觉异常,触觉、前庭觉异常敏感或迟钝,本体感觉不足;发音不清,重者完全无语言能力;注意、记忆、思维能力,根据脑部损伤程度不同存在极大差异,总之都比较低下。

7.盲聋哑儿童

眼盲儿童主要是视觉障碍,耳聋儿童主要是听觉障碍,声哑失语儿童主要是发音器官障碍。总而言之,这三类儿童由于不同的感官障碍,其在思维力、分析力等方面比正常人要低下,且性格孤僻,情绪不稳定等。

(四)特殊需要儿童的教育原则

1.无歧视原则

无论针对哪一种特殊需要的学生,教师都应该同等对待。这体现了现代教育的包容、全纳、共同发展等特点。另外,特殊需要儿童尤其应得到老师的包容与爱,得到全社会对其的理解与尊重,社会还应对其提供照顾性质的教育和就业机会。当然,无歧视原则已成为当前特殊教育中最重要的教育原则之一。

2.差异性原则

差异性原则指的是根据学生的个别差异性,确定教学目标、筛选教学内容、选择教学进度和教学方法等,以此满足每个学生心理发展的需要。对于有不同障碍的学生来说,这具有很重要的意义。因为障碍不同,每个个体的身心需要就不同。另外,对于同样的障碍由于其障碍的性质、时间、程度不同也存在着不同的教育和教学。所以,在对特殊需要儿童的教育教学中,遵循差异规律、尊重差异需要显得非常重要。

3.适宜性原则

适宜性原则指的是在对特殊儿童的教育中,要根据其能力接受的程度来实施相应的教育和教学。对于身心有障碍的儿童来说,一般在适宜性方面,教师应尽可能多考虑学习的目标是否太高,学习时间是否太长,学习强度是否太大,学习材料是否太难,学习任务是否太重等。

4.补偿性原则

补偿性原则指的是在教学中充分发挥官能互补的作用,根据身心发展规律,当机体某一方面的机能受损甚至缺失后,可以通过其他方面的超常发展得到部分补偿。如失明者通过听觉、触觉、嗅觉等方面的超常发展得到补偿。这也是特殊儿童能得以进行教育的重要理论依据,所以教师在实施教育教学时,要充分挖掘学生健康器官的功能。当然,还应重视心理方面的补偿,只有生理补偿和心理补偿结合好了才是最好的补偿。

(五)特殊需要儿童的教育策略

1. 全纳教育

全纳教育是一种新的教育理念和教育过程。1994年,在西班牙萨拉曼卡召开的《世界特殊需要教育大会》上首先其次提出。全纳教育作为一种教育思潮,它容纳所有学生,反对歧视排斥,促进积极参与,注重集体合作,满足不同需求,是一种没有排斥、没有歧视、没有分类的教育。[1]这是从教育理念、教育思想上首先肯定对特殊儿童的尊重与接纳,也是人类追求自身解放、追求教育公平的人权体现。全纳教育思想提倡普通学校要给有特殊教育需求的学生提供学习机会,容纳所有的学生。这就要求教育行政部门、学校、教师等一起行动起来共同重视和接纳特殊需要儿童。

2. 随班就读

随班就读是指特殊儿童在普通教育机构中和普通儿童一起接受教育的一种教育形式。对随班就读的学生除了按普通教育的基本要求教育外,还要针对随读生的特殊要求提供有针对性的特殊教育和服务,对他们进行必要的康复和补偿训练,努力使他们和其他正常学生一样学会做人、学会求知、学会创造等,让他们今后自立、平等地参与社会生活。[2]随班就读强调对部分特殊需要儿童,可直接与普通孩子在同一所学校或者同一个班级学习,他们不需要进入单独的特殊学校学习。随班就读从根本来说,依然是强调对特殊儿童的平等对待,对特殊儿童的特别关注。另外,随班就读也重视对那些有过犯罪经历孩子的接纳。

3. 个别教育

个别教育又叫个别教育方案,是指为某个特殊需要学生制订的旨在满足其独特教育需要、具有授权性的书面指导性教育文件,清晰而详细地阐明了一名障碍学生所应接受教育的计划和相关服务。[3]美国的个别教育方案在性质上是国家以法律的形式规定对身心有障碍的学生进行教育,它具有法规的约束性。这种教育方案的渊源当然与美国的道尔顿制、文纳特卡制、程序教学、非指导性教学等都有很大的关系。它的本质是强调根据学生的特殊需要来制订教育计划,并对计划进行全程监督和指导,并尽量达到预期的教育目的构想。这种教育策略对身心有障碍的儿童来说,无疑是最好的选择。

4. 合作教育

合作教育是指由两位教师合作共同对学生进行教育。通常一位是普通教师,一位是特殊教育教师或其他专业人员。合作教育避免了一个教师既要应对普通学生又要应对

---

[1] 全纳教育.搜狗百科[EB/OL].https://baike.sogou.com/.
[2] 随班就读.搜狗百科[EB/OL].https://baike.sogou.com/.
[3] Bateman,B.D,Herr,c.M.Writing measurable IEP goals and ojectives [M].Verona,WI:At-tainment Company,2006:26.

特殊需要儿童时的尴尬和无助。让随班就读或者特殊学校的课堂或者班级管理有了完整的教育体系。

【案例探析】

用爱为她撑起一片蓝天[1]

初识残疾儿童

新学期开学了,根据学校的安排,我担任一年级(2)班的语文教学和班主任工作。当一群活泼可爱的孩子陆续出现在我的面前时,我下定决心一定要把这些孩子教育好。可是,不到一个月,意外的情况出现了。

一天,方某的父母搀扶着一位瘦瘦弱弱的小姑娘,来到我的面前说要报到,我顿时傻了眼。我清楚地看见这位长相清秀、性格胆怯的小姑娘用一种十分畏惧的眼神看着我,好像是在说:"老师,我想读书,你能收下我吗?"经过和家长交谈我了解到,这位小姑娘是方某的姐姐(下文称方某某),因患脑瘫,智力发育低下,不能正常行走,必须有人搀扶,双手也不能像常人一样伸展。看着家长和小姑娘的祈求的眼神,我决定坦然地面对现实,接纳这个可怜的小女孩。从此,我的新学期的教育教学工作,就与这一个残疾儿童结下了不解之缘。

爱心融入集体

学生的学习生活开始了,可是这个残疾的孩子却无法像正常的学生那样投入到学习之中。她因为无法正常行走,自己不能上下楼梯,解决不了"方便"的问题。所以每天是她的奶奶天天到学校来陪她解决"方便"的问题。但是,有时她的家长没有按时到校,当她想"方便"时,我就及时扶她上厕所,同学们都看在眼里,以后我们班的女生都会主动地扶她到厕所,这样就避免了尴尬的事情的发生。在我们全班同学的关心下,慢慢地她的脸上有了笑容,不再那么胆怯。

由于她的双腿残疾,不能像正常儿童一样参加体育活动。但是,如果每次活动她都不参加,无形中就把她和班集体分离开了,如果这样她会越来越自闭,越来越自卑。为了让她逐步树立自信心,我力争让她参加力所能及的活动。今年学校召开春季运动会,毋庸置疑,她是没有资格参加的。但是,为了让她也能感受到开运动会的乐趣,我依然安排了她的任务:当啦啦队员!当我们班同学在认真比赛广播操时,她就在场下用她那不清楚的语言大声地给同学们加油。当我们班获得了广播体操第一名的时候,回到班里,我没有首先表扬运动员,而是,首先赞扬了她的加油声,为运动员获得了好成绩做出的贡献(虽然有些夸张),当同学们为她鼓掌的时候,我看到了她的脸上露出

---

[1] 全纳教育.搜狗百科[EB/OL].https://baike.sogou.com/.

了幸福笑容。因此,我知道了这些特殊孩子更需要老师和同学们的关爱,在爱的鼓舞下,消除他们自卑的心理,从而激发积极向上的活力,让随班就读学生的生活里也同样充满阳光雨露。

激励获得自信

要想让随班就读的特殊孩子有更好的发展,不能简单地只看她们的学习成绩,培养她们的自信心才是最重要的。让她们充满自信,抬起头来走路,对她们一生的发展至关重要。培养自信心的关键是创造机会让这些孩子尝到成功的喜悦。

经过一个多月的学习,方某某渐渐适应了学校生活。每天上课时,她总是非常安静地坐在教室里,她很乖,可以一节课动也不动地坐下来,专心致志地听我讲课。书写生字时,她的小手一笔一画地写着,瞧着她的认真劲,我非常感动,随即在全班表扬:"同学们,你们看方某某学得多认真!"听到老师的表扬,她只是憨憨地笑一笑。尽管她的作业书写很慢,但每次作业她都会尽量交上来,看着她歪歪扭扭的字,我已经非常满意了。在她的努力下,上学期期末测试考出了90分的好成绩,尽管这个成绩在我们班已是倒数第二名,但对她来说就是很大的进步,让她树立起了自信心。

所以,对待随班就读的特殊孩子,我们要找一个理由为她们喝彩,在平常的日子里、平凡的小事中捕捉她们的闪光点,给她们鼓励,让她们在老师的鼓励、赞扬中挺起胸脯,健康快乐地成长。

分享赢得蓝天

让残疾学生随班就读,就是为了充分发挥集体的作用,发动正常学生帮助特殊学生,在正常学生的群体中生活、交友,增强社会适应性。

刚开始我观察到班上正常孩子有嫌弃方某某的行为。为了改变这一现象,我利用每周班会时间,对那些帮助过方某某的孩子大加表扬,并为他们加分,而且我在平时也会故意对方某某特别好,一有机会就表扬方某某。一学期下来,我发现有孩子下课会主动和方某某玩,方某某要遇到困难会有同学主动帮助她……方某某在班上也慢慢活跃起来。最让我感动的是,班上要成立图书角,她居然从家里背了十多本书来捐。后来她妈妈说:"这孩子非说同学们好,要把书给同学们看。我也想感谢你们这些老师和同学能这样关心她。"这让我有一种莫名的成就感。

由此,我明白随班就读学生在与同龄伙伴的交往、学习中,从心理上感到真正被接纳,身心融入集体,更能促进她们的健康成长。方某某在我们这个班生活是快乐的、幸福的。因为我们都发自内心的关爱她,接受她,给她温暖和自信,用爱为她撑起了一片蓝天。夏丏尊先生在翻译《爱的教育》时说过这样一段话:"教育之没有情感,没有爱,如同池塘没有水一样。没有水,就不成其池塘,没有爱就没有教育。"因此,我想告诉每一位做教育的人:爱是一缕阳光,能融化坚冰;爱是一滴雨露,能滋润孩子干涸的心田,只要有爱,就能给随班就读的残疾儿童飞翔的翅膀。

感悟

残疾人是社会的弱势群体,那残疾儿童更是这个群体中最弱的个体。他们虽然和我们同顶一片蓝天,同踩一块土地,但是由于残疾问题,却让他们与我们隔着一道无法逾越的沟。为了让这些残疾儿童能像普通儿童一样接受教育,国家在20世纪80年代初就已经在少数普通小学实施随班就读的教育形式。经过近20年的努力,随班就读形式已经成为我国特殊需求儿童受教育的一种主要形式。对于这些特殊的儿童更需要我们教师特殊的爱。教师只有把无私的爱更多地给予这样的孩子,他们才能充分享受到生活的美好与幸福。以上就是我在随班就读的特殊孩子教育教学中的点滴感触。

讨论:

结合案例,分析教师如何展现对学生的爱?

三、非正式群体儿童的教育与管理

(一)非正式群体儿童的界定

非正式群体也叫非正式组织,由美国心理学家梅奥首次提出。20世纪20年代,梅奥等人通过实验研究(霍桑实验)发现,在企业中,除了正式组织外,还存在着各种形式的非正式组织。他认为,所谓非正式组织是指企业成员之间由于共同的价值标准而自然形成的无固定形式的社会组织。[①]在小学各年级的班级里,同样存在非正式群体。本书中所谓的小学班级非正式群体儿童,是指年龄在6~12岁,人数在3~5人,有着共同个性特征或其他共同需要的小学生群体。按性质和作用来划分,一般分为积极型和消极型。

(二)非正式群体儿童的成因

在小学班级里,存在非正式群体,是很正常的。通过调研,小学班级非正式群体儿童的产生原因主要有:

1. 共同时空

是指个体在作息上有共同的时间、空间条件。如:居住地相隔很近,一起上、下学的时间一致。一般来说,同村、同小区的伙伴更容易形成非正式群体。

2. 共同背景

是指个体具有相似的家庭条件、文化背景、人生经历等。通常情况,都是留守儿童,都是来自单亲家庭孩子,都是贫穷家庭出身的孩子,他们各自更容易形成非正式群体。

[①] 非正式群体.搜狗百科[EB/OL].https://baike.sogou.com/.

3.共同利益

是指个体间有共同的利益,共同的个性特征等。小学生通常都是为了促进学习或为了满足个性需求而形成非正式群体,如:为了一起学英语,一起打篮球、踢足球等。

4.共同遭遇

是指个体没有被正式群体接纳或者得不到老师的关注,甚至受到来自学校、家庭、社会不公平的待遇、歧视等。如:有的孩子因为被人为地划分为差生,于是就形成了自己的小团体。

(三)非正式群体儿童的特点

1.自发性

自发性是指非正式群体的形成通常不是来自外在的强制力量,其形成基本是靠个体自发、自愿的行为来完成。这主要是因为非正式群体产生的初衷,本来就是为了满足个体的特殊需要,所以,自发性是非正式群体的首要特点。

2.封闭性

封闭性是指不同的非正式群体一旦形成,就具有自身的独立性、封闭性、排他性。非正式群体为了不让外界干涉他们的规则、秩序、运行等,于是就具有了相对的排他性和封闭性。当然,这也是为了维护非正式群体本身的利益而形成的特点。小学高年级的非正式群体更具有这一明显特点。

3.互补性

互补性是指非正式群体成员之间,可以获得心理需求互补,个性差异互补,兴趣爱好互补等,还可以是学习上的互补。也有的学者认为,消极型非正式群体,由于成员大都对班级纪律有抵触感,于是也可以满足成员违纪合理心的需要。比如:非正式群体里的甲、乙、丙,甲和乙都爱抄作业,而丙就会觉得自己抄作业没有什么罪恶感。这在小学中、高年级比较常见。

4.随意性

随意性是指非正式群体的形成主要是由个体座位远近、家庭地址远近、父母关系亲疏等决定,而不是由个体的共同爱好、性格等决定。这种非正式群体在小学低年级比较常见。

5.双重性

双重性是指非正式群体成员在学习、生活上,有时既表现出依赖于群体的一面,有时又表现出独立想脱离群体的一面,所以有些非正式群体稳定性较差。尤其是消极型非正式群体,只要老师认真进行引导,是很容易让其从内部瓦解的。

6.向心性

向心性是指非正式群体一般都有一个核心成员,其他成员必须自觉、无条件地维护核心成员的权威地位,保证该非正式群体得以正常地运转、发展下去。一旦核心成员不存在,很可能该非正式群体也就消失。

7.多样性

多样性是指非正式群体的内容、形式多元化。从形成内容来看有为了学习的,有为了个人兴趣爱好的,有为了其他利益的。从形式来看,有周末聚会、暑期游学、网上聊天等。在小学高年级的非正式群体里,这个特性体现得比较明显。

(四)非正式群体儿童的教育原则

1.方向性原则

非正式群体都是为共同的利益或爱好走在一起的,教师只要对其进行思想上的正确引领,非正式群体也会发挥出巨大的潜力。不管是消极型还是积极型非正式群体,都离不开教师在思想和方向上的正确指引。

2.积极性原则

必须承认非正式群体是班级里很正常的群体,非正式群体也是班级管理的重要内容之一。教师应该以积极的态度和博大的心胸去真诚地接纳之。然后,才可能采取有效的办法将其转化为促进学生成长的有益群体。

3.疏导性原则

这主要是针对消极型非正式群体的转化需要遵循的基本教育原则。消极型非正式群体形成的原因,一般具有负面性和违纪性,所以需要教师认真地加以疏导,而且要根据具体情况进行有针对性的教育和疏导,让消极变为积极。

4.阶段性原则

不同年龄段的非正式群体,他们在形式和内容上都有不同的表现,这就需要教师遵循阶段性的教育原则。通常,小学低年级的非正式群体积极因素多,适合多鼓励。而中、高年级的非正式群体消极因素逐渐增多,这就需要教师加强防范和及时引导。

(五)非正式群体儿童的教育策略

1.加强核心人物教育

非正式群体都有其核心人物,通常,核心人物都具有很好的组织能力和管理能力,有的还具有其他特殊能力,有的还是学习上的佼佼者。他们对整个非正式群体表现出很强的号召力和影响力。所以说,只要做好了核心人物的教育工作,整个非正式群体的转化工作就成功了一半。一方面,教育工作者应主动和非正式群体的核心人物进行沟通和交流,及时了解非正式群体的需要和要求,如果是消极型非正式群体,要及时消除他们的负面情绪,以减少其对班级管理带来的不良因素。另一方面,教师还应发现和挖掘核心人物的优点,将他的优点引导到班级管理的常规工作中来,甚至可以安排核心人物担任班干部。通过对核心人物的引导和转化,进而实现对整个非正式群体的引导和转化。

2. 加强正式群体内涵建设

班级出现非正式群体是正常的,但如果一个班级出现的非正式群体太多,那就说明班级管理出现了问题。一个班级只有它成了班集体,才会得到学生共同的心理认同,学生可以从这里满足学习、生活、兴趣、爱好等方面的需要,他就不会或很少再通过非正式群体的渠道来满足其心理上的诸多需要。这就要求教育工作者,一方面搞好班集体的建设工作,和谐的班级氛围能让每个同学都能感觉到集体的温馨和关爱。实际上每个学生都会有属于自己的非正式群体,教师主要是要避免太多的同学加入不良非正式群体。另一方面,班主任要与学生多交流、沟通,善于发现他们的爱好,并分析学生的性格特点,了解他们兴趣、爱好、特长,组织学生参加各种形式的课余活动,使其加深对正式群体的认同感。民主型班级管理,更能关注到每个学生的发展,在这样的班级管理下,学生能积极参与到活动的过程中,学生之间相互合作,互相帮助,关系变得密切,这样也有利于非正式群体树立正确的目标,更好地和正式群体进行配合,促进了非正式群体向正式群体的融合。

3. 家校社区合作教育

非正式群体的管理需要社会各方面力量的支持。作为家长,需要关注孩子的成长动态,了解孩子参与的课余活动、学生组织等。如果发现其参加了不良非正式群体,应该进行及时的教育和制止。而作为社区的工作人员或者成年人个体同样对小学生的教育和管理具有不可推卸的责任。社区工作人员应加强社会治安管理,营造文明、和谐的社区文化,通过隐性的文化教育来帮助小学生的成长;而作为成年人个体,在遇见小学生非正式群体出现一些不良行为习惯时,应该主动积极地进行劝说和教育。教育管理工作是一项庞大的工程,仅仅依靠学校的单方面努力是远远不够的,还需要全社会和家庭的配合。学校要定期开展家长会,加强同家长的沟通和联系,一起来管理好学生。另外,学校还要组织有益的集体活动,引导学生安全健康使用网络,避免网络对非正式群体产生负面影响。

4. 教育工作者应加强学习

信息时代,各种学生的新问题层出不穷,这就要求教师加强自身的学习,提升自己的教育管理能力。面对非正式群体的教育,教师需要在遵循教育基本原则和师德修养的基础上,加强对生理学、伦理学、心理学和教育学等的学习和研究。在平时的学生教育管理工作中,教师们应该对非正式群体持理解和关心的态度,结合实际情况认真分析自己所在班级出现非正式群体的原因和规律,准确判断群体的性质,然后对不同性质特征的群体采取针对性措施予以正确引导。

本章小结

对不同类别学生进行不同的教育是实施素质教育的基本要求,本章主要介绍了对不同类别学生教育与管理的意义;详细分析了优等生、中等生、学困生产生的社会根源是功利性、等级性、分层性的社会价值观,其心理因素主要包括个体的自卑、自负、自傲等。同时,本章还分析了小学班级里非正式群体产生的社会缘由主要是群体的共同兴趣、价值取向、居住地域等;特殊群体产生的社会缘由是个体自身的生理或者心理缺陷造成;留守儿童群体产生的缘由主要是父母的外出及监管人的不正确教育方式等。本章还对不同类别儿童的成长环境进行了分析,对不同类别学生的教育与管理提出了具体的解决方法。

【思维导图】

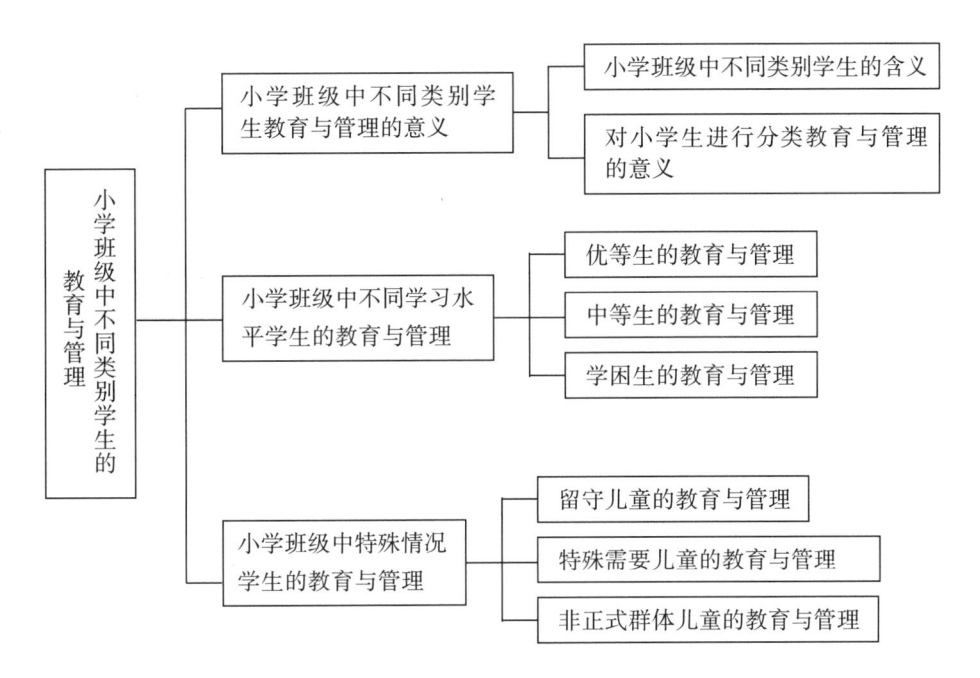

```
                                    ┌── 小学班级中不同类别学生的含义
          ┌── 小学班级中不同类别 ───┤
          │   学生教育与管理的意义   └── 对小学生进行分类教育与管理
          │                            的意义
          │
小学班级    │                            ┌── 优等生的教育与管理
中不同类   ├── 小学班级中不同学习水 ──┼── 中等生的教育与管理
别学生的   │   平学生的教育与管理      └── 学困生的教育与管理
教育与管   │
理        │                            ┌── 留守儿童的教育与管理
          └── 小学班级中特殊情况 ─────┼── 特殊需要儿童的教育与管理
              学生的教育与管理         └── 非正式群体儿童的教育与管理
```

【思考与练习】

1. 优等生常见的不足有哪些?
2. 中等生常见的不足有哪些?
3. 学困生常见的不足有哪些?
4. 对留守儿童的教育应注意的事项有哪些?
5. 对特殊需要儿童的教育应该注意的事项有哪些?
6. 设计一个后进生的转化方案,并说明设计理由。
7. 班主任为什么要对不同类别学生进行有针对性的教育和管理?

【推荐阅读】

[1]周国平.内在生命的伟大——我看残奥会[J].意林,2008(21):6-7.

[2]霍华德·加德纳.多元智能[M].沈致隆译.北京:新华出版社,1999.

[3]徐瑞,刘慧珍.教育社会学[M].北京:北京师范大学出版社,2010.

[4]盛永进.特殊教育学基础[M].北京:教育科学出版社,2011.

第七章
小学班级活动设计与开展

只有人们的社会实践,才是人们对于外界认识的真理性的标准。真理的标准只能是社会的实践。

——毛泽东

解放孩子的头脑,让他敢想;解放孩子的双手,让他敢做;解放孩子的眼睛,让他会观察;解放孩子的嘴巴,让他敢说;解放孩子的空间,让他走进大自然;解放孩子的时间,让他去创造新世界。

——陶行知

积极活动好比是一座把言语和思维连接起来的桥梁。

——苏霍姆林斯基

经验表明,当儿童有机会从事各种调动他们的自然冲动的身体活动时,上学便是一件乐事,儿童管理不再是一种负担,而学习也比较容易了。

——杜威

学习提要

1. 理解班级活动对儿童成长的意义。
2. 了解当前班级活动常见的问题与不足。
3. 掌握班级活动的内容及形式、开展班级活动的原则及步骤。

第一节　小学班级活动概述

小学班级活动是以小学生所在班级为载体,师生共同参与的有教育意义的集体活动,它是学校教育的重要组成部分,也是学校落实活动课程的主要载体。班级活动是提升学生综合素养的大课堂,它有益于小学生社会化和个性化发展,是构建良好班集体不可或缺的重要手段。

一、小学班级活动的意义

学生素质的健全发展离不开丰富多彩的活动,活动能将抽象的知识转化为学生切身感知的体验从而将知识内化成持久的能力。活动能调动学生各方面知识、能力和情感,从而丰富学生的人性,滋润他们的生活。此外,班级活动是形成班集体的重要载体,能为班级生活提供营养丰富的养料,它以动态多样的形式吸引着学生,在潜移默化之中传递着深刻的教育立意,以出色的成果激励着学生。

班级活动不是一般意义上的学生个人活动,也不属于学生所属家庭组织的私人活动,而是学生离开家庭投入学校公共空间与其他同龄人一起,以特定组织形式——班级为单位开展的活动。所以,班级活动是学生社会化的重要渠道。另外,小学生正处于儿童期,这一阶段抽象思维刚刚起步,具体思维和感性直观是这一时期儿童思维的主流。活动、游戏正符合儿童认知思维的特点,因而可以更有益于他们的心智成长。同时,群体性的班级活动根据儿童身心发展规律和知识成长需要有序安排,避免了学生自己组织的游戏或活动的随意性、盲目性,这满足了儿童智力、心理、道德和情感发展的需求,在不知不觉中达到教育目的无痕实现,是一举多得的有效的教育组织形式。根据不同对象从活动的收益来看,小学班级活动对学生和班主任的意义有所不同。

(一)小学班级活动对学生的意义

1.班级活动是小学生道德养成的重要方式

教育的根本任务是立德树人——把学生培养成德才兼备的人。如宋代司马光所言,"德者,才之帅也",道德品质的优劣直接影响人才发展的方向。众多学者的研究已证实小学阶段是儿童道德品质发展的关键期。[1]学校作为专门以培养人才为己任的机构,肩负的使命是要求其抓住儿童道德发展的关键期,帮助儿童实现道德上的成长。道德从根本上来说是实践的,这决定了学校道德教育要取得理想的效果,需要超越单纯的道德说教,因为单纯的说教并不能使一定社会的道德规范或原则被学生认同和内化,德性养成要求学校须设计出多样的教育方式走进学生的生活,用生动的道德实践,让学生在真实的体验中感知道德、发展道德、践行道德。道德养成是在一定的道德情境中个体道德实践的结果。如亚里士多德所言:"我们通过做公正的事成为公正的人,通过节制成为节制的人,通过做事勇敢成为勇敢的人。"[2]据此,要养成学生良好的德性,不能离开道德实践,小学班级活动为学生的道德养成提供了实践场域和机会。

---

[1] 邵景进,刘浩强.我国小学生品德发展关键期研究的述评与展望[J].心理科学,2005,28(2):412-415.
[2] 亚里士多德.尼各马可伦理学[M].廖申白译注.北京:商务印书馆,2009:36.

完整的道德结构包括道德的知、情、意、行四个部分。在班级活动中可以将抽象的道德认知通过情景再现变得具体,这符合小学生认知发展的具体性特点,有助于儿童对道德认知的理解和认同,接纳、理解之后才能内化为小学生的道德品性。在班级活动中,学生个体与同学对话,与自我对话,与社会对话,与世界对话,学生因身处其中承担了角色需要担当的相应责任,责任心因之逐渐养成,这是日后学生其他道德行为发生的催化剂。另外,班级活动设定一定的任务目标,对参与其中的学生的意志也是一种锤炼。活动中可能需要学生克服困难坚持到底,可能为了班级整体利益需要放弃自我小利,可能在活动中需要抵制外在诱惑与进行内心自我挣扎,这些都可以磨炼学生的道德意志。小学生的道德,在活动中并通过活动由道德认知、道德情感、道德意志、道德行为共同作用,积淀在学生体内,成为学生健康成长所必需的素养之一,既丰富了当下的学生生活也为他们未来的幸福生活打下良好的基础。

2.班级活动有利于小学生社会性和个性的发展

从某种意义上说,教育的目的在于把未成年人培育成为兼具社会性又有个性,且身心健康的人。班级活动是有效落实教育目的的一种教育组织形式。以班级为单位组织活动,参与其中的每一个学生需要从共同体的整体利益出发来协调自我和他人的关系。若想被一个组织真正接纳,必须个人利益与组织利益一致,为此,个体需要调整自我,参与组织生活,通过协商实现共赢。所以,组织成员之间都是平等的,要互相尊重,以公平为原则参与共同体生活,这些都是个体社会化必须习得的内容。班级活动恰好能为小学生社会化学习提供一个平台,通过班级活动,小学生走出自我投入班级甚至社会中,与其他同学或社会成员交往,在交往中协商、讨论、博弈,从中习得作为一个社会成员所需的一些知识和技能,帮助小学生被其他成员接纳成为社会成员一分子。

班级活动也是小学生施展自我才干,展示独特个性的舞台。虽然班级活动需要班级成员彼此协作,但每个人因为其才干的不同在活动中承担了不同的角色。这些角色的完成需要匹配的知识、能力和情感,使得小学生能在活动中尽可能地展示自我的才干。每个人都想被人承认和尊重,特别是小学生其对自我的评价还处于依赖他人评价来获得自我认知的阶段,因此,自我得到肯定的重要方式就是自己的才能、才干得到肯定,而班级活动为小学生施展才干、展示自我提供了机会,使得小学生为更好地展现独特的"我"而不断提升自我、完善自我,将最好的自己经由活动这个渠道呈现出来,从活动中获得自我效能感。

3.班级活动密切了小学生的学习与生活世界的联系

教育即生活,表明教育是在生活中进行,并且为了未成年人更美好生活而进行的事业。生活与教育本为一体。这一理念被新课程改革吸纳,要求学校走出应试教育的藩篱,用多种途径让学生的学习与其生活世界联通和融合。班级活动是实现这一教育理念的重要途径之一。

小学生的认知主要处于具体形象思维阶段,抽象思维还比较薄弱。这意味着对小学生教育应该从小学生熟悉的生活着手,以生活中学生已经习得的知识、能力为基础,将学生由已知引向新知,寻找到儿童发展的最近发展区。班级活动正契合小学生具体形象思维认知的心理特点,它不是直接把知识灌输给学生,而是将学习内容与丰富多彩的形式相结合,让学生去探究、去体验、去经历学习的过程。为完成一项活动,小学生必然从自己身边最熟悉的知识或途径入手,根据活动要求去主动探求所需要的新知识、新能量,遇到困难之时更需要调动自身与周围世界的各种联系,这样的学习方式避免了机械式学习的枯燥,学生参与活动之中直接应对学习中的各种情境,不自觉地建构属于自己的知识体系。学习不再是学生的被动接受,而是学生主动的感知,在活动中感受到知识的力量、感受到生活的美好或艰辛、感受到自我或他人的价值……在生活中学习,学习为了更美好的生活,学习不是外在于学生的强制性任务而是生活本身,伴随着学生成长,学习经由活动与学生的生活连为一体,合二为一。

4.班级活动有利于小学生磨炼意志、陶冶情操

班级活动有社会实践活动、学习活动、娱乐活动等,活动内容和形式既丰富又有趣味性和挑战性,需要学生充满激情地去迎接挑战。有学者调查重庆市15000名中小学生后发现近25%的学生在学习上表现意志薄弱、在情感上表现脆弱;20.3%的学生有自卑等心理问题。[1]从这组数据反映出当前小学生心理健康状况不容乐观。班级活动使小学生脱离父母的庇护去应对复杂和未知的活动任务,能锻炼学生的勇气,例如,一些心性胆怯的学生经历数次的班级活动后胆怯之心得到去除,能更加正确地认识自我,发现自己的潜能,为更好地学习增添了勇气。一些特殊的活动设计还能磨炼学生意志,释放学生的压力,有益于学生健康的成长。

学生在班级活动中需要走出自我与他人合作、交往,这需要彼此包容、互助,以宽广的胸怀接纳他人,在与他人的合作交往中获得友谊、关爱、尊重和承认。这些都为小学生健全人格发展提供了必要支持。在班级活动中,小学生有机会去亲近他人、自然、社会,从与他人的交往中感受人间的真情,从对自然的亲近中感受到自然无穷的魅力,从深入社会的实践中感知人情冷暖、心灵美丑。通过各种活动,学生对真知的真切把握,对善有切身体会,在美的欣赏中去追求美,美好情操经由班级活动被潜移默化地流入学生身心。

(二)小学班级活动对班主任的意义

1.有利于帮助班主任更好地实现班级发展

班级并不会自然演进成为班集体,由一个学校组织单元——班级,演变成学生精神生活家园——班集体,是班主任带领全班学生有目的、有计划共同努力的结果。班级活动不仅是班集体形成的中介,而且是使班集体保持活力的源泉。心理学有关研究表明:

---

[1] 王纬虹,杨军.中小学生心理健康现状及其教育对策——基于重庆市4~9年级学生的调查[J].现代中小学教育,2016,32(09):77-81.

一个集体若没有丰富的集体活动,就必然死气沉沉,缺乏活力,这将有碍于班集体的健康发展。[①]

班级的健康发展离不开一支优秀的班干部团队。班主任对班级的管理很多情况下是通过班干部对相关工作的履职来完成的。班干部根据分工在班级活动中承担一定的任务,既锻炼了他们的才干,又通过班干部的示范作用影响和带动其他学生,形成良好的班级氛围,从而促进学生整体发展。

同时,班级活动加强了学生间的联系,为学生之间建立友谊奠定情感基础。班级活动以班级为单位整体呈现,活动的一切方面都关乎班级的荣誉,这使得每个学生因为参与其中有义不容辞地为捍卫班级利益而努力的决心与行动。学生正是在参加班级活动中爱上了班级、依恋班级,如"我们班……"是学生们最常用的话语开始方式。这表明班级已经发展成为班集体,班集体在班级活动中得到发展,成为凝聚学生的黏合剂。特别是一些健康的班级活动在对健康文化进行传递和弘扬之时也意味着对不良或错误东西的否定。班级活动形成的正确集体舆论将会形成自我教育的力量,良好班风逐渐形成。正如马卡连柯所认为的那样,活动可以教育集体、团结集体、巩固集体,最终形成集体自我教育力量。

2.班级活动为班主任发现学生个体差异,因材施教提供了契机

每个孩子都是一个独特的个体,性格上有些孩子内向,有些孩子外向;知识能力上有些孩子擅长记忆,有些孩子擅长唱歌或舞蹈,有些孩子擅长组织等。如何来发现孩子的差异,可以有很多方式,而班级活动为孩子们展示自我提供了舞台,在这个过程中班主任可以发现学生的优点、潜能或不足,为班主任因材施教、有针对性地进行教育提供了契机。例如,通过班级文娱活动使有音乐、舞蹈和组织策划特长的学生展示其特长的同时,班主任也可以激励那些有潜质但怯于公开表演的孩子勇敢地挑战自我。可见,班级活动不仅能为班主任发现孩子的特长、潜质和不足提供契机,也能基于学生不同的素质,在活动中委以不同的任务,实现因材施教,促进学生最优发展。

3.班级活动是班主任专业成长的重要平台

班主任岗位是有较高素质要求和人格要求的专业性岗位,担任班主任和学科教师一样都是小学教师的主业,这是2006年颁布的《教育部关于进一步加强中小学班主任工作的意见》中已经明确指出的。作为专业人员的班主任应具备管理班级的专业知识、理念、技能。当班主任在开展班级活动时,需要综合各方面因素考虑怎样的内容适合学生,与内容匹配的形式有哪些,这样的活动可能产生怎样的影响,这些对班主任的素质都有全面的要求。欲设计、组织和实施好班级活动,通过创造性的活动来激发学生更加主动地学习,班主任需要不断提升自我,终身学习,这个过程也是班主任专业成长的过程。

---

① 余如进.班级管理经典案例评析[M].北京:科学出版社,2007:105.

二、小学班级活动的特点

(一)教育性

作为课程延伸形式的班级活动,其首要的目标是教育性,违背了这点就违背了学校教育存在的意义和价值。小学班级活动的教育性主要表现在以下几方面:(1)通过班级活动拓展或深化对文本知识的理解,提升小学生对知识理解的深度和运用的广度。(2)在班级活动中,全班学生参与其中,师生间、学生间、学生与其他社会成员间的交流互动加强,对学生的道德、智力、身体素质、审美、情感、意志等提出了全方位的要求,这将有益于学生素质的整体、全面发展。(3)班级活动作为促进班级向班集体发展的助推器,不仅能形成班集体更在于可以形成班级教育力量,让学生在集体中、通过集体自身传递的教育力量来教育和影响学生,学生在无形的班集体氛围中自觉或不自觉地受到教育。

(二)自主性

自主性是小学班级活动最主要的特点,学生是班级的主人,学生当然也是班级活动的主人。这表明班级活动属于每一个学生。在班级活动中,孩子们可以自由地释放自己的才干,尽情地表现自我。瑞士著名心理学家皮亚杰认为学生活动的自主性是其认知发展,特别是个性发展的关键。活动时当每个学生都以主人翁态度投入其中时,活动一定充满生机和活力。当前一些教师认为小学生年龄尚小、能力不足,低估了小学生自主活动的能力,于是班级活动成了班主任工作任务无趣的例行公事,没有最大限度地激发儿童自主性,更没有在自主性激励下去创造、去创新、去挑战自我,用被动的方式束缚了儿童的发展。

(三)灵活性

班级活动的灵活性首先表现在内容的灵活多样。班主任可以根据不同的教育目的选择多种多样的教育内容,如文娱活动、知识竞赛活动、课外探索实践活动等。其次,班级活动的开展形式灵活多样,既可以采取主题班会的形式,也可以采取户外游戏的形式,还可以采取竞赛的形式;既可以在室内也可以在户外开展;既可以在校内也可以在校外开展;既可以由教师组织也可以完全由学生组织等。再次,班级活动的评价方式也可以不拘一格,可以用教师评价、学生互评、社会成员和家长参与评价,可以用纸笔测试的方式评价,也可以呈现作品评价等。

(四)实践性

马克思说:"一个种的全部特性、种的类特性就在于生命活动的性质,而人的类特性恰恰就是自由自觉的活动。"[①]班级活动作为小学生了解世界的一种特殊实践方式,其目

---

① 马克思,恩格斯.马克思恩格斯全集 42[M].中共中央马克思恩格斯列宁斯大林著作编译局译.北京:人民出版社,1979:96.

的旨在让学生在活动中学习、体验、成长。学习不单是安静地掌握课本知识,况且"纸上得来终觉浅,绝知此事要躬行",生活世界存在大量可供人们学习的内容。班级活动符合小学生天性好动的特点,它为儿童提供了解放手脚、释放激情的机会。在活动中,学生直接与学习内容接触,亲自去体验、经历学习的过程,学生在活动中学习,感受活动带来的知识、道德、情感、心理体验等方面的愉悦,这就是"做中学"所独有的魅力。

三、小学班级活动常见的问题与不足[1]

班级活动对班集体建设的意义和价值不言而喻,然而现实中班级活动开展的实效性却不容乐观,有学者对江苏省某小学进行深入调查研究后发现该校班级活动在开展过程中存在学生主体性作用不够,活动设计脱离学生,活动没有规划等问题。在大量实地观察的基础上综合已有研究,我们认为当前小学班级活动中存在的不足或问题有以下几点:

其一,"为活动而活动"。当前的学校管理中的确存在不少任务性工作,为完成上级指派任务而被迫开展的形式化活动。班主任每天不仅需要应对日常的班级教学和管理,还需要完成学校安排的一些指令性活动。部分班主任由于精力多被行政性的事务挤占,因此没有更多的精力来认真对待班级活动,从而导致多数情况下敷衍应付了事。长此以往,不但没有发挥班级活动的凝聚功能、教育功能,反而让教师望而生畏,望而生厌。另外,也有些班主任对班级活动的认识不到位,认为开展班级活动就是为了完成学校规定的工作,没有从有益于学生身心健康成长的高度来认识和组织班级活动。所以,他们认为只要把学校布置的活动开展好就可以了,班级不需要再额外开展活动。根据学校的要求和安排,将活动落实到班级中只是班级活动的一部分,而每个班集体都有自己的特点和存在的问题,班主任需要结合班级实际情况因地制宜地开展有助于学生更好成长的活动。因为与单纯说教的教育方式不同,活动寓教于乐的教育方式更容易被学生接纳,从而主动地去内化知识。因此,班主任应适时开展学生们乐于接受的班级活动,更好地建立班级常规,养成良好习惯,培育优良班风,优化班级管理,如此各种积极性的转变也将会纷至沓来。

其二,一些班主任教育观存在偏差:只为分数,不顾及其他。虽然社会已经步入信息化时代,社会所要求的人是身心健全的复合型人才。然而,受长期的高考指挥棒影响,部分教师在教育实践中,从功利出发,仍旧"唯分数论",这样的教育观也被一些家长认可。所以,部分家长和教师觉得开展班级活动会占用学生的时间,影响学生的学习,增添学生负担,甚至有班主任认为提升班级成绩才是班主任的首要任务,他们在为数不多的班级活动中,往往也就是谈一谈学生的考试情况,或为下一次考试树立目标,或是学法指导。

---

[1] 蒋梦麟.走出班级活动认识的误区[J].江苏教育,2017(79):11.

要转变这种"唯分数论"的班级活动现状,首先,班主任要树立正确的育人观,认识到班级活动中蕴含着丰富的教育资源和功能,有课堂教学不可代替的作用,是课堂教学活动的有益补充。其次,活动是育人的有效载体,适量而有效的班级活动能促进班级和谐氛围的形成,是促进学生良好素养养成、学生身心健康发展所必需的。

其三,班级活动成为一些教师进行二次权利分配的载体。班级活动为学生成长提供了另一个平台,学生在活动中锻炼了组织能力、合作能力、协调能力,施展了才干或发现了自己的不足,参与活动过程中学生的自我效能感也会提升,这些都是班级活动可以给学生成长发挥的积极作用。正因为班级活动可以发挥如此多的功效,一些教师或班主任则利用身份优势把控着班级活动的管理权,把班级活动作为一种稀有资源分配给平常"听话"的或者"关系好"的学生,使得本应该作为公共发展平台的班级活动,变为了教师施恩或控制学生的手段,在这样的情况下,班级活动成了某些学生的活动而不是所有学生的活动,其他学生仅仅是"看客"。

其四,不明班级活动目的,形式大于内容。班级活动的形式大于内容的现象并不少见。为培养雷锋精神或者在重阳节开展敬老活动,一些班级去敬老院为老人洗脚,这项活动的出发点原本很好,但是形式与内容相结合的前提是尊重,即要尊重学生和参与活动中其他人的意愿,所以必须问一问老人是否愿意接受和能够接受这样被"活动",孩子们是否愿意给一个陌生老人洗脚。在没有考虑清楚这些内容之前,采取这样形式浩大的活动场面,老人没有体会到应有的幸福,学生也没有因此获得雷锋精神或敬老精神的实质。形式主义是班级活动开展过程中需要重视的一个问题。我们常常看到不少班级好像也组织了不少班级活动,如将一些成人的电视节目简单移植到班级活动中来,表面热热闹闹,问学生参与活动有什么心得,学生的回答除了"好玩""恶搞"等之外也说不出所以然来。班级活动需要借助一定形式开展,但形式并非越多越好,越华丽越好,形式要围绕内容服务,传递教育内容的精神实质是班级活动选择形式的首要原则。

其五,班级活动中学生主体性发挥不够。在不少活动展示中,常能听到学生们这样说:"我积极参加班级活动,是老师得力的小助手……"听到这儿,有问题吗?有!成为小助手当然好,但学生更应当成为班级活动的主人。班级活动为学生搭建了创造性发挥的舞台,只有以学生为中心,把自主权还给学生,学生们才有充分交往、建立友谊、分工合作、锻炼才干、创造和发展的可能。班主任要结合学校活动来开展班级活动,以学校活动为引领,以班级活动为基础,在完成学校"规定动作"的基础上,还要有突显班级特色的"自选动作",两者有机结合方才事半功倍。

第二节　小学班级活动的主要内容

班级活动的内容涉及学生在校期间可以开展的、有益于学生体力、智力、道德、情感、意志发展的所有活动,它涵盖的内容广泛。依据不同的划分标准有不同的类型,例如根据活动时间可以划分为常规性和非常规性的活动,常规性的活动,如班会;非常规性的,如社会实践活动。根据活动地点可以划分为室内活动和室外活动,校内活动和校外活动。这些分类方式对于理解班级活动都有帮助。思想道德教育、知识技能教育、身心愉悦的文体教育和综合知识运用的实践教育,是小学教育的四方面主要内容,围绕这四方面组织班级活动,能促进小学生德、智、体、美、劳等各方面素质综合发展,因此,我们将小学班级活动划分为小学班级德育活动、小学班级学习活动、小学班级文体活动、小学班级综合教育及实践活动四大类。

一、小学班级德育活动

德育活动的目的旨在通过教育性、体验性活动帮助小学生掌握基本的道德知识,形成健康的道德情感,养成坚定的道德意志,逐步自觉践行道德行为,为成为一个身心健康的社会主义建设者和接班人播下道德之种。具体分解为以下内容:

1.价值观教育

人的行为背后都有某种价值观指引。小学是形成价值观的初始阶段,通过班级活动传递正确、科学、积极的价值观,引导小学生逐步形成崇善、向上、积极的世界观、人生观和价值观。

2.爱国主义教育

有国才有家,有强大、民主的国家才有每个公民的尊严。国家不仅仅给以我们生长的物理空间和提供物质资源,而且她的文化滋养着生于斯长于斯的公民。爱国是公民应有的情怀。班级活动可以让小学生了解祖国历史的悠久、文化的灿烂辉煌、山河的壮美、民族的众多,激发小学生因生长在这样美好的国度而心怀自豪之情,引导他们为实现中华民族的伟大复兴而努力学习。

3.集体主义教育

人是群居的动物,集体生活可以消除人情感上的孤独,能互通彼此有无从而突破个人力量的局限,实现集体成员利益最大化。小学生离开家庭,进入学校,融入集体生活,不仅是个人情感的需要,更是习得社会化的重要资源。班级活动让小学生产生对班集体的归属感、认同感,学会正确处理自我与他人关系,自我与集体关系。

4.法治教育

法律是维系社会正常运转的底线,依法治国的前提是公民知法、懂法。通过班级活动,以小学生可以理解的方式,使他们做知法、懂法、护法、自觉守法好公民。

5. 道德品质教育

道德品质包括道德认知、道德情感、道德意志和道德行为。小学班级活动是最契合道德学习要求的教育组织形式,能逐步使学生从外在的他律道德走向自律道德。

6. 心理健康教育

学生参加班级活动不仅可以暴露其心理问题便于教师及时干预,而且通过班级活动可以使小学生在正常地与他人交往过程中,养成稳定的情绪、健康的心态。

二、小学班级学习活动

学习活动是为了促进学生自主高效学习而开展的班级活动。由于当前知识的综合性、专业性加强,知识的深度和广度也有较大提升,如何让小学生在浩如烟海的知识中,高效获取知识,帮助他们变被动学习为主动学习,解决学习中遇到的问题,班级活动可以围绕学习指导和知识拓展两方面来具体组织学习活动。

1. 学习指导

学习指导旨在激发学生的学习兴趣,提高学习效率,解决遇到的学习问题,帮助学生做好学习规划。在班级开展知识竞赛活动,利用小学生争强好胜的阶段性年龄特点,引起他们对相关知识的关注,激发他们的学习兴趣。如学习经验交流会,同学之间彼此分享学习方法、经验,可以通过他人的经验启发自己提高学习效率或者解决学习中遇到的问题。另外,由于小学生理性发展还不完善,班主任老师可以用班级活动引导他们做好长期的学习规划,例如开展班会,启发他们对终身学习意义的理解。

2. 知识拓展

课本是经过精心挑选后供学生学习的素材,有挑选就有遗漏,社会生活中还存在大量可供学生学习的知识,为此,教师可以根据时代知识更新和学生个人学习能力、兴趣,开展一些知识拓展方面的班级活动,以拓展学生的知识视野、思维深度,开发他们的智力。基于此,教师可以组织活动加深或拓展他们对知识的理解及应用,例如某班开展了"生活中的数学活动"。教师让学生们带着课堂知识——总价=单价×数量,走进超市、菜市场实际应用数学。平常学生们习惯于套数学公式做题,走入实际生活中,在超市、菜市场孩子们发现表示单价的单位有克、斤、两、盒等,与课本中习得的知识并不完全相同,因此需要学生将数学知识在生活中拓展开,这无疑加深了孩子们对数学的认知。另外,针对一些学有余力的学生,班主任也可以针对他们开展一些知识拓展活动,这既是因材施教,也可以激发其他学生迎头赶上优秀同学,形成良好的班级学习氛围。

三、小学班级文体活动

文体活动是指各种文娱体育及艺术活动,活动旨在丰富学生的学校生活,活跃学校文化氛围,释放学生身心活力,提高身体、心理素质,培养学生的感知力、融合力、鉴赏力、审美力、创造力。调查显示文体活动是最受学生们欢迎的活动。与其他类型的班级活动相比,它更能起到活跃班级气氛,增进同学团结,施展学生才能和个性,增强身体素质的作用。文体活动主要的形式有班级联欢会,趣味游戏会,竞技性的运动比赛,才艺展示会等。文体活动灵活机动的形式,活动中学生团结协作,灵活机智应变活动可能出现的各种状况,既能满足个体学生的成长需求,又是形成班级凝聚力的重要途径。特别是在当下应试教育热度不减的情况下,甚至一些学生借助班级活动释放生活和学习带给他们的压力。

四、小学班级综合教育及实践活动

1.社会实践活动

社会实践活动是指班主任有计划地根据教学需要,组织学生深入社会,接触社会,让学生与社会各阶层人士接触,培养他们社会责任感的活动。这类班级活动有利于学生将习得的理论知识与实践相结合,脑力与体力相结合,学生们在实践中观察、思考、分析、总结。可以进行的活动有社会调查、参观、访问、远足、游学等。

2.社会公益服务活动

小学生年龄虽小,但为社会通过做点滴小事,贡献自己的力量,为他人、集体和社会做贡献,履行他们作为社会小公民的义务,从而提升他们的社会责任和担当意识。例如,可以开展义务拾垃圾活动,小小宣传员活动,图书馆义工活动。学生们因为服务了他人,虽然有苦有累,但社会实践给了他们认识到作为小公民存在的意义和价值,在付出劳动的过程中体验到自我的价值,这是德性成长带给他们的幸福体验。

第三节　小学班级活动的开展

一、小学班级活动开展的原则

(一)解放儿童原则

传统的"教师中心"教育观统率之下的班级管理,小学生是作为班主任的"附属品"存在。教师以成人的姿态,以知识代言人的身份,用权威的方式安排好学生在校学习的一切活动,绝对服从安排的学生被认为是"好学生""乖孩子"。"管理主义"思想统率的班级管理模式严重束缚了学生的思想。当前教育改革已经意识到这种"管理主义"带来的弊端,为改变现状,新课程改革突出强调儿童被置于教育的中心,要求教师改变积习已久的"自我中心",要解放儿童。

解放儿童意味着要从儿童的所需、所思、所想,知识和能力的现有基础出发,让他们的学习从被动的接受状态走出,走进丰富的生活世界,全身心地投入学习过程中,去探究,去体验。正如陶行知先生所言:"只有丰富多彩、为学生喜闻乐见的班级活动才能解放他们的头脑,让他们去想;解放他们的双手,让他们去做;解放他们的嘴,让他们去说;解放他们的双眼,让他们去观察;解放他们的双脚,让他们走向社会。只有这样才能实现素质教育的目标:以德育为核心,培养学生的创新精神和实践能力。"

需要特别强调的是解放儿童并不意味着放任儿童,班主任作为班级引导者,负有当仁不让地对学生进行教育、引导的责任。所以,解放儿童不是放弃教师作为教育者的职责和使命,不能任由学生"胡来",是有目的、有针对性、有计划地通过活动来挖掘儿童自身的学习潜能和能力。这个意义上的"解放"是在教师引导下的学生潜能、素质和能力的释放。

(二)学生主体性原则

教育存在的必要前提是学生的存在,教育开展的一切目的都是为了促进学生成人、发展。教育的主要矛盾是学生的已知、已能与未知、未能之间的矛盾,当学生自身力量不足以解决上述矛盾时,专门助力学生成长的教育就出现了。由此,结合唯物辩证法可知,学生原本和一直都应该是教育主体。只是小学生因为是未成年人与成年人的教师同时出现在教育现场时,教师因为其年龄、身份、知识上的优势会不自觉地将自身置于教育主体的位置,加上我国传统文化认为"教者,上所施,下所效",学生被认为只能追随教师被动模仿,很多教师认为小学生幼稚、无知、懵懂,"喧宾夺主"就被视为正常了。但杜威曾告诫:"教育并不是告知与被告知的事情,而是一个主动和建设性的过程。"[1]

班级活动开展强调学生的主体性,这意味着教师要从直接指挥安排班级活动中走出来,充分相信学生,放手让学生去组织、设计班级活动,而非在班主任安排下,学生像木偶一般被动参与,须知现实中的小学生并非完全听任班主任的安排而是有能动性的人。因为正如苏霍姆林斯基所说:"人的内心有一种根深蒂固的需要,总感到自己是一个发现者、研究者、探索者。在儿童的精神世界中,这种需要特别强烈。"所以,班主任应鼓励所有学生投入班级活动,让学生在班级活动中感受到自我价值的彰显,从中感受到班集体散发的精神魅力,收获班级活动给予的成长愉悦。

---

[1] 约翰·杜威.民主主义与教育[M].王承绪译.北京:人民教育出版社,1990:42.

(三)教育性与趣味性结合原则

班级活动是学校教育的一种组织形式,教育性是开展班级活动始终必须坚守的一条原则。如亚里士多德所言:"每种技艺与研究,同样地,人的每种实践与选择,都以某种善为目的。"教育性即是班级活动的教育善。这表明在组织班级活动时,班主任要围绕这一原则,从学生的需求中引申出教育性的主题,教育性指向班级活动开展时的内容向度。在具体开展班级活动中如何将教育性的内容传递给学生,使学生能内化,这需要结合学生认知和活动的特点,设计有趣的活动形式,让学生被趣味所吸引,沉浸活动中。

开展班级活动坚持教育性与趣味性结合的原则要求教育内容紧跟学生需求、时代需求,这样的内容才能调动起他们的积极性、主动性、能动性、创造性。同时活动的形式要有趣,寓教于乐,用形式为内容服务,形式符合小学生的年龄和心理特点,能吸引他们的注意力,激发他们的参与热情。内容决定形式,形式服务内容。班级活动的教育性与活动形式的趣味性结合,才能使班级活动走出因内容的枯燥或者形式过度而忘记了班级活动所应承担的教育内涵的困境。

二、小学班级活动开展的步骤

班级活动从无到有,从思想变为实践,遵循着活动开展自身的逻辑:首先要确定活动主题,根据主题选择与主题相关的内容,为表达内容确定恰当的展现形式,再根据现有资源依据上述形成的设计方案来实施,活动结束后总结反思。这些步骤构成了班级活动开展的具体环节。

(一)基于学习需求,提炼活动主题

活动的灵魂系于活动主题,它好似一根红线贯穿于活动的始终,影响着活动内容的确定、形式的选择和氛围的营造。因而对活动主题的提炼一般用简短精干的方式概括出来,如"我的班级我做主""为中华之崛起而读书""文明之花处处开"。这些主题以学生易于理解的方式将活动所要传递的指导思想、目的、宗旨高度概括。

提炼主题须基于学生的学习需求,而学生的学习需求多来自外界新信息的刺激。所谓"外界新信息"是指相对于小学生而言,他们还尚未知晓或掌握的信息和内容,这些信息或知识还是外在于学生,作为客体存在,没有与小学生发生实质性的联系,如通过对"感动中国"人物事迹的观看,激发了他们崇善、向上的学习热情;也可以从自身困乏或不足中引起学习需求,例如一些留守儿童缺乏父母的关爱,特别希望感受被爱的感觉,所以,学会如何关怀是这些孩子的学习需求。从宏观上分析,由外界刺激引发的学生学习需求有:新时代对人才的新需求;国家、社会所提倡的精神文明向小学生提出的学习要求;学校或班集体一段时间的中心工作等。而微观上,由学生自我发展引发的学习需求

表现为学生的兴趣、爱好或表现出的行为倾向。具体来说班级活动主题的提炼可以遵循以下几方面：

1. 从时代对人才的素质要求提炼活动主题

当前整个人类社会已经进入网络化、信息化时代。时代对人才素质的要求已不是知识的多少，而是如何在变幻莫测的时代中能主动地提取信息、分享信息、创造新信息的能力，以及如何以健康的心理、以道德的方式去迎接快速的社会变革，去主动适应变革，参与变革之中。所以，新时代对人才的素质要求是知识、能力、心理、道德并重。因此，围绕这个新要求，班会活动提炼主题时，结合小学生学习特点可以提炼"我是小小能手""我成长，我快乐""拜拜，手机游戏"等有益于小学生知识能力提升、身心健康的班级活动。

2. 从国家、社会的精神文明建设中提炼活动主题

教育是社会系统的一部分，教育的政治功能自国家产生以来，一直为每一个国家所坚守。国家和社会要将其对未来公民的期望、要求，通过精神文明建设的方式来贯彻落实。班级也是落实国家精神文明建设不可或缺的一环。国家弘扬民族文化和爱国精神，因此可以提炼"快乐学国学"活动；国家提倡"讲文明、树新风"，可以提炼"呼唤文明"班级活动主题。爱国是一国公民的基本素质，中国悠久历史、英雄人物事迹、重要节假日、特殊纪念日等都可以从中提炼出主题，如"爱我中华，我的责任"等。

3. 从学校或班集体一段时间的工作重点中提炼活动主题

学校作为专门培养人的机构，会基于儿童成长的规律，结合学校工作的实际在一定时间内围绕某些重点内容开展工作。班主任对班级的管理也并不能完全随心所欲，班级作为学校的基层组织，其工作内容在总体上需要与学校整体工作一致，为此，班主任带领学生开展班级活动时，可以结合这段时间学校工作的重点来提炼一些活动主题。如某校开学初提出这一学期的工作重点是配合所在城市创建文明卫生城市组织开展创建文明校园活动，所以班级活动可以从中引申出"创文明学校，做文明小使者"的班级活动主题。

4. 从学生学习生活中表现的兴趣或反映的问题中提炼活动主题

有人说小学生是"？"，他们总是对身边的事物充满好奇，总会提出各种各样的问题。例如，某班孩子第一次接触科学实验时，被科学实验吸引，在班主任的引导下开展了以"身边的科学"为主题的系列班级活动。另外，小学生还喜欢户外活动，班主任可以结合学科教学开展相关主题活动，例如"记录生活"班级活动，既可以培养学生的观察能力、合作能力、信息分析能力，还能帮助孩子提升语言文字的表达能力。

5. 从学生日常行为反映的情况中提炼活动主题

当代小学生接触信息渠道多元，良莠不齐的信息都会对他们产生影响。一些小学生喜欢模仿明星或者受成人不良文化影响，有好逸恶劳、盲目攀比等倾向，还有一些小学生的行为中会表现出喜欢穿名牌，吃喝浪费，怕苦怕累等现象。例如，针对学生浪费或盲目攀比的问题，班主任可以带领学生开展以"合理消费"为主题的班级活动。

（二）围绕活动主题，选择活动内容

如果说班级活动的主题是活动的灵魂，那么活动内容就是构成灵魂的具体要素，紧扣活动主题选择具体活动内容，这些内容恰似一粒粒珍珠，把主题串联起来，共同诠释了主题所要传递的精神内涵。例如"我爱我家"主题班会，可以包括认识生我养我的家，家与房子的区别，说说家人之间的关爱，我如何爱我家等内容。

（三）根据活动内容，确定恰当形式

形式服务于内容，恰到好处的形式，是将班级活动从静态的想法变为动态的活动非常重要的一环。与文学创作所要求一定内容匹配固定形式不同，为将班级活动的教育性、趣味性，学生的参与性调动起来，班级活动可以实现多种形式的联合与创新，不拘泥于某一固定的形式。例如"我爱我家"班级活动，可以用歌唱、小品的形式，也可以用朗诵诗歌、讨论的形式，还可以用文学创作的方式一起来呈现。

（四）结合现有资源，依据方案实施

当活动的内容和形式都选择好后，结合班级当前可以获取的资源，制订好具体的实施方案，将班级活动最终呈现出来。班级活动实施是对班级方案的具体操作，一般情况下班级活动会根据方案一步步推进，直至活动最终完成。但活动过程中，可能在某些情况下会出现一些突发或意想不到的事情，因此，班主任带领小学生进行活动实施时，要在活动开展之前尽可能地设想活动可能出现的状况或问题。对可能出现的状况做好预设，防患于未然，做到事前有准备，这样当活动中遇到突发状况，就不会乱，班主任甚至可以借助教育机智地化解活动中的问题，使班级活动顺利进行甚至产生更好的效果。

在某班开展"我爱我家"主题班会时，一个孩子突然说："我讨厌我家，我讨厌回家"。面对这样突如其来的状况，作为主持人的学生不知道如何应对，眼巴巴地祈求班主任救场。这个时候，如果班主任老师在开展班级活动时，没有考虑到一些孩子可能因为父母离异或父母工作忙，没有兼顾到家庭生活导致一些孩子没有从家中感受到温暖，他们不但不爱自己的家，可能还恨家人。针对这些孩子，如果班主任在开展班级活动之前已经和策划组考虑到可能存在的这种情况，做好了预案，那么就可以成功化解。例如，一位老师听到"我讨厌我家"这句话后，走到该孩子跟前，摸摸孩子的头，对孩子说："现在咱们全班同学是一家人，同学们都爱你，老师也爱你，你不记得你没带笔，某同学借笔给你写吗？这是同学对你的关爱，记得吗？咱们全班同学一起过生日，这也是班级这个大家庭成员彼此的爱，老师现在可能无法完全让你爱上你自己的家，但班级这个大家庭，我们都爱你，你也爱他们不是吗？让我们先忘记不快乐，投入到班级这个大家庭的生活中来，好吗？"班主任对这个孩子的一番话，可能不能完全消除孩子对家的憎恨，但至少在当时化解了主持人的尴尬，否则，活动难以继续下去。所以，在班级活动实施过程中，班主任要预先设想可能出现的状况，对它进行防控，这样才能确保班级活动万无一失。

（五）总结反思

班级活动实施结束后班主任及学生应该对活动进行及时的总结。活动从提出到设计，由设计到落实，这个过程中暴露了哪些问题，哪些方面要改进，活动取得了哪些效果，有哪些成功经验以后可以再用，等等。对班级活动进行总结和反思，班主任和学生可以从中发现一些班级活动开展过程中的规律，为以后提升班级活动的质量做好铺垫。反思既是引导学生成长的有效方式，也是教师自身专业成长的有效途径。对班级活动开展进行反思，可以有效地避免活动的任意性，提高活动的科学性、合理性。

第四节　小学班级活动设计及样例

一、小学班级活动方案设计

（一）明确设计理念

理念是行动的先导，设计理念影响着活动的方方面面。小学班级活动作为学校教育的一部分，其设计理念不应背离教育的目的，因此，在总体上班级活动设计理念应是"解放儿童，发展儿童"。支撑儿童全面健康发展的因素是多方面的，针对具体的班级活动主题及班级的实际状况，班级活动设计时，在"解放儿童，发展儿童"这一核心理念下，结合时代发展及文化传承还可以将一些其他理念融入设计过程中，如环保理念、节约理念、务实理念等。事实上，这些理念是儿童健全人格的一部分，班级活动设计中包含这些理念，在某种意义上可以理解为活动核心理念的具体化，它们也能滋养儿童，促进儿童健康成长。

（二）设定活动目标

班级活动是有目的、有计划地在班主任引导下开展的教育活动。因此，设定清楚的活动目标，活动才会有的放矢，一步步顺利推进。具体来说活动目标的设定可以从以下几方面思考：

1.活动的认知目标

学生学习的过程中很重要的一部分是知识的积累，班级活动虽然不如课堂教学那样对学生的认知发展有系统地影响，但也可以传递一定的知识或者作为课堂知识学习拓展和延伸，因此，设计班级活动时要考虑该活动期望实现的认知目标是什么。例如，一个班级开展关于小学生如何健康地玩手机、电脑游戏的主题班会时，设计的班会认知目标是认识手机、电脑、网络、游戏与小学生的关系。

2.活动的情感目标

人是理性的动物,但没有情感的人如同机器,让人的生活充满温情的是情感。小学生对成年人有依恋的情感需求,同学之间有关爱的情感需求,有被群体接纳的情感需求等,同时小学生精力充沛,有释放自身精神压力的情感需要,这些都要求班主任引导学生开展班级活动时,要关注小学生的情感发展。例如,某班开展"健康用手机"的班级活动,设计的情感目标是辩证看待手机、网络,不沉溺其中,战胜网瘾。

3.活动的能力目标

班级活动最能锻炼学生的能力,一次班级活动可能可以帮助学生多方面能力的发展,但是在设计班级活动时,不能眉毛胡子一把抓,要有主次,有所侧重。例如,某次活动可以着重于学生时间管理能力提升训练,或者着重语言表达能力提升等。

(三)设计活动环节

确定了活动目标后,要具体确定通过哪些活动环节来具体落实这些活动目标,活动环节要体现活动设计理念。一个完整活动环节包括:活动开始—活动引申—活动高潮—活动升华—活动结束。进行班级活动设计时对活动每一个环节的具体内容要做精心部署,尽可能在开始时能吸引同学们的兴趣,调动学生的参与热情,引发对继续进行活动的期待。活动引申意味着将活动带入到实质性阶段。活动高潮是活动最亮、最精彩的部分。高潮过后班主任可以适当引导学生对活动进行适当升华,提升活动内涵的教育意蕴,最后活动结束。

(四)落实活动任务分配

活动各个环节的人员、物资保障都需要落实到具体每一个人,这样班级活动才会有序进行,所以在班级活动设计阶段,要根据班级活动各环节需要,将活动任务具体落实到人,确保活动万无一失。

(五)形成设计文本

将上述各方面的内容以文本的形式呈现出来:

1.活动标题

标题是对活动主题的具体化,标题一般要实现眼球效应与教育效应相结合的设计原则。

2.正文

班级活动设计的正文即是对活动各环节具体内容及任务分配详细的文字陈述。

3.结尾

对活动效果的预期及展望。

二、小学班级活动设计样例及评析

(一)主题班会设计样例

不一样的美丽[①]

一、背景分析

升入二年级后,我发现个别学生会嘲笑某一方面能力稍弱的同学,从而令班内出现一些不和谐的声音。学生慢慢长大,自我意识增强,我们要引导学生明白"世界上没有两片完全相同的树叶",既要充满自信地展开自己的优点,更要留心学习别人的长处,弥补自己的不足,不断地完善自己,促进自己更好地成长。

二、活动目标

1.通过多种形式的展示,每个学生展现出自己的不同特点,认识到自己的独特之处,树立信心。

2.通过讨论、团体心理辅导等形式,学生能正确看待自己与他人的优点与不足,更好地完善自己,更好地成长。

三、前期准备

1.小调查:看自己——我的优点与不足;看他人——同学的优点与不足。

2.大展板:绽放美丽——展示每个同学优点、特长的照片。

四、活动形式

调查、展示、讨论、团体心理辅导。

五、活动过程

温馨提示:"小蝴蝶"手持温馨提示牌。

我们的班会就要开始,请同学们保持安静,做好准备。

(一)情景导入

儿童剧《新龟兔赛跑》

角色:小兔、乌龟、蝴蝶、小狗、小牛、小老鼠等;小狗做裁判。

(小兔和乌龟在进行新赛跑。音乐:小精灵之歌)

……

蝴蝶(不小心翅膀挂在树枝上):小白兔,快来救我!

小兔:去救小蝴蝶,今年的比赛我又要输了;继续比赛,可小蝴蝶怎么办?(跑回到小蝴蝶身边)我送你去医院!

(小兔跑到终点抬头一看,乌龟已经到了,哭了起来)

[①] 齐学红,黄正平.班主任专业基本功[M].南京:南京师范大学出版社,2013:296-301.

众动物:小白兔又输了!小乌龟是冠军!

蝴蝶:小白兔没有输!你们不知道,小白兔看到我受伤了,送我去医院耽误了时间,要不,它一定会跑第一名!

众动物:小白兔,你真棒!

乌龟:别哭,你不但跑得特别快,还热心帮助别人。今天的比赛,你才是第一。(摘下金牌送给小兔)

小兔:你虽然动作慢,但总是能坚持到底,你是名副其实的第一名。

众动物:你们都很棒!

设计意图:根据《新龟兔赛跑》改编的情景剧导入,在亲切而轻松的气氛中使学生初步体会小动物们各有不同,从而渗透主题班会。

主持人1:乌龟和小白兔的比赛可真精彩!

主持人2:小白兔善良有爱心。

主持人1:乌龟谦虚不放弃,小狗热情又公正。

主持人2:真是各有千秋呀!

班长:就像我们班的36名同学,有的开朗顽皮,有的内向懂事,有的爱好广泛,有的学有所长。每个人都有自己与众不同的地方,即使最好的朋友也不会完全一样。今天的班会就让我们正确地认识每个人的独特之处,正确地看待自己和他人的优点、缺点,绽放不一样的美丽。

(出示全班学生笑脸照)

设计意图:笑脸照片展现了全班学生美丽的一面、不同的一面,让学生先从外观上认识到每个人的不同。班长讲话融入主持词中,初步点明了班会主题。

(二)绽放美丽

1. 争奇斗艳

学生才艺秀:电子琴独奏《库尔察克舞曲》、朗诵《第一天上学》、自制文化衫秀、跆拳道表演《太极一章》。

设计意图:通过演奏、朗诵、时装表演、跆拳道等形式的表演,让学生展现自己的独特之处。

2. 花儿朵朵

主持人:你一定了解与我们朝夕相处了一年的同学,请你听清同学们说的特点,猜猜他是谁。做猜猜看游戏。猜对了,花朵中随即出现该生的笑脸照片,猜对的同学与该生一起上台,把花卡贴在黑板上。

设计意图:通过"猜猜看"小游戏,介绍同学们的特点,展现他人的优点。

3.含苞欲放

主持人1:我们每个人都是独特的,就像同学们贴上的朵朵花儿,各具特色。

主持人2:我们每个人都有与众不同的一面、优秀的一面,第一的一面。

主持人1:如果你不相信,就轻轻闭上眼睛,伸出你的小手。

主持人2:让我们一起数十下,你的手中就会有奇迹发生。(全班一起倒数十下,参与猜猜看的同学送给其他同学写着优点的花卡)

主持人:你的花朵上写了什么?愿意念给同学们听吗?

(学生念花卡内容,略)

设计意图:学生在前期的小调查中互写优点,经过整理找到了每个同学身上突出的优点、特点。通过现场的互动,送写有优点的花卡,让每个学生都认识到自己与众不同之处,树立自信心。

(三)带刺玫瑰

1.画外音呈现情境

(1)课上老师正在讲评试卷。

刚刚讲到一道题,有人就指着旁边的同学说:"我得了100分,他错了好几道题,太笨了!"

(2)上学期末,我们评出了各方面优秀的同学,为他们颁发了小奖状。可有人说:"他为什么被评为儒雅少年,他学习还不如我呢!"

主持人:他们说得对吗?这些问题该怎么解决呢,我们一起去问问我校的心理老师杨老师吧!

设计意图:两种不和谐的声音都是班级中真实的声音。通过画外音的形式呈现,提出要解决的问题。

2.团体心理辅导

杨老师:大家好!现在我想请大家看几幅画。(出示玫瑰花、丁香花、曼陀罗花的图片)你们能介绍一下这三朵花吗?

(学生自由发言)

杨老师:同学们,你们不但观察仔细,说的也很有道理。看来呀,任何事物都不是十全十美的,花如此,人更是这样!每个人都有自己的优点和不足。刚才呀,我看到了咱们班每个同学都有自己的优点,老师真为你们高兴。现在,请大家想想,你身上还有什么不足呢?请把一个不足写在手中的小卡片上;写完后小组中说一说,请同学帮你想一想应该如何改进?

(分组讨论,写自己的一条不足)

杨老师:谁愿意和大家交流一下？

（学生自由发言）

杨老师:老师相信你们认识到自己的优点,会美丽地绽放；发现了自己的不足,也会不断改进。孩子们,再看看你们手中的卡片,试着拼一拼,你发现了什么？

（太有意思了,组成了一朵花）

杨老师:（把拼好的小图组合成一个大图）：同学们,你们又看到了什么？是呀！不要轻视点点滴滴的美丽,看似不起眼的、点点滴滴的美丽,组合在一起就会变成这样绚丽的彩图。你们每个人就是美丽的一分子,你们的集体也会更美丽！

设计意图:此环节设计成团体心理辅导的形式,让学生找到自己的不足并积极改正。因为学生刚刚升入二年级,心理辅导的形式采取观察花朵的图片,在花瓣中写不足、给花瓣涂上颜色的形式进行,避免了说教。

（四）百花齐放

表演唱一:《懂事的小乌鸦》

主持人1:谢谢杨老师！听了杨老师的话,我们明白了,我们尽情地绽放,展现自己不一样的美丽,我们班这个大花园也会越来越美丽。

主持人2:一起来听听小乌鸦是怎么做的吧！

表演唱二:《懂事的小乌鸦》

花园开放的野菊花,飞来一只小乌鸦,不吵闹呀不玩耍呀,急急忙忙转回家。

它的朋友身体差呀,躺着家里飞不动,小乌鸦叼来虫子一口一口喂养它。多可爱的小乌鸦,多懂事的小乌鸦,飞来飞去不休息呀,精心照顾好朋友。鸟窝高高挂树梢,住着两只小乌鸦,不吵闹呀不玩耍,安安静静爱看书。

它的朋友不认字呀,不会读和不会写,小乌鸦呀很耐心呀,一遍一遍教会它。多可爱的小乌鸦,多懂事的小乌鸦,互相帮助真快乐呀,真是一对好朋友。

设计意图:改编的小合唱介绍了两只小乌鸦发挥各自的优势、互相帮助克服困难的事情,以此给予学生启发。

（五）英语小剧（老鼠嫁女）

主持人1:多懂事的小乌鸦呀！他们发挥各自的特点,互相帮助解决了难题。

主持人2:我们班的同学也像小乌鸦一样发挥自己的优势,在刚刚结束的英语节中团结互助,取得总分第一名的成绩。11名同学排演了英语小剧,让我们一起欣赏吧！

（内容略）

设计意图:英语小剧由11人共同排练而成。在排练过程中,学生们相互帮助、各尽所能,他们不但表演精彩而且是同学们学习的好榜样。

班主任：同学们，看到你们的成绩和进步，老师心里感到高兴！其实每个同学身上都有闪光点，都会有比较突出的一面。老师很高兴通过这节班会课，同学们绽放了自己独特的美丽，也认识到自己的不足，更明白了只有每个人都发挥自己的优点，我们的集体才会更出色！当你们的爸爸妈妈得知我们要召开班会后，他们也有一份礼物要我转交给你们。这份礼物在你们桌子上的彩盒里。快找找看吧！（在桌子上的彩盒中取信）带着这节班会的思考，静静地阅读这封信，相信你的收获会更大。（学生读信）你可以把自己的想法写成一封回信，我们利用下次班会课再交流。

设计意图：班主任讲话升华班会的主题，阅读家长信件让学生感受到来自爸爸妈妈的期待，更好地激励自己。

（六）最好的未来

出音乐字幕，学生贴花，班会结束。

六、活动延伸

1.班级设置"绽放美丽""不一样的美丽"两块展板。绽放美丽：布置学生近期收获、进步作品、照片。不一样的美丽：展现同学间相互写优点的"夸夸你"卡。

2.再次召开班会。

交流给爸爸妈妈的回信，自己的变化。

活动评析：每个孩子都是独特的，孩子们在欣赏自己优点的时候也要学会欣赏他人的优点。该班班主任老师敏锐地察觉到班上一些孩子因为自己的优势洋洋得意却蔑视其他同学。为让孩子们意识到每个人都有自己的独特之处，要学会彼此欣赏，彼此悦纳，彼此包容，班主任老师特地组织了这次班级活动。活动从被改编的龟兔赛跑故事开始，引发学生们的思维矛盾，虽然乌龟这一次又没有跑赢小白兔，但是他输得丢人吗？显然乌龟善良助人的精神，让孩子们感受到了乌龟身上散发的精神力量。接下来通过每个孩子的照片与优点的展示，所有孩子参与到班级活动中，孩子们第一次如此明确地了解了他的同学身上有这么多的优点。正当同学们都其乐融融的时候，"带刺的玫瑰"的行为形成了鲜明的对比，这些同学只认为自己优秀，别人凭什么可以得奖，这样的设计旨在通过前后认知上的矛盾引起学生形成认知冲突，从心底化解冲突需要心理老师的帮助，心理老师杨老师通过一系列活动，让孩子们再次从心理上体会、认识每个人不一样，学会欣赏他人的优点也接纳自己的不足。最后百花齐放，同学们在互助协作的情况下完成了才艺展示。班主任总结提升，让孩子们知道自己的确会有不少优点，但他人同样也可以绽放芬芳，一个人的力量总归弱小，众人合力才能创造更多的精彩。

该班会活动的主题来自学生身上出现的问题，活动设计充分考虑到每个学生的主体性参与，活动设计由引入话题、激发思考、引起矛盾、解决矛盾、升华主题层层推进的方式让学生参与其中,充分体现了学生主体性班级活动设计原则,活动内容来自学生,活动形式多样且都是学生们喜爱的歌曲、表演、游戏等,实现了内容与形式的有机结合。在活动开展过程中效果良好,是一次属于学生自己的班会活动。

讨论:

你认为开展班级活动的一般过程有哪些?请在小组内或全班分享你的想法。

(二)班级其他类型活动设计样例

小学中、高年级班队活动:"不一样的动物,不一样的世界"[1]

一、活动背景

春游是学生们最期盼的班级活动之一。往年春游都是老师安排,学生玩耍,虽然活动中师生们都乐在其中,但是班主任罗老师总觉得似乎感觉少了一点什么。经过反思后,她突然灵机一动,为什么不相信孩子们自己可以组织好春游,况且这次学校组织的春游是去动物园,这是大部分孩子已经去过多次的地方,他们对动物喜爱而且熟悉动物园,那就放手发动学生,让学生自己来组织这次春游。

二、活动组织动员

把将要去动物园春游的消息告诉学生们时,如预料的一样,孩子们立刻乐得炸开了锅,罗老师告诉孩子们这次去春游,你们是组织者,自己当导游,老师只做协调和配合工作。罗老师告诉孩子们需要完成的事项:第一,需要分小组,分组原则上男女搭配。第二,小组要选出两名安全员,多名讲解员、秩序维护员及小组长。第三,各小组承担一个区域动物的讲解任务。第四,各小组自觉处理自己小组产生的垃圾,活动要听从安排和指挥。告诉了孩子们这次春游的安排后,他们立即投入到"我的春游,我做主"的活动安排之中。

三、活动设计

(一)活动目标

1. 认知目标:认识和了解动物的习性。

2. 情感目标:增进人和动物的关系及通过活动增进同学之间的友谊。

3. 能力目标:培养学生们自我解决问题和协作能力。

(二)活动环节的设计

班委会经过讨论设计此次春游三个活动环节。

1. 在去动物园的路程途中,各小组进行歌唱比赛或分享故事。

2. 到达动物园后,根据事先安排,由各小组讲解动物相关知识或趣闻。

3. 午餐过程中美食分享,并进行"自己的事情自己做"活动,即清理产生的垃圾。

---

[1] 案例来自于编者2018年在某小学调研时参与的四年级的一次班级活动

（三）活动任务的分配

1.班长对活动进行总策划。

2.副班长负责落实小组分配及各小组成员。

3.小组长落实小组安全员、讲解员、秩序维护员的人员和任务分配。

4.宣传委员在春游结束后出一期有关春游主题的黑板报。

四、活动实施

周五，风和日丽，春游活动如期而至。孩子们按照所在小组有序排好队，班长协助班主任帮助同学们有序上车。车子还没开动，车厢中就歌声嘹亮，孩子们急不可待地开始了歌唱比赛，活动的第一个环节自然而然地进行了。现在的孩子会唱的歌真多，既有像《两只老虎》这样的儿歌，也有《成都》这样的流行歌曲。你唱罢一曲我接着来，一曲接一曲，不到一个小时的车程在歌唱声的陪伴下度过了。

到了动物园，根据学校安排四年级沿着大门右边进行游玩。首先来到的是水生动物区。介绍水生区的动物是"杨帆组"承担的任务。讲解员李想手拿准备好的稿子，开始给伙伴们讲解。他说水生动物根据栖息场所可以分为海洋水生动物和淡水水生动物。例如咱们待会要看的海豚就是属于海洋水生动物，嘴巴尖尖的海豚喜欢吃小虾子、蟹。海豚呼吸一次后可以在水下待二三十分钟，我游泳只能憋几秒钟气，它太厉害了，原来咱们见过海豚跳出水面，那是海豚在换气呢。不仅如此，海豚还很聪明，会听懂人的语言，所以是人类的好朋友，经过训练后会打乒乓球、跳火圈等。（其他小组成员依次有序地为同学们进行讲解，具体讲解内容省略。）

午餐是孩子们分享美食的时刻，小组成员都拿出自己带来的好吃的美食，毫不吝啬地与同学们一起分享，各小组成员之间还时不时地交换美食。孩子们在开心地吃美食的同时，没有人随意丢弃垃圾，都自觉地将垃圾放入随身携带的垃圾袋中并最后放入垃圾桶里。

五、活动总结与反思

看到孩子们的表现，作为班主任的罗老师由衷地感觉到只要充分信任学生，给予他们适当的引导，孩子们都会有出色的表现。要敢于放手发动学生，让孩子们做学习的主人，班级活动要发挥孩子们的聪明才智，其实他们可以做好。信任孩子，相信孩子，敢于让孩子们尝试，孩子们在体验中成长，这是属于他们自己的游戏，自己的成长历程。

案例评析：班级活动是孩子们成长的重要平台，教师应该充分地信任学生，学生们并不是无知的空壳，等待老师的灌输，他们是有主动性、有知识、有经验、有情感的成长者。因此教师的教育就是要调动学生们的求知欲、激发学生们的学习热情，解放他们的思想、手脚,让他们勇敢地去尝试、去体验,用他们的已知去探求新的未知,在活动中锻炼他们的知识综合运用能力、组织协调能力,体会活动带给他们精神上的愉悦。该班主任一改班级活动由自己一人单打独斗的设计惯例,相信学生们能胜任此次活动,在前期动员时,将需要注意的事项进行交代,然后让班委和学生们自己来设计活动环节,查找活动内容,活动过程中每个人都承担相应责任。每个学生都是活动的参与者,每个人为自己的行为负责。纯娱乐性的春游在娱乐的同时传达了教育的功能,孩子们在开心游玩的同时,协作精神、责任意识、安全意识等都被潜移默化地植入其中。当我看到孩子们认真做小导游时,感受到了学生们认真求知的热情;当看到安全员提醒小组伙伴别走远时,看到了一个小孩子在所在角色中的责任和担当;当我看到孩子们没有人随地乱扔垃圾而是把垃圾收集起来放回垃圾箱时,我看到了新时代小学生的环保意识、责任意识在增强。这些就是活动所具有的促进学生成长的力量。

讨论:

班级活动由设计转变为实践需要注意的事项有哪些?

本章小结

丰富多彩的班级活动是受小学生欢迎的教学组织形式,也是促成班级转变为有凝聚力的班集体的最重要的力量来源。班级活动对学生思想道德的养成,体力、智力的发展,社会性与个性的形成,情感的丰富等都有极为重要的意义。对班主任而言,班级活动也是其了解学生,帮助自己实现专业成长的重要渠道。班级活动虽然如此重要,但现实中班级活动在具体开展过程中存在一些问题。根据班级活动涉及的内容,班级活动一般可分为四种类型:德育活动、学习活动、文体活动、综合教育与实践活动。为提高班级活动开展的实效性,让师生从中真正受益,开展班级活动须遵循解放儿童原则、学生主体性原则、教育性与趣味性相结合原则。活动以上述设计原则为圭臬,在实施过程中需要先提炼主题,再确定内容、选择形式、形成方案,最后总结。

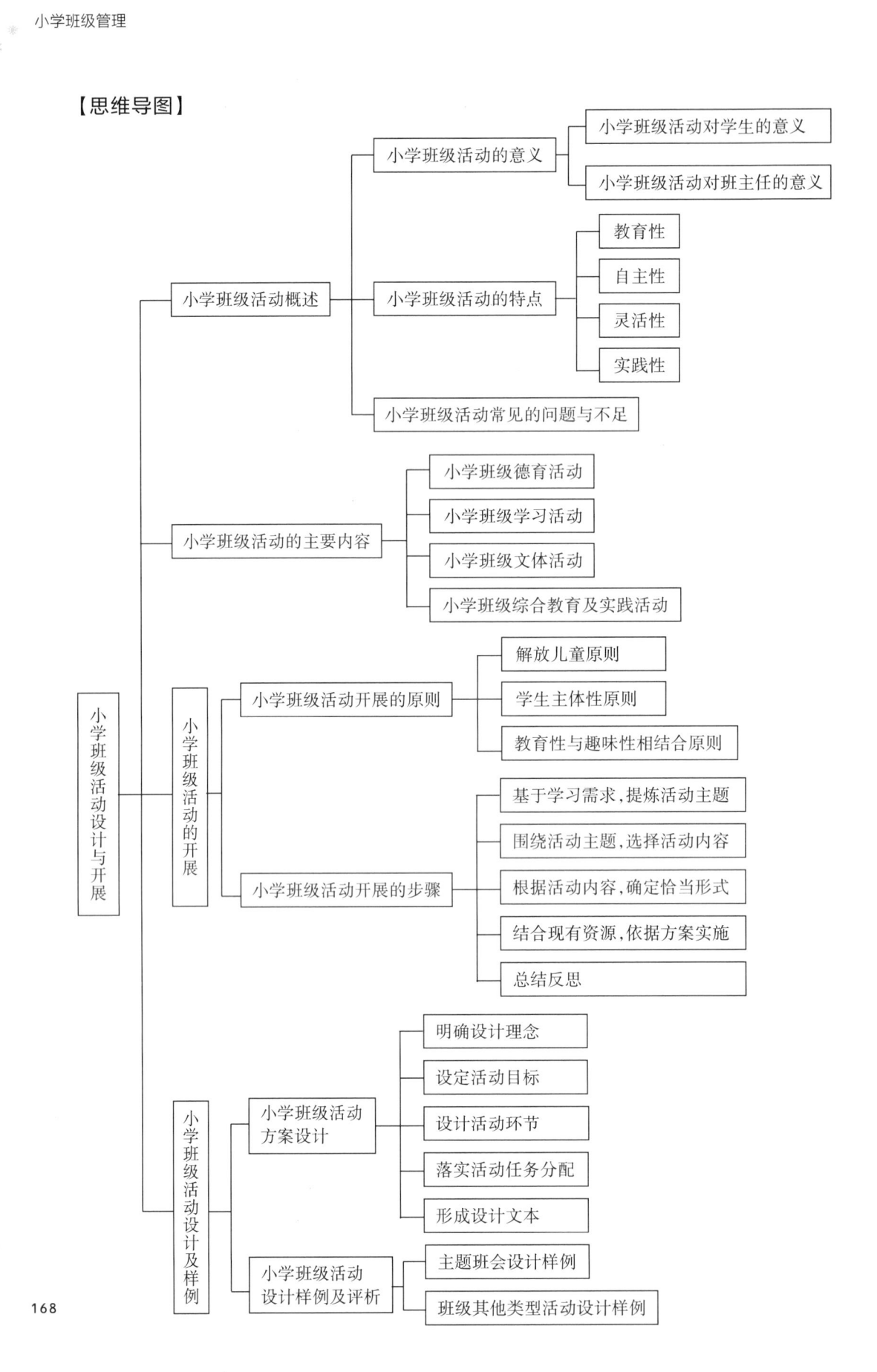

【思维导图】

小学班级活动设计与开展
├── 小学班级活动概述
│   ├── 小学班级活动的意义
│   │   ├── 小学班级活动对学生的意义
│   │   └── 小学班级活动对班主任的意义
│   ├── 小学班级活动的特点
│   │   ├── 教育性
│   │   ├── 自主性
│   │   ├── 灵活性
│   │   └── 实践性
│   └── 小学班级活动常见的问题与不足
├── 小学班级活动的主要内容
│   ├── 小学班级德育活动
│   ├── 小学班级学习活动
│   ├── 小学班级文体活动
│   └── 小学班级综合教育及实践活动
├── 小学班级活动的开展
│   ├── 小学班级活动开展的原则
│   │   ├── 解放儿童原则
│   │   ├── 学生主体性原则
│   │   └── 教育性与趣味性相结合原则
│   └── 小学班级活动开展的步骤
│   ├── 基于学习需求，提炼活动主题
│   ├── 围绕活动主题，选择活动内容
│   ├── 根据活动内容，确定恰当形式
│   ├── 结合现有资源，依据方案实施
│   └── 总结反思
└── 小学班级活动设计及样例
    ├── 小学班级活动方案设计
    │   ├── 明确设计理念
    │   ├── 设定活动目标
    │   ├── 设计活动环节
    │   ├── 落实活动任务分配
    │   └── 形成设计文本
    └── 小学班级活动设计样例及评析
        ├── 主题班会设计样例
        └── 班级其他类型活动设计样例

【思考与练习】

1.班级活动设计遵循的原则有哪些?

2.如何让学生成为班级活动的主体?

3.自选主题,设计一则符合小学生特点的班级活动。

【推荐阅读】

1.王一军,李伟平.班级活动设计与组织实施[M].北京:教育科学出版社,2007.

2.丁如许.魅力班会课(小学卷)[M].上海:华东师范大学出版社,2009.

第八章
小学班级突发事件的处理

凡事预则立,不预则废。

——《礼记·中庸》

矛盾、麻烦是进步的障碍,但也是进步的阶梯。

——魏书生

情在左,爱在右,走在生命的两旁,随时播种,随时开花。

——冰心

教育的核心,就其本质来说,就在于让学生始终体验到自己的尊严感。

——苏霍姆林斯基

学习提要

1. 理解小学班级突发事件的含义及特征。
2. 了解小学班级突发事件的类型。
3. 掌握小学班级突发事件处理的原则、策略及善后。

第一节 小学班级突发事件概述

一、小学班级突发事件的概念

(一)小学班级突发事件的内涵

突发事件这个概念,是我国约定俗成的名词,不是外来词语的一对一翻译。"突发"一词,顾名思义就是突如其来的、出乎预料的、令人猝不及防的状态;"事件"一词,按照《辞海》的解释,则是指历史上或社会上发生的大事情。突发事件是从公共行政管理角度研究危机的专用术语。在社会生活中,会有许多意想不到的事件发生,这些事件可能是地震、洪水等来自自然的不可抗力,也可能是火灾、食物中毒、建筑物倒塌等人为因素造成的,还有公共卫生方面的如非典、禽流感等传染性疾病,以及社会政治因素引发的游行示威等。

针对突发事件的概念,可把小学班级突发事件定义为:受到自然、社会或人为因素的影响,在小学校园突然爆发的,造成或者可能造成小学生的人身伤害及财产损失,给学校或者社会的稳定发展构成威胁或不同程度影响的紧急事件,称为小学班级突发事件。在小学班级日常管理活动中,突发事件更多表现为诸如吵架、斗殴、丢失、偷窃、逃学、辍学、顶撞教师等始料不及、突如其来的非正常性问题和现象。

(二)小学班级突发事件的特点

1. 发生的突然性[1]

突发事件的特点首先表现在一个"突"字上,突如其来,大多演变迅速,是难以完全预测的。它发生的具体时间、地点、实际规模、具体态势和影响深度常常超乎人们的常规思维,使人们猝不及防,陷入困境之中。

2. 影响的广泛性与危害性

小学班级突发事件,有的涉及个别人,有的关联整个集体。突发事件往往对当事学生和有关联的学生产生不良的影响,损害学生的身心健康,甚至产生意想不到的严重后果。这种不良后果有时还会影响整个学校,甚至可能会给家庭和社会带来很大的负面影响。在信息化时代,网络舆论的形成非常迅速。由于载体的特殊性,网络舆论较其他舆论形态而言具有许多新的特征和传播模式,严重的突发事件产生的影响是极其深远的,它不能够很快消失,只能依靠时间的流逝来淡化严重的突发事件给师生人身安全、学校正常教学、工作和生活秩序带来的不同程度的影响。

3. 控制的紧迫性

小学生无论何时何地都是周围关注的焦点,事件一旦发生,需要班主任马上做出反应,并很快拿出处理方案,防止事态扩大,否则,少数不明真相的人通过自媒体的宣传鼓动就让事态迅速蔓延,给事件的处理带来不利影响。

4. 操作的可预防性

表面上看,小学班级突发事件有很大的偶然性,但是,如果认真分析,我们就会发现,每一次偶发事件的背后,总是有一些必然的原因在起作用。尽管突发事件有着它的突发性,但大多数突发事件还是可以提前预防的,"凡事预则立,不预则废"。因此,为了避免或减少这些突发事件,一定要把平时的安全工作做细做实,从而防患于未然。

---

[1]朱理哲.当前中小学突发事件管理机制建设研究[J].当代教育理论与实践,2011(09):22-24.

二、妥善处理小学班级突发事件的意义

小学班级突发事件往往是棘手的事故,处理这些事情恰恰是小学班主任不可避免的工作。正确处理班级的突发事件,是教育教学工作者,特别是班主任的基本工作能力。

班主任是班级的主要管理者,在遇到突发事件后,应立即做出反应,运用科学的方法来处理。突发事件处理得当,将会迅速平息事端,坏事也许会向好的方面转化。

第一,有利于学生个性社会化的发展。社会化是指在特定的社会和文化环境中,个体形成适应于该社会和文化的人格,掌握该社会所公认的行为方式,成长为社会积极成员的过程。[①]班级是小学生学习的主要场所,也是小学生社会化的主要情境,可以说班级是社会的缩影,小学生在班级的学习与活动中养成行为习惯,形成行为方式,是以后社会行为产生的前提条件。班级突发事件的正确处理会使学生受到一次严峻的思想道德考验和教育,会促使学生的身心向健康的方面发展,也会使学生学会明辨是非曲直,知道什么是真、善、美,什么是假、恶、丑,从而实现个体社会化。另外,班主任在处理突发事件中所表现出来的宽容、耐心、智慧等品质是对学生品德教育的最直观生动的榜样,有利于学生良好性格和修养的养成。

第二,有利于提高教师的威信。班级是一个以学生为主体,以社会化学习为特征的儿童社会,班级突发事件的处理包括教师与学生、学生与学生的关系,而这些人际关系在相当程度上取决于教师和学生的个人行为,如果师生的行为达到双方满意的期望值时,师生之间将出现一种和谐的关系,这种和谐关系是教师有效开展教育活动的基础,教师的要求就可以比较容易转化为学生自己的需要,学生甚至乐于接受教师的批评教育。因此,班主任妥善解决突发事件可以增加学生对老师的信任,增进师生的情感,提高教师的威信。反之,突发事件处理不当,师生之间将会发生冲突,教师对学生的教育教学活动无法有序进行,教师威信下降。

第三,有利于班级的健康发展。小学班主任是班级管理最直接和素质教育最前沿的实施者。无论是学生个体还是群体导致的突发事件,抑或是社会、自然等其他原因导致的突发事件,班主任能否妥善处理将会影响到班集体的发展。马卡连柯在长期的教育实践中总结出:良好的班集体既是教育的力量,也是教育的对象。他说:"在教育对象是单独的个人的时候,我们应该想到整个集体的教育。每当我们给个人一种影响的时候,这种影响必定同时应当是给集体的一种影响,相反地,每当我们涉及集体的时候,同时也应当成为对于组成集体的每一个人的教育。"因此妥善处理班级突发事件,在提高教师威信的同时,不仅能促进当事人的思想与行为的转化,还能形成班级正确的舆论导向、良好的班风、和谐的人际关系,促进班级的健康发展。

第四,能使学校工作在社会上得到群众的认可。如果教师不能正确科学地处理突发

---

① 邓栩.小学课堂管理[M].北京:北京师范大学出版社,2015:212.

事件,不仅会导致原有的矛盾更加激化,使学生受到身心的伤害,还会导致新的矛盾的产生,比如师生矛盾、群众与学校的矛盾等。这样,老师的形象、学校的形象,甚至整个教育的形象都会受到损害。有的还可能会发展成极端事件,产生极其严重的后果。

第二节 小学班级常见的突发事件

小学阶段是人的身心发展的关键期,身心发展变化快且不稳定,依赖性与反复性强;知识与生活经验不足,应对变化的能力不足;法律知识少,是非辨别能力差。因此在他们的学习生活中容易发生突发事件,这些突发事件大致可以分为以下几种:[①]

一、同伴之间发生的负面突发事件

(一)吵架、打架

小学生的吵架、打架一般都是些小打小闹,而且吵架、打架的数量较少,他们大多不会对其他人造成很大的伤害,但是学生打架现象对其品德的形成,对其将来的发展都会有很大影响。

小学生吵架、打架行为的产生,有着复杂的家庭、社会因素和心理因素。一是由于年龄小,"以自我为中心"的心理还是存在的。二是受尊重的需求得不到满足。有些小学生,他们可能学习成绩不怎么理想,平时在同学心中的地位不高,于是经常捕风捉影,搬弄是非。有的生理有缺陷,他们希望同学们能尊重自己,这类同学与人打架的现象也比较多。三是小学生之间发生小碰撞,互不道歉,矛盾升级。在学校这个大集体当中,同学们在学习生活中难免会发生一些小碰撞,他们在各不相让的情况下,打架就很容易发生了。四是自己犯错,迁怒别人,从而打人报复。有的同学由于犯错误,被老师或家长批评了,他没有很好地从自己身上找原因,而是迁怒于同学,怀疑某某同学告状,自己的事才被大人发现,自己才会挨批评,于是用打架解决问题。

吵架、打架往往由同学之间矛盾激化而引发。有发生在同班同学之间的,也有班级与班级之间的矛盾斗争,还有校外因素参与下校内学生间的打斗事件等。一个班级如果管理跟不上,纪律松散,打架斗殴的事情就特别容易发生,既破坏学校秩序、扰乱班级稳定,又危害学生身心健康,需要引起班主任的高度关注。

(二)财物偷窃

小学生偷窃行为是小学班主任在教育教学活动中常遇到的问题。这种事情多属于小偷小摸行为,害人害己。虽然属于少数学生所为,但是仍需要班主任加强班级管理,高

---

① 李兵.中小学班级突发事件特点及防范策略[J].成功(教育版),2013(09):160.

度警惕。

小学生产生偷窃行为的原因是多种多样的。从主观原因看,小学生偷窃可能出于以下几种心理:(1)占有心理。小学阶段的学生自我意识发展还不完善,他们看到自己喜欢的东西就想据为己有,这是一种占有心理。这种心理主要跟学生早期的家庭教养有密切关系。这类学生在幼儿时自我意识还没有完全形成,随意从其他孩子手里抢东西,而此时其父母也并未加以重视。之后随着学生年龄的增长,小时候形成的错误观念被强化,于是出现了偷窃的行为。(2)嫉妒心理。在学校的学习生活中,有些学生看到自己身边的同学在某些方面超过自己,便情不自禁地产生一种难受的感觉,于是将对方视为对自己的威胁,并随之做出一些消极的行为。这种"见不得别人好"的行为就是小学生嫉妒情感的一种表现。(3)补偿心理。从心理学上看,补偿心理其实就是一种"移位",此处的行为被压制,欲望得不到满足,就转移到别处寻求补偿。(4)捉弄心理。处于前青春期阶段的学生,特别顽皮,他们会悄悄地把同学的书、文具偷走藏起来,或者丢掉,当看到别人因找不到书籍或文具而着急、难过时,他们就起哄,觉得好玩。这种"把自己的快乐建立在别人的痛苦之上"的行为,就属于捉弄心理行为。(5)报复心理。在学校的集体学习生活中,学生在与同学相处过程中常常会出现一些小矛盾、小纠纷,此时心胸狭隘、自尊心敏感的学生就很容易会对对方怀恨在心,产生日后报复的心理。而偷窃对方财物就是他们常常采用的一种报复方式。(6)被迫心理。这是一种小学生偷窃行为的特殊的心理。这种学生偷窃,往往并非出其本意,而是被迫的。比如,被高年级或者行为霸道的学生勒索要钱,被勒索者在向父母要不到钱的情况下只能铤而走险,偷父母或同学的钱以求过关。

从客观原因看,家庭教育不当,父母行为失范、教育方法简单粗暴,或过于放纵,导致孩子不健康心理产生。有些班主任在班级管理中不得法,一些教师教育方式过于简单、粗暴,漠视问题学生,对出现问题的学生一味责骂,这样不但不能彻底解决问题,反而会使问题越来越严重。社会环境方面,随着社会经济的不断发展,一些拜金、享乐、攀比等社会上的不良风气正影响着校园内的学生,误导了他们的道德价值判断。电子游戏厅、网吧、KTV等娱乐场所林立,一些不法商家更是受利益驱动,拉拢、诱导小学生去消费,由于小学生没有收入来源,从而直接导致了学生偷窃行为的产生。

(三)恶作剧

小学生因为身心的不成熟、淘气、调皮、不懂事,往往容易做出戏弄同学、拿同学取乐或出气的事情,不但始料未及,而且使人非常难堪的突发事件称为恶作剧。

恶作剧产生的原因,从心理上看有以下原因:(1)自我表现的心理。与周围人熟悉较快,对老师没有畏惧感、调皮捣蛋、好表现是对这类学生的一般概括。他们以吸引别人的注意力为乐,以做别人不敢做的事情为勇。(2)试探心理。有的学生以新老师或陌生同学作为恶作剧的对象,往往出于试探心理,试探这个老师或同学的厉害程度、情绪反应、性格特点及行事风格,由此决定自己对待这个老师或同学的态度、行为。

资料链接

小明和小东(均为化名)是同一班级的好哥们儿,都活泼好动。课间休息时,小东给小明来了个恶作剧,将埃菲尔铁塔模型放在了小明的座位上,并哄骗小明坐下,结果……幸运的是,由于裤子阻挡,铁塔并未完全插入肛门,小明当时很快就自行取出。虽然疼痛,但怕被骂,小明也不敢告诉家长,直到肛门痛得出血不止,才不得不和家里人说。[①]

二、师生之间发生的负面突发事件

(一)言语顶撞教师

顶撞教师的行为是指学生公开反对教师的建议,对教师的批评持对抗态度;当面指责教师的错误,指出或反驳教师的问题判断,指责教师处理问题不公平,等等。这类事件一旦发生,若不及时控制,可能会出现教师动手打学生或学生破口大骂教师的局面,对教师今后的管理工作造成不利的影响。

小学生顶撞教师行为出现的原因是多方面的。

一是来自教师方面的原因。(1)教师缺乏威信,没有责任感,教学能力差,对学生没有爱心。这样的教师在学生心目中缺少威信,容易发生小学生顶撞教师的行为。(2)教师教育方法不当。教师对学生或事情本身缺乏全面了解,处理问题不注意场合,判断失当;面对求新求异的小学生,教师的教育方法简单、粗暴、专横,不讲科学和民主,易导致学生的不满,当积累到一定程度后,当教师的批评或管教不合己意时,顶撞冲突就难以避免。(3)教师不公正。如果教师平时宣称平等对待学生、对学生一视同仁,但遇到具体问题时,教师忘记了平等原则或者戴着"有色眼镜"看人,那么引发学生顶撞行为也是在所难免。

二是来自学校方面的原因。如果学校校风或班风不好,经常出现小学生顶撞教师的现象而又没有及时有效处理,就容易激发学生错误的模仿心理。

三是来自学生方面的原因。一般来说,情绪烦躁、性格倔强、对问题理解偏激、有逆反心理和攻击性心理倾向的学生更容易出现顶撞教师的行为。

此外,有的学生顶撞教师可能是为了寻求教师的关注,这些学生一般都是平时比较受忽视的学生,为了其心理需要的满足而顶撞教师。

无论是在课堂上,还是在课外活动中,教师处事方式的不当或学生情绪的偏激往往容易引发或形成学生与教师顶撞的局面。这类事件一旦发生,若不及时控制,很可能就会进一步造成师生关系出现僵局的后果,而且一段时间内都很难消除。

---

① http://news.sohu.com/2015-10-30/n424649550.html.

（二）故意捉弄教师

例如，有的学生千方百计找难题，试图难倒老师；有的学生偷偷地拿老师的眼镜、教案之类的物品，放到不易看到的地方，要老师难堪；等等。

> **资料链接**
>
> 今年下学期，我接手一个新班，班上有个学生成绩不好，爱搞恶作剧。一天，他有意在黑板上画了一座坟墓，墓碑上写着"王老师之墓"。当时我确实难以忍受。铃声响了，同学们等候着一场"暴风雨"的来临，可他们万万没想到，我轻轻走进教室，叫学生起立，向死去的王老师默哀3分钟。3分钟过去了，我面带笑容地说："王老师又活过来了，现在我们开始上课。"这时全班同学用责备的目光一齐投向那位给老师画坟墓者，这位同学顿时满脸羞愧，课后自觉向我承认了错误。顽皮的学生往往把老师当作恶作剧的对象，以显示自己的"才能"。遇到以上这类恶作剧，当教师的确实会感到难以忍受，怎样对待学生的恶作剧呢？教师首先要压制心中的怒火，对自己进行"冷处理"。制怒是有效教育学生的先决条件，宽容和豁达不仅能感化学生，而且能使教师的应变能力得到充分发挥。其次，要有幽默感。教师的幽默能较大程度地削弱恶作剧所造成的不良后果，教师的威望得到进一步提高。再次，用含蓄的方式向公众暗示恶作剧制造者给课堂教学带来的影响，收到批评一人、教育一片的效果。相反，如果教师大动肝火，当面训斥和嘲弄恶作剧的学生，不但不能挽回自己的面子，反而使学生更加反感。[①]

三、亲子之间发生的负面突发事件

（一）家庭变故

家庭变故主要是指家庭成员意外伤亡、父母离异等非正常的，学生主观意愿难以左右的家庭结构变化。常言道："天有不测风云，人有旦夕祸福。"家庭变故往往会使学生思想与学习上的负担加重，生活上遭受冲击，身心健康受到威胁，危害严重。

> **资料链接**
>
> 2011年5月，我的家庭突遭变故，孩子的爸爸突发意外成了植物人。当时，我也没多想就把孩子托付给亲戚照顾，这期间，我和孩子只是在电话中交流，一直没有亲自照顾孩子（我忽视了一个问题，那个时候我的孩子只有6岁）。就这样持续了一

---
① 王善芝.如何对待学生的恶作剧：从学生给我画坟墓谈起[J].教书育人（高教论坛），2002(03)：30.

年多。回来后我就发现孩子的状态很不好，记得当时孩子见到我的时候一点儿也不亲，却劈头问了我一句："妈妈，你还要我吗？我同学都说你不要我了。"

孩子刚上小学一年级的时候，孩子的爸爸最终还是离开了我们。当时我也没有意识到这件事对孩子的打击会有多大，我也没有及时找专业人员对他进行心理疏导。到了二年级，孩子的学习成绩就开始下降了。他说班主任也就是语文老师，经常无缘无故地批评他。整个小学期间孩子一直表现出对班主任的不满，我也没有意识到会有多大问题，只是单一地教育孩子老师是为了他好。从小学五年级开始，孩子就认为学校跟地狱一样，班主任就是魔鬼。但是数学老师非常喜欢他，用他自己的话说，就是语文老师让他看到了绝望，数学老师让他看到了希望，正因为有数学老师，他才坚持读完了小学。[1]

因此，当学生家庭出现变故时，班主任绝不能凭主观臆断去批评学生，要发现新情况、新问题，一定要通过各种方式如调查、家访等，全面地了解和研究学生。

（二）家庭矛盾

家庭是儿童成长的摇篮。幸福美满的家庭，是儿童身心健康发展最重要的条件。矛盾重重的家庭，父母经常争吵、发生纠葛，家庭成员的不理解与加压，往往会使小学生本身就不成熟的身心受到"挤压"，使儿童心灵遭受创伤。表现为孩子不能树立高度的自尊心、自信心，会对人与人之间温和而友好的关系产生怀疑；长期生活在这样的环境下，严重的可能造成孩子神经系统的紊乱，使他们在将来与人相处时，产生疏离感、受排斥感和无依靠感，同时他们也不容易形成对人友善的感情；会导致孩子在道德上的、习性上的瑕疵日益增多，使孩子变得更不听话，更难于管教；孩子的适应能力日渐降低，越来越不习惯于人们共同的道德规范，行为上变得日渐逆反。随着家庭矛盾的白热化，学生学习生活受阻，有时候引发学生突然的言行、情绪变化，造成班级管理问题增多。

四、家校之间发生的负面突发事件

在日常生活中，家庭与学校之间发生的负面突发事件主要是家长投诉事件。例如，有些霸道的家长，孩子被老师批评了，他（她）就非常气愤地来找老师理论。有的孩子在校打架被别的孩子欺负，家长不问青红皂白，一味袒护，小题大做等现象也是存在的。家庭与学校之间因沟通不畅而造成的不必要冲突，往往影响到中小学学生学习和生活的顺利进展，扰乱了班级管理的正常运行。

---

[1]家庭变故给孩子带来哪些影响[EB/OL].https://www.jianke.com/jsbpd/5366494.html, 2018-07-04.

五、校外人员侵害学生事件

所谓校外人员侵害,是指教育机构以外的人或物所造成的损害。这里所说的物是指不属于教育机构所有或管理的物。例如,某人在校园外抛掷物品,导致学生被砸伤;校外的施工车辆坠落的物件,造成放学回家的学生的伤害等。这些都属于校外人员的人或物致害。[①]

人的生命是至高无上的,作为班级管理者,小学班主任一个很重要的任务是尽力保证学生在校期间的人身安全,当小学生遭受到校外人员侵害时,要能够第一时间赶到现场,对学生进行有效的保护。

六、其他类型

在小学里,还不同程度地存在着学生对教师反感、厌学、旷课、逃学甚至辍学的现象,也有因惧怕班主任和教师的打骂而旷课、逃学的现象。这类突发事件对班集体的负面影响是很大的。

例如,五年级学生小军,对上学一直不感兴趣,只是因为父母管得严,他每天只好强行忍着到学校去。今天恰好父母都出差了,走在上学路上,她便欺骗送他上学的姥姥说肚子疼,结果成功逃了一天学。逃学是学生想摆脱学校教育的叛逆行为,虽然这种行为在小学生中只是个别现象,但却是令班主任非常苦恼,又迫切想解决的问题。[②]

逃学是学生厌学的一种极端表现,有错综复杂的原因,教师一定要分门别类,找准原因,对症下药。对学习成绩差而逃学的,教师要降低学习要求,使其完成力所能及的学习任务;因家庭变故、缺少家庭温暖和管教而逃学的,教师要扮演好父母的角色,给予学生温暖和爱抚;因缺乏自律,甚至上网成瘾而逃学的,教师可通过丰富多彩的班队活动,把学生吸引到班集体中来。

总之,小学各类突发事件屡屡发生,无不是在用事实呼喊着"加强小学班级管理,妥善应对班级突发事件"策略的推进的必要性。

第三节 小学班级突发事件的处理及善后

小学班级突发事件一般具有偶然性与突发性、影响广泛性与危害性、控制的紧迫性、操作的可预防性。如何妥善处理班级突发事件,关系到一个班级的健康发展,也反映出

---

① 王利明.论侵权法中的教育机构:从其侵权责任谈起[J].中国法学教育研究,2011(03):1-29,196.
② 吴志樵,刘延庆.班主任怎样应对班级突发事件[M].合肥:安徽人民出版社,2012:70.

教师的管理能力和处理事件艺术。只有掌握正确的小学班级突发事件的处理原则,教会学生和谐相处,完善心理健康教育,倡导正确的施教方式,才能有效化解危机。

一、小学班级突发事件的处理原则[①]

(一)教育性原则

教师在处理突发事件时要以让学生受教育,促进每个学生的成长为目的。班主任要本着教育从严、处理从宽、化解矛盾、教育全班的精神,实事求是地分析问题,找出问题的症结,并对方方面面的原因进行全面的分析和判断,尽量做到公正、公平,才能够使学生真正受到教育,达到惩前毖后、治病救人的目的。例如:正在上电脑课时,一个学生把电源插座碰掉了,导致电脑非正常关机。教师发现后,及时把电源插座插上,然后指导学生重新开启电脑。非正常关闭的电脑打开时程序复杂一些,这时教师说:"某某同学碰掉插座,说明他比较粗心。"不过,我们可以借此机会学习在电脑非正常关闭的情况下怎样重启。

(二)客观性原则

一个班级中的学生之间有很大差异,同一个学生有优点,也有缺点,那么就要求我们班主任在处理问题时,要坚持客观性的原则。"知己知彼,百战不殆",处理突发事件也要这样,教师在处理问题时,要充分调查、了解事实的真相,公平公正地分析和处理问题,客观地对待每一个学生,避免因为自己的主观随意导致处理问题不公,不能偏心,不能以老眼光看人,以势压人。那样只会降低班主任在学生心中的威信,从而影响到学生的成长和发展。

(三)有效性原则

教育的关键在"育",在处理问题时,要注意所采取的方法,不能简单粗暴、主观武断。任何事情都有两面性,突发事件自然也不例外。突发事件会扰乱教学秩序,会带来负面影响,甚至产生严重后果。但在其后往往隐藏着许多积极的教育因素,为班主任教育学生和管理班级提供良好的时机。所以在突发事件发生后,班主任的工作是要以此为契机,让学生改正某些错误行为,并使之对全班同学起到教育、引导作用。所以,班主任在平息事端的过程中要注意发现学生的闪光点,用"育人"的态度去看事件,用发展的眼光去看学生,鼓励学生自己用优点克服缺点,不要背思想包袱,只有这样,班主任工作才能实现"教师对学生的教育"走向"学生自觉地对自己进行教育"。

(四)可接受原则

教师对突发事件的处理要能使当事双方对处理意见或结果心悦诚服地接受,处理不

[①] 中公教育教师资格考试研究院.教育教学知识与能力(小学)[M].北京/西安:世界图书出版公司,2018.

能强加于人,不能流于形式。要让学生从内心深处接受,认识到自己的错误,进而积极加以改正。

(五)冷处理原则

教师在处理突发事件时,保持冷静、公平、宽容的心态,那么处理事件就会顺利得多。对于有些突发事件,教师不应急于表态,急于下结论,而应冷静地观察一段时间,待把问题的来龙去脉弄清楚再去处理。但是"冷处理"不是不处理,也不是拖到不能再拖时再处理,而是先进行正常的活动,等活动结束后再处理。

(六)因材施教原则

处理突发事件,要照顾到学生的个性特点和差异。既要注意针对学生的一般特点,又要考虑到个别差异。全班出现问题,当时处理;局部和个别学生的问题,私下处理;课上的问题,课下处理。做到因材施教,因人而异,才能收到良好的教育效果。

资料链接

因人而异,讲究分寸,恰到好处

在一次班会上,班主任正在讲话,教室里静悄悄的。当他讲到关键处,突然"骨碌碌"地一粒"子弹"(石子)直冲讲台飞来,同学们哄堂大笑。班主任非常气愤,正要发作,可是一看,出乎意料的是,射出这粒"子弹"的是平时各方面表现较好的学生吴某。班主任头脑里闪出一个念头:吴某举动反常必有缘故。由此只说请他课后到办公室来一下,班会继续进行。课后吴某来到办公室就哭了。经过家访发现出了一个大误会。几天前开家长会,吴某妈妈拿着一封准备寄出的信,吴某看到以为是家长给老师的告状信。之后,又处处怀疑班主任对他有偏见,才产生这样的对立情绪,以致在班会上故意捣乱,想扫扫班主任的威信。班主任找到缘由后,为了解除误会,启发吴某分析班会课上违反纪律的性质和后果,并进行了善意批评,之后又多次深入吴某家,说服家长改变对孩子的教育方法,促使吴某家庭发生很大变化。吴某悔悟之后专门找班主任检讨那天发射"子弹"的错误。一场小风波真正平息下来了。倘若班主任对吴某在班会上发生的事采取另一种方式,其后果恐怕是不堪设想的。[1]

(七)启发性原则

学生接受教育不是消极被动的,应该是主观能动的。班主任要随时注意启发学生改

---

[1] 关海峡:一粒"子弹"飞来之后 [EB/OL].中国教师研修网,2014-10-30.

正错误的自觉性。

班主任在处理事情时,不要一听到或看到某些不良现象就下结论,一定要留"余地",引导学生自觉地接受教育,让学生充分认识到自己所犯错误的性质及其危害,引导他依靠自身的积极因素去克服消极因素。

> **资料链接**
>
> 采用暗示,旁敲侧击
>
> 全班都在聚精会神地听课,突然老师发现有一位学生在开小差,注意力没放在课堂上,这时,老师很自然地踱到了他的身边,没拿书的右手看似很随意地搭在了他的肩膀上,他马上回过了神,红着脸,开始认真地听起了课。
>
> 案例中的老师用一个自然巧妙的动作,既提醒了走神的学生,又没有停止讲课,影响教学进程,还在一定程度上保全了该生的面子。轻敲桌面,轻咳一声,一个殷切的眼神,一个不满意的扫视,都能避免一场不愉快。[1]

(八)一致性原则

苏霍姆林斯基说:"教育的效果取决于学校和家庭教育的一致性,如果没有这种一致性,那么学校的教学和教育过程就会像纸做的房子一样倒塌下来。"班主任的班级工作一定要顾及学校、家庭、社会环境等多方面的因素。处理突发事件时,各种因素和力量应力求步调一致,相互配合。只有各方面力量互相配合,校长尊重班主任的工作,主动协调和统一学校内各种教育力量,家长也主动配合学校教育工作,对学生形成连续不断的一致性教育,才能收到良好的效果。

二、小学班级突发事件的处理方法[2]

(一)沉着冷静面对

沉着冷静面对,这是处理突发事件的基础。尤其是在发生冲突时,要求教师具有很高的教育修养和心理调控能力,要豁达大度,不怕低头承认自己平时工作中的疏漏,这也要求教师要有极大的忍耐力。太过于草率和盲目,往往会使自己陷于被动。保持冷静、公平、宽容的心态,那么处理事件就会顺利得多。

采取冷处理,首先是给学生降温,缓解矛盾,缓和情绪。不能粗暴地把学生推到矛盾的对立面,使学生产生抵触情绪,要给学生留有余地,必要时要给学生一个下台阶的梯

---

[1] 刘金龙.关于班级突发事件处理的艺术[EB/OL].https://www.docin.com/p-1144049008.html.
[2] 中公教育教师资格考试研究院.教育教学知识与能力(小学)[M].北京/西安:世界图书出版公司,2018:187-188.

子。不仅如此,老师还必须善于为学生着想,充分理解学生的思想情感特点,善于从好的方面考虑他们的行为。如果班主任一味地从坏的方面估量和批评学生,甚至粗暴地伤害学生的自尊心,学生就容易自暴自弃,产生心理上的对抗。尤其是师生之间产生冲突时,班主任一定要采用宽容的态度,令自己"冷"下来。其次,处理突发事件不要急于求成,不能急躁,要有耐心。具体讲要做到"三不":课堂问题不当堂批评;细小问题不当众批评;不认识错误不即刻批评。等一等,看一看,给学生自我反省的时间,让学生把发热的头脑冷却下来,达到学生自我教育的目的。[1]

请看下面的案例:

有一天,我正在上课,而且讲得很起劲,同学们也听得很认真。就在这时,我发现一个女同学正在看小说,于是我气不打一处来,边讲课,边悄悄走向她的位置。当我走到她旁边时,以"迅雷不及掩耳之势",把她的小说收了过来。正当我准备批评她时,一件意想不到的事情发生了。那位女同学站起身,急速走上讲台,将我放在讲台上的课本等全部拿到自己的手上,瞪着眼睛看着我。我站在她的座位旁,顿时觉得呼吸急促,手发麻,头上冒汗,此时我与她怒目相视,双方都不想让。教室里寂静无声,气氛十分紧张。我心想,这次明明是她不对,应该趁机好好镇她一下,先把她的书包从窗口丢出去,然后走上讲台把她推出去,杀杀这股邪气。但刹那间,我猛然想到,如果她不肯出教室,甚至大吵大闹怎么办?不是越闹越糟吗?不但课上不下去,还可能将事情闹得无法收场。在师生双方头脑发热的时候,绝不能乱干,先要保证把课上下去。我这样想的时候,便强压怒火,勉强小声对她说:"好吧!你不要再看小说了,好好听课。"同时将小说放回到她的课桌上,那位女同学看到这样对待,也把我的课本放回到讲台上,回到了座位上。于是我继续上课。

下课后,我反复考虑,这件事情一定要谨慎处理,否则,以后班务工作难以开展。

连续好几天我没有找这位同学谈话,而是先在班干会议上把我当时的想法告诉大家,说明老师这样做是为了顾全大局,不影响大家听课。在班会上又有意识地讲到,凡事要顾全大局,班里同学认识渐趋一致。这时我仍然没有找这位同学谈话,耐心等待有利的教育时机到来。

一天上课,当我讲到某个问题时,请同学们举例说明。我从这位同学的神态中看出,她能正确回答这个问题。时机到来了,我随即对她点头微笑,说"你可以举一个例子来说明?"她站起来很认真地回答,我表扬了她。下午课外活动时,我让她来我办公室,先请她坐下,接着讲了她最近学习认真,成绩已有上升,各项活动也积极参加,作为班主任,我心里很高兴。讲着讲着,她露出了笑容,随即我把话题一转,讲了两周前的事,并把我当时的真实想法告诉了她,她听着听着,忽然流着泪说:"老师,那次是我

---

[1] 张作岭,姚玉香.班级管理案例教程[M].北京:清华大学出版社,2015:229.

不对……"我接着安慰她:"老师不会计较这些,现在你认识到错误就好了……"通过这次交流,我们之间的隔阂消除了。

这位老师非常得当地处理了突发事件,沉着冷静,没有自乱阵脚,又机智果断,平息了争端,最后进行了教育引导。

(二)机智、果断应对

偶发事件往往是事先预料不到的,所以应变时必须因势利导,随机应变,其方法技巧应随着情况的不同而不同,没有什么统一的可机械照搬的模式。但仔细分析起来,还是有一些方法技巧可循。下面简单谈谈几种应变策略:

1. 暂缓法

在出现想象不到的突发事件时,这时候教师不能急,慌了阵脚,可采取"缓兵之计",暂时"搁置"起来,或是稍做处理,留待以后再从容处理。因为在当时,学生多半处于激动状态,情绪不稳,很难心平气和地接受教育,甚至会产生更严重的逆反情绪,使局面难以收拾;而老师缺乏充分的心理准备和冷静的分析,如果贸然进行"热处理",难免发生失误或难以取得最佳的教育效果。

2. 立刻处理

这类问题一般是由于孩子的身体不适所造成的,比如流鼻血、肚子疼等。遇到这类情况,老师首先不要慌张,尤其是对待低年级的学生,老师先要稳定孩子们的情绪,一边安慰,一边进行及时的处理:"不要害怕,流鼻血是很正常的事情,其他同学也不要惊慌,秋天到了,回家要多吃点水果。"

3. 转移法

是根据矛盾的学生双方都有关注自己切身利益的心理特征,用某一事实,使学生的注意力从矛盾的事物中转移到另一非矛盾的事物上来,以缓和或消解矛盾的方法。例如,一个教师有一次看见两个学生最初在课堂上专心听讲,后来因一个学生将另一个学生的笔弄掉在地上而相互抓扯起来,双方处于对峙状态,我马上改口道:"这次作业纳入学期考试,先把作业本拿下去,陈兵、李胜……"当二人听到叫他们的名字时,便放开了手,这样双方的激烈矛盾才得以缓和。

4. 滑稽法

就是授课教师根据事件突发时的情景,结合自己的滑稽言行而产生的一种排除矛盾,使之向有利方向引导的方法。例如:一个教师走进教室准备要上课,见两学生为争课桌的宽窄而打起架来了,此时,这个老师便举起双手,佯装喊道:"别打我了,我投降了!"同学们见此状,便大笑起来,连先前打架的那两个同学都停手笑起来。接着,这个老师给同学们讲了一个小故事:从前,有两家人为了一垛墙的占地问题发生纠纷,双方争执不休。其中一家写信给他远方做官的儿子,其子回信时写了一首诗:"千里修书只为墙,让他三尺又何妨。长城万里今犹在,不见当年秦始皇。"同学们被这博大的胸怀所感。此后,班里争东西的现象再也没有发生了。

(三)公平、民主处理

处理学生与学生之间的矛盾冲突时,教师应以事实为依据,依法秉公办事,要有民主意识,不偏袒班干部和优等生,也不以老眼光看人,贬低"后进生",要得人心。

让我们来赏析一则案例:

钟宏是班级最负责的小组长,我要求这一组的同学到他那里去背书。新插入钟宏这一组的徐中挺是一个调皮大王,以前每次背书都靠蒙混过关,这次又想蒙混过关,但钟宏不同意,两人争执起来,谁也不愿意让步。班长来告诉我,我想了想,让班长先去稳住,防止事态扩大,并告诉他,让他出面调解,并让他们试着自己解决。过了10分钟,班长面带笑容来告诉我,事情已经解决。我不放心,还是到教室去调查一下。我一走进教室就问:"刚才教室里发生了什么事情吗?"两位当事人相视一笑,都说没有,我就放心了。

学生间的纠纷处理不当,会带来许多负面的影响,如果老师没有调查清楚随意妄下结论,就会有失公正,导致被偏向的学生更加骄横,更加与其他同学难相处,最终会远离集体,受委屈的学生会觉得老师不尊重他。在经过调查事情真相后,老师不要急于发表意见,而应让学生自己思考怎么办,这样既可以培养学生独立解决问题的能力,又可以了解学生的真实态度,更有针对性地教育。

明智的教师一般不介入学生的纠纷,如果非要老师处理不可,老师一定是本着公平公正、合情合理的原则,在了解情况后公正做出处理。

(四)善于总结、引导

把处理一桩突发事件看成一次了解班级情况、教育引导学生的机会。善于从不良事件中找出学生的闪光点,帮助学生分析问题,寻找解决问题的办法,维护学生自尊心。

资料链接

沈老师走进教室,发现黑板上有一幅嘲弄他的漫画,同学们嬉笑不已,沈老师看后笑着说:"头像画得很逼真,这位画画的同学很有天赋,我为班上有这样的人而感到高兴,建议他多向美术老师请教,充分发挥特长,说不定将来会成为美术家呢。"沈老师停顿一下,接着说:"可是这节课不是美术课,而是作文讲评课,现在我把它擦掉好吗?"沈老师正要去擦,只见一位同学疾步走上讲台,向沈老师深深地鞠了一个躬,然后抢过黑板擦,擦掉了他的"得意之作"。多年以后,一幅赞美老师、反映自己思想转变的美术作品《悟》被选为全国美术展的参展作品,作者就是当年在黑板上画漫画的学生。[1]

(五)在处理课堂突发事件的过程中,应注意不能牵扯太多的时间、精力和学生,要保证课堂教学的氛围和进度。

在课堂管理中,教师会遇到各种各样的小学生问题行为,妨碍学生自身的学习和发展;干扰其他同学的学习,起到坏榜样的作用;打断课堂教学活动,影响课堂教学的秩序或教学效率;等等。不同老师对课堂问题行为处理不一样,导致结果也不尽相同。比如,一位学生因为跟同学发生冲突而在课堂上哭起来了,如果老师说:"别哭了,有什么事下课再说!"不仅不能制止问题行为,很可能这个学生因为委屈而哭得更厉害。教师可以用"委以重任"的方式转移学生的注意力,使学生暂离这个令她伤心的教室。教师可以说:"某某某,你去办公室帮老师拿一下作业本好吗?"或者说:"某某某,去帮老师倒杯水好吗?"等哭的孩子离开教室,教师可以对冲突事件进行简单处理,其余事可等到下课后再做决断,这样,将冲突事件对课堂的干扰降到最低。

当然终止课堂问题行为的方法是多种多样的,教师可以采用信号暗示,如用眼神、走近学生、突然停顿,以"无声胜有声"的方式终止刚刚发生的问题行为,也可以采用幽默、创设情境、有意忽视、提问学生、正面批评、劝离课堂等方法处理课堂突发事件,保证课堂教学的氛围和进度。

班主任处理突发事件有一定的方法,但是具体到某件事情上是没有固定不变的方法,班主任要善于针对事件的原因和影响学生思想、道德、行为变化、发展的各种原因的分析推断,采取相应的灵活机动的方式方法,妥善处理各种突发事件。

三、小学班级突发事件处理的善后教育

班主任不能认为突发事件处理平息后,突发事件就结束了,而是要针对不同的突发事件做好教育辅导等善后工作。善后教育包括帮助犯错误的学生理解人人都会犯错误,告诉他们犯错误也是学习的一部分,由此提高学生的抗挫能力;对于受到伤害的学生要进行必要的心理辅导,正确对待挫折;还要利用突发事件教育集体;善后处理还包括和家长积极沟通,共同帮助学生进步。具体来说,要处理好以下几点:

(一)既要就事论事,又不能就事论事

就事论事:在明辨是非、弄清事实真相前,不扩大,也不缩小,完全尊重"事实真相"。

---

[1] 来源于2015年上半年小学教师资格考试试题

又不能就事论事:在表面"事实真相"的背后往往存在着较为复杂的原因,要达到比较彻底和合理地解决问题,就必须透过现象分析本质。下面赏析一个案例:

那天我拿教案进教室推开门时。突然"啪"的一声,一块东西从上面落下,险些砸在我头上,原来是一块被水浸透的海绵。海绵落地后溅起水花,我下意识地一跳,学生们见我狼狈样儿笑得前仰后合。我当时生气极了,想狠狠地训斥他们一顿。我紧皱着眉头,怒目圆睁,四下寻找恶作剧的始作俑者。孩子们见我真生气了,立刻止住笑,悄悄低下头,那样子活像是惹了祸的小猫,不由得使我想起了自己一岁多的儿子,每当我绷起脸时,他也是这副模样。我胸中的火气瞬间消失了,一种近乎母爱的感觉冲淡了我心中的愤怒。我又换上和颜悦色的表情追问是谁在和老师开玩笑,他们七嘴八舌地讲起来,我才明白那天是愚人节。

了解清楚原因后,我笑着对孩子们说:"你们把今天这件事写在日记本上吧,可不要写成检讨啊,小淘气包们。"说罢,我坐下来看书,教室里渐渐恢复了平静,只听到"沙沙沙"的写字声。

在孩子们幼小的心灵里,这件事似乎随着日记本的上交而结束了。可是作为一名班主任,我希望这件事能给他们留下一些启示。我仔细地读了孩子们的日记,这件令我尴尬的事被他们写得特别有意思,却没有一个人意识到当时我的那种尴尬和无奈。第二天上课,我请学生自愿读了自己的日记,然后我拿出自己的日记本,告诉他们当时的感受。"今天,我被自己最爱的学生戏弄了,我当时气极了,也伤心透了。平时,我把他们当作朋友,他们生病了,我慰问他们,给他们送水送药买水果;他们受了委屈,我关心他们,给他们排忧解难;他们取得好成绩,我真心地祝福他们,同他们一起欢呼雀跃。然而今天,他们却戏弄了我,让我觉得非常尴尬。可是,当我看到他们那副惹了祸不知所措的可怜样后,又忍不住原谅了他们,因为在我心里是那样地爱他们。"读罢,教室里安静极了,孩子们的眼睛里闪着泪光。我又告诉他们:"虽然老师心里难过,但不会记恨你们,因为你们还是孩子,难免有些顽皮。可我真心希望,当你们再搞恶作剧时,能想一想后果。倘若当时老师手中拿着满杯的开水呢?你们应该怎样尊重你们的大朋友呢?"听了我的话,孩子们的头低了下来……

这件事后,我发现我们师生的关系更融洽了。看来,孩子需要爱,更需要教育和引导。爱像一条小船,载着孩子们在生活的溪流中前行,而教育与引导就像这船的舵,随时纠正他们行进的方向。[①]

从这个案例来看因为自己被捉弄是大声训斥,还是心平气和寻找对策,化不利为有利,从消极因素中寻找有利因素?冰心说过:"情在左,爱在右,走在生命的两旁,随时播

[①] 刘爱馨.当老师被学生搞恶作剧……[J].班主任,2006(12):46.

种,随时开花。"这位班主任以爱为原动力,没有训斥学生,以一颗敏锐的心捕捉到学生仅仅是把这件事当成一件有趣的事情,并没有意识到恶作剧会给班主任带来伤害。可贵的是这位班主任不仅就事论事,妥善处理了这次突发事件,而且又不就事论事,通过自己的"日记",将自己的内心真实想法和感受以朴实而富有真情的语言告诉学生,让学生心灵受到了震撼,真正认识到自己的错误,也能体会老师对他们真挚的爱,让学生学会了替他人着想、关爱他人的品格。

(二)既要因人而异,又不能因人而异

因人而异:在教育人的具体要求和处理问题的具体方式方法上,要充分考虑到学生的个性特点。又不能因人而异:对于相同性质的事件,其是非标准是统一的,在事实面前人人平等,绝不能把家庭、社会等因素考虑进去而影响到事实真相的判断和对是非标准的确定。

班主任在面对突发事件时,心态上如果不够冷静,容易偏听偏信,对于"问题学生"存有偏见,习惯用自己的思维定式去分析问题,去批评心中认定的"问题学生",就会导致处理行为失当。因此当突发事件产生,而班主任又没有亲眼看到真实情况下,教师不能用有色眼镜去看待学生,语言不能失控,也不要用语言去恐吓、挖苦、讽刺学生,应该公平、公正地对待每一位学生,尽量从保护学生的自尊心出发,妥善处理突发事件。

(三)既要快刀斩乱麻,又要冷处理

快刀斩乱麻:对有些需要当机立断、采取有效措施的突发事件,应该立刻做出坚决的判断与强硬的处理。冷处理:在具体处理时要冷静,尽量避免主观臆断。

以失窃为例,做班主任的最怕班里发生丢钱、丢东西的事儿。怕什么来什么,开始时,班上丢3元5元的,班主任觉得不是什么大事,只是在班里进行了一番思想教育就放下了。这样的做法是不可取的。失窃是班级的一个突发事件,失窃不仅给被窃学生带来经济上的损失,而且给班里的学生带来一种不安全感。如果对失窃事件不予调查和处理,结果会助长偷窃者继续犯错的念头,这是班级管理的漏洞,要知道班级管理无小事,小事不处理就会积累成大事。所以,当突发事件出现后,班主任就要当机立断,及时处理。但处理的过程要小心谨慎,要时刻牢记自己是教育工作者,是人类灵魂的工程师,面对正处于身心发展可塑性极强的小学生,盲目大呼小叫,劈头盖脸地训斥,往往不但难以查明事情真相,也会给学生带来沉重的心理压力,甚至造成不可弥补的心理伤害。

(四)既要给学生留面子,又不能留面子

对一些性质比较恶劣的突发性事件,班主任既要注意场合,尊重学生的人格和自尊心,又要不留情面,一定要严厉批评,直达学生的痛处,让他们永远记住这次教训,不再重犯。该严格要求一定要严格要求,这也是对学生、对工作认真负责的一种表现。这就是既要给学生留面子,又不能留面子。

班主任要有正确的学生观,要学会尊重学生的人格。没有尊重,就没有教育。每个人都有自尊心,都有自己的人格尊严。处在成长期的学生自尊心更是敏感脆弱,更需要班主任发自内心的呵护与爱惜,需要教师来自灵魂深处的尊重与信任,从而使学生在健康、自由、愉快的环境中接受教育、健康成长。因此,苏霍姆林斯基指出:"教育的核心,就其本质来说,就在于让儿童始终体验到自己的尊严感。"[1]所以班主任在处理比较恶劣的突发事件时,不要当众揭学生的短。

人们常说,教育无小事。事微义大,处理不好,会影响孩子的成长和发展。不当众揭学生的短,并不是放任自流,而是要科学地管。有经验的班主任都具有"看破"事情真相的能力,但"看破"之后,还要巧妙地"说破",才能解决问题。有很多事情,不一定非得马上"说破",而是要选择恰当时机巧妙"说破"。如果时机不对,一旦"说破",便没有回旋余地了,不但问题得不到解决,还会使自己陷入进退两难的境地。"看破"是能力,"说破"是艺术。班主任一定要修炼自己这两方面的能力。[2]

(五)既要正面教育引导,又要促进自我教育

班主任在处理突发事件时,首先要正面教育引导,要像关爱自己孩子一样关爱学生、亲近学生,不训斥,不谩骂,不讽刺挖苦。当学生身上出现各种各样的问题时,作为教育者、管理者,第一反应是理解,而不是恼怒、怨恨或失望;教育者、管理者的第一行为,应当是采用学生乐于接受的方式,晓之以理,动之以情,助其成熟,促其前行,而不是训斥或惩罚。在解决存在的问题时,首先肯定其优点,并进而肯定其整体人格,在帮助学生获得信心与尊严的基础上,再提出新的教育要求或帮助其解决存在问题。

之所以主张坚持正面引导,是因为正面引导策略切合人的天性,能从根本上激发学生上进的动力,促其健康成长。一个正常的人,生来就具有上进欲望,这是人最原始的天性。与"呵斥训骂""处罚惩戒""制度卡压""严格看管"等教育策略相比,采用"正面引导"策略,对学生多加"关爱、理解、肯定、激励",最符合被教育者求上进、求承认的天性,最能调动其积极上进的动力,也最有利于思想品德成长过程中心理的健康发展。

正面教育引导的目的是促进学生自我教育能力的生长。因此,对于学生的错误,有些班主任总是一发现学生错误就根据学校制度或班级规章,迅速做出处理并要求学生写出深刻检查,或严格看管。学生表面屈从了班主任的意志,可心里不服气,更别提提高认识、改正错误。学生是有主体性、独立性的人,班主任应该给予学生说明事情发生的经过和内心真实的想法的机会,这种说的过程也是学生自我思考的过程,在陈述过程中就能意识到自己的错误,就能够进行自我批评、自我教育,甚至达到教育全体学生的目的。"四颗糖的故事",表明陶行知在教育引导学生时,一方面不是以教育者自居,而是把自己与孩子放到一个平等的地位,体现了对孩子的尊重,这样孩子才容易接受教育者的"教

---

[1] 苏霍姆林斯基.给教师的建议 修订版 全1册[M].杜殿坤编译.北京:教育科学出版社,1984:316.
[2] 卢雁凌."看破"的能力和"说破"的艺术[J].班主任,2007(04):24

育"。另一方面教育者自始至终没有训斥、没有大发雷霆。陶行知善于从被批评者的错误中,挖掘出闪光点,加以肯定,没有因为一件事而否认孩子的人格,没有上纲上线。这正是孩子能够诚恳认识到自己的错误的关键之一。

(六)既要考虑到学生的家庭因素,又不能考虑某些家庭因素

考虑家庭因素:有些突发事件的发生与家庭及其成员的关系很大,因此,处理时家长和班主任要协调一致,密切配合,才能收到更好的教育效果。忽视家庭影响和家长教育的认识是违背教育规律的。不能考虑某些家庭因素:对当事人的处理,不能因其父母的社会地位等因素而影响到处理的公平和公正。

总之,班主任不能认为突发事件平息后,事情就结束了,班主任要协调好家长、社会各方面的力量,做好教育辅导等善后工作。有的要从突发事件中,发现积极的信息,化弊为利,深入教育学生;有的因为学生在突发事件中心理上可能受到伤害,或因其他原因,可能会受到负面情绪的笼罩,班主任应该对其进行积极的心理辅导,化解学生心理压力;有的学生还会继续"以暴制暴",后患无穷,班主任对这类学生要进行道德和法则教育,教导他们认识暴力的危害。

【案例探析】

学生被打之后……

早上,我照例去教室看看学生的晨读情况,刚走到走廊,班长匆忙跑到我跟前,焦急地对我说:"颜老师,不好了,仇星星被人打了!"我吃了一惊,疾步走进教室。"那个人说仇星星昨天打他家小孩,刚才带小孩来指认的。""刚才仇星星被他从座位上拉出来用皮线抽了两三下呢!"同学们七嘴八舌地汇报情况。"他人呢?"我发现仇星星竟然不在教室,觉得情况不妙。学生说仇星星被那个打人的男子带到教室外的绿化带了。我转身奔到门外,果然见一个瘦高个、穿着红衬衫、留着络腮胡的男子凶巴巴地对着仇星星,手里拿着一尺来长对折好的两根粗粗的电缆线。仇星星背靠墙壁,脸上挂着泪滴,左边太阳穴竟然有两道凸起的粉红色鞭痕!我急忙拉过仇星星,指着他脸上的鞭痕问:"这里是不是他打的?多危险啊!"仇星星朝眼前的男子望望,欲言又止,只是流泪。"请问你有什么事?怎么能打孩子呢?"我知道孩子受到了威吓,强压怒火,尽量用温和的语气询问打人的男子。

"哼!你是他老师啊?他昨天把我儿子的脸都抓破了,真是找打!我刚才找你们校长没找到。"他东一句西一句嚷着。"哪个孩子被欺负我们都心疼,我们老师一定会弄清原委处理好,你不服气到时候还可以找校长。但是作为成年人,你怎么能打小孩呢?你这样做是犯法的,你知道吗?如果他家长知道了不是更激化矛盾,解决不了问题了吗?"这个男子理亏,狡辩说没有打他。我说你放心,我们一定会调查处理,并劝

他赶紧离开。看着仇星星脸上的印痕,虽然不是很严重,但是,我想到在全国连续发生了几起危害校园安全的恐怖事件之后,一个流氓竟然还是堂而皇之地进入校园,还在全班学生面前鞭打一个弱小的三年级孩子!大门口的警卫是怎么放他进来的?孩子们面对突如其来的暴力为什么不懂得自救?如果这件事处理不当会给孩子们留下怎样的心理阴影……我脑子飞快地转着,几秒钟后,我果断地把仇星星带到办公室,立即用相机把他的伤痕拍了下来,因为半天以后也许就看不明显了。然后打电话报警并告诉了校长。经了解,原来这名男子是本地的混混,有过前科。起先警卫不让他进校,但他谎称要还钱给某个老师,警卫一时疏忽便让他进来了。头天放学路上,仇星星的姐姐看不惯他的孩子辱骂女同学,便教唆弟弟仇星星踢了他孩子一脚。弄清了事情原委,我立即将详情告知仇星星的妈妈,并让她好好配合教育自己的孩子。至于那个打人男子及其小孩,由其班主任来沟通教育。当我让派出所的同志看拍摄的证据时,他们非常重视,第二天专门派两名警员来学校,分别对我和班里的目击学生以及当事人逐一调查询问,做好笔录。取证完毕之后立即就把肇事者给拘留了,他们办事的效率出乎我的预料。

讨论:

学校为避免此类伤害事件的发生需要采取哪些措施?

本章小结

小学班级突发事件是指受到自然、社会或人为因素的影响,在小学校园突然爆发的,造成或者可能造成小学生的人身伤害及财产损失,给学校或者社会的稳定发展构成威胁或不同程度的影响的紧急事件。突发事件大致可以分为以下几种:同伴之间、师生之间、亲子之间、家校之间发生的负面突发事件,校外人员侵害学生事件。

如何妥善处理班级突发事件,关系到一个班级的健康发展,也反映出教师的管理能力和处理事件艺术。小学班级突发事件的处理原则包括教育性原则、客观性原则、有效性原则、可接受原则、冷处理原则、因材施教原则、启发性原则、教育一致性原则。突发事件处理方法有沉着冷静面对机智果断应对、公平民主处理、善于总结引导,在处理课堂突发事件的过程中,应注意不能牵扯太多的时间、精力和学生,要保证课堂教学的氛围和进度等。

班主任要协调好家长、社会各方面的力量,做好教育辅导等善后工作。既要就事论事,又不能就事论事;既要因人而异,又不能因人而异;既要快刀斩乱麻,又要冷处理;既要给学生留面子,又不能留面子;既要正面教育引导,又要促进自我教育;既要考虑到学生的家庭因素,又不能考虑某些家庭因素。

【思维导图】

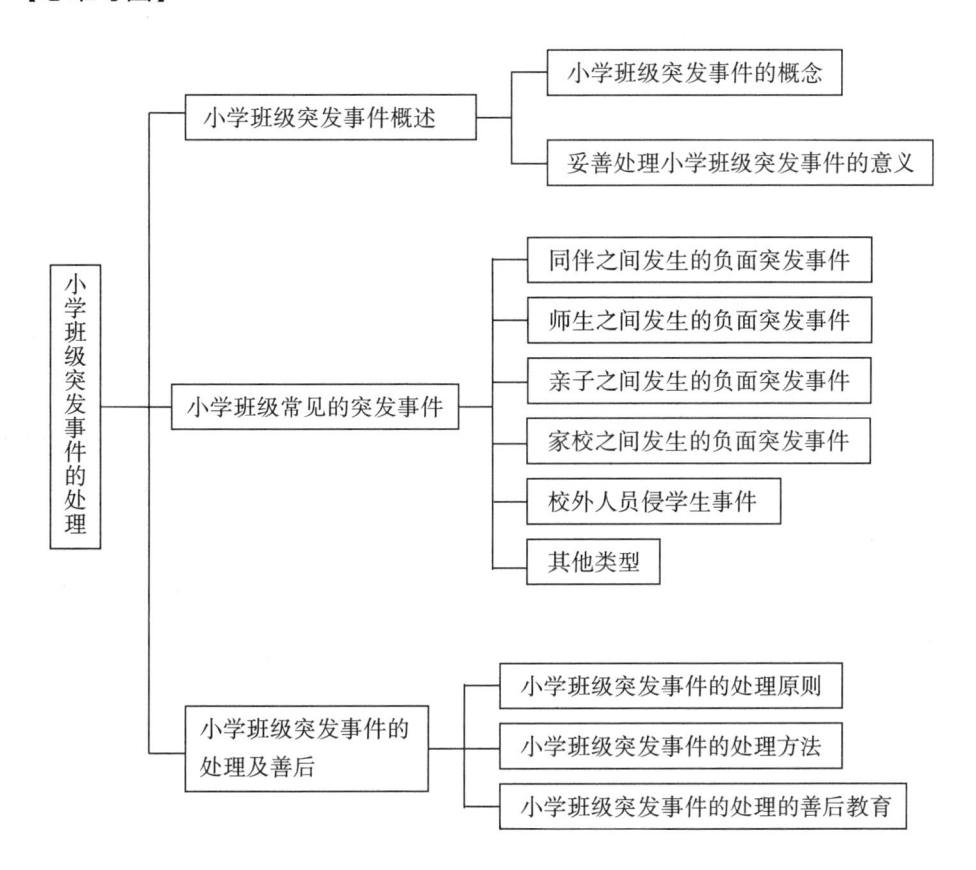

```
                            ┌── 小学班级突发事件概述 ──┬── 小学班级突发事件的概念
                            │                          └── 妥善处理小学班级突发事件的意义
                            │
                            │                          ┌── 同伴之间发生的负面突发事件
                            │                          ├── 师生之间发生的负面突发事件
小学班级突发事件的处理 ──┼── 小学班级常见的突发事件 ──┼── 亲子之间发生的负面突发事件
                            │                          ├── 家校之间发生的负面突发事件
                            │                          ├── 校外人员侵学生事件
                            │                          └── 其他类型
                            │
                            │                              ┌── 小学班级突发事件的处理原则
                            └── 小学班级突发事件的处理及善后 ──┼── 小学班级突发事件的处理方法
                                                           └── 小学班级突发事件的处理的善后教育
```

【思考与练习】

1. 处理班级突发事件的原则有哪些?

2. 假如你是班主任,正非常投入地给学生讲雷锋叔叔的故事,突然,教室最后一排两位学生对骂起来,你会如何处理?

3. 谈一谈"冷静"在处理突发事件中的作用和"不冷静"处理的后果。

【推荐阅读】

1. 魏晓红.中小学班级管理典型案例[M].天津:天津大学出版社,2016.

2. 吴志樵,刘延庆.班主任怎样应对班级突发事件[M].合肥:安徽人民出版社,2012.

3. 芮秀军.班主任班级管理经典细节及对策[M].长春:东北师范大学出版社,2010.

4. 许龙君.校园安全与危机处理[M].北京:中国人民大学出版社,2010.

第九章
小学生心理健康教育与辅导

我们必须会变成小孩子,才配做小孩子的先生。

——陶行知

教师不仅是一个教师,还是一个心理学家,因为他要指导儿童的生活和心灵。

——蒙台梭利

个体越被充分地理解和接纳,他就越容易摒弃那些他一直用来应付生活的假面具,就越容易朝着面向未来的方向改变。

——卡尔·罗杰斯

活动是认识的基础,智慧从动作开始。

——皮亚杰

学习提要

1. 了解小学生心理健康教育的基本内涵。
2. 理解班主任在小学生心理健康教育中的作用和价值。
3. 掌握小学心理辅导的基本内容与技术、小学心理健康教育活动设计的基本过程与要求。

第一节 小学生心理健康教育概述

一、小学生心理健康教育的内涵

小学生心理健康教育是根据小学生生理、心理发展的规律和特点,运用心理学的方法和手段,培养小学生良好的心理素质,促进小学生身心全面和谐地发展和整体素质全面提高的教育活动。

心理健康教育与学生各个方面的发展都有着密切的关系。心理健康教育是有效学习科学文化知识和进行智力开发的前提；是引导学生正确交往、合作成功的重要手段；是增进学生掌握劳动技能的保证；是促进学生身体健康的必备条件。开展心理健康教育的意义不仅在于帮助学生解决学习中遇到的困难、改善人际关系、提高思想认识，而且能为他们个性发展打下长久而全面的基础。小学生年龄较小，身心发展还不成熟，易受各种环境因素的影响，产生不良性格与情绪。所以，针对小学生心理特点开展适当的心理健康教育尤为重要。心理健康教育既有相对的独立性，又与学校各方面工作特别是班主任工作存在广泛的交叉和渗透关系。

心理健康是小学生健康成长的重要保证之一，心理健康的小学生善于学习，能正确认识自我，与同学、老师和亲友保持良好的人际关系，情绪稳定、乐观，表里如一，面对挫折和失败具有较高的承受力，心理特点、行为方式符合年龄特征，能与现实环境保持良好的接触与适应。

小学生心理健康标准可归纳为：(1)乐于学习，学习兴致高，自觉完成学习任务；(2)情绪乐观、稳定，有情绪控制能力；(3)人际关系和谐、融洽，与人为善；(4)能面对现实，适应环境；(5)能认识自我、悦纳自我，有完整人格；(6)智力正常。认真理解和掌握小学生心理健康的标准及其内容，对心理健康教育具有纲领性的意义。[①]

学校进行心理健康教育的目的是帮助学生认识自己，接纳自己，管理自己；认识、掌握周围环境，将自身发展同环境相适应；帮助学生解决面临的问题，应付危机，摆脱困难，增强其面对环境与压力的能力和勇气；帮助学生祛除特殊症状，改善行为，化解负面的思想与情感；指导学生选择、决策和制订行动计划；鼓励学生通过探索，寻求生活的意义，认清自己内在的潜能，使其过上健康的、有意义的、自我满足的生活。

二、小学生心理健康教育的原则

(一)面向全体原则

小学生心理健康教育兼有发展、预防和矫治三种功能。面向全体原则不仅要求我们在制订心理健康教育计划时要着眼于全体学生，确定健康教育内容时要考虑大多数学生共同需要与普遍存在的问题，组织活动时要创造条件，让尽可能多的学生参与其中，还要给那些内向、沉静、腼腆、害羞、表达能力差、不太引人注目的学生提供参与和表现的机会，使全体学生都得到有效的教育。

(二)尊重与理解原则

尊重，就是尊重学生的人格与尊严，尊重每个学生平等的权利。理解，则要求教师以

[①] 祝彦华. 小学生心理健康教育之我见[J]. 吉林教育, 2012(15):81.

平等的态度,按学生的所思所想、所作所为、所感受的本来面目去了解学生。做到了尊重和理解,师生之间达到心灵沟通,从而产生一种"遇到自己人"的感觉。只有教师尊重学生时,学生才会尊重自己,珍惜自己的成绩和进步,体验到做人的尊严感。而自尊、自重、自信正是健全人格的重要特征,是心理健康教育追求的重要目标之一。学生如果被教师尊重和理解,他就会信任教师,愿意向教师倾吐内心的思虑、惶恐、苦闷。

(三)主体性原则

在教育中要尊重学生的主体地位。以学生心理健康教育活动为出发点,尊重学生主体地位,鼓励学生"唱主角",积极尝试。要鼓励学生发表看法、宣泄情感、探索解决问题的办法。教师应避免说"你听我说""我告诉你"之类的命令式的口吻,应用鼓励性、商量式的语气说话,如"我能体会""原来如此""请继续讲""你的意思是不是这样""请听听我的意见""我想做一点补充""我同情你的处境"等。

(四)差异性原则

承认学生在心理健康水平上存在明显的差异。充分尊重学生的心理健康水平差异,对不同年级、不同学生要进行分类指导,以满足其不同心理需要。尤其是对有心理问题或行为问题的学生要进行特殊的心理健康教育和个别辅导。重视学生个别差异,强调对学生的个性化对待,是心理健康教育的精髓。教师要注意对学生个别差异的了解,不但要了解学生的共性,更要注重了解学生的个性、差异性;通过一对一、面对面的接触来真正了解一个学生,恰当处理学生的害羞、自卑、防卫心理带来的沟通障碍。认真做好个案研究。积累个案资料,提高个别教育的实效。根据不同个体制定个别化教育目标。

(五)发展性原则

发展性原则是指在心理健康教育过程中,必须以发展的观点来对待学生,要顺应学生身心发展的特点和规律,以发展为重点,促进全体学生获得最大程度的发展。学校心理健康教育的最终目标是促进学生的发展。因此,确定学校心理健康教育的内容时,应"面向全体、注重发展",选择具有普遍意义和有代表性的主题内容,从而有效地发挥心理健康教育"预防、促进"的功能。要明确发展是心理健康教育的出发点和归宿,将防治与发展结合起来。正确对待学生发展过程中的心理问题,不要苛求学生,要尊重学生,鼓励他们战胜困难,变消极的矫治为积极的发展,努力使每名学生得到健康的成长。

三、小学生心理健康教育的内容

(一)小学生心理健康的维护

1. 智能训练

即帮助学生对智力的本质建立科学认识,并针对智力的不同成分,如注意力、观察力、记忆力等设计不同的训练活动等。

2.学习心理指导

即帮助学生对学习活动的本质建立科学认识,培养学生形成健康积极的学习态度、学习动机,训练学生养成良好的学习习惯,掌握科学的学习方法等。

3.情感教育

即教会学生把握和表达自己的情绪情感,学会有效控制、合理调节和宣泄自己的消极情感,体察与理解别人的情绪情感,并进行相关技巧的训练。

4.人际关系指导

即围绕亲子、师生、同伴三大人际关系,指导学生正确认识各类关系的本质,并学会处理人际互动中各种问题的技巧与原则,包括解决冲突、合作与竞争、学会拒绝,以及尊重、支持等交往原则。

5.健全人格的培养

即关于个体面对社会生存压力应具备的健康人格品质,如独立性、进取心和承受挫折能力等。

6.性健康教育

即关于性生理和性心理知识的传授与分析,帮助学生建立正确的性别观念和性别认同,指导学生认识和掌握与异性交往的知识和技巧。

(二)小学生心理行为问题辅导与矫正

心理行为问题矫正是面向少数具有心理、行为问题的学生而开展的心理咨询、行为矫正训练的教育内容,多属矫治范畴。具体包括:

1.多动综合征

多动综合征是小学生中一种常见的表现为注意力缺乏和活动过度的行为障碍综合征。8~10岁为发病高峰,男性儿童通常多于女性儿童,大多在7岁前就有异样表现,如注意力不集中、冲动行事、过多活动等,需及时关注。

2.学习困难综合征

主要表现为缺少某种学习技能,学习吃力,阅读困难,计算困难等,在小学生中较多见。

3.过度焦虑反应

女性儿童中较为多见,通常表现为敏感、多虑、缺乏自信。焦虑性人格形成受环境影响大,父母、老师在教育过程中应注意不要施加太多压力,结合儿童自身个性与发展特点,实施合适的教育措施。

4.厌学症

对学习不感兴趣,一提到学习就心情烦闷,焦躁不安。儿童厌学症是一种社会病理心理状态的产物,需采取及时的治疗矫正。

5. 强迫行为

儿童强迫行为在小学高年级男生中较为多见,是儿童情绪障碍的又一表现。主要表现为反复洗手,反复问同一个问题,反复自我检查等。

6. 习得性无助

指通过学习形成的一种对现实的无望和无可奈何的行为、心理状态。可能因学业不良状态的长期沉淀,老师不恰当的评价方式,自我不正确的归因造成。教师应帮助学生树立信心,增加自我效能感,减少认知、情感、动机的亏空。

7. 认知功能障碍

主要包括感知障碍如感觉过敏、感觉迟钝、感觉剥夺等,记忆障碍如记忆过强、记忆缺损、记忆错误等,思维障碍如抽象概括过程障碍、联想过程障碍、妄想等。

(三)小学生心理潜能和创造力的开发

心理潜能的开发与创造力的培养也是学校心理健康教育的重要内容。它主要包括对学生进行判断、推理、逻辑思维、直觉思维、发散思维及创造思维等各种能力的培养和训练。同时,还包括对学生自我激励能力的训练等,以提高学生的自主意识与能动性。

> **资料链接**
>
> **心理健康教育的主要内容**[1]
>
> 根据《中小学心理健康教育指导纲要》,心理健康教育的主要内容包括:普及心理健康知识,树立心理健康意识,了解心理调节方法,认识心理异常现象,掌握心理保健常识和技能。其重点是认识自我、学会学习、人际交往、情绪调适、升学择业以及生活和社会适应等方面的内容。心理健康教育应从不同地区的实际和不同年龄阶段学生的身心发展特点出发,做到循序渐进,设置分阶段的具体教育内容。
>
> 小学低年级主要包括:1.帮助学生认识班级、学校、日常学习生活环境和基本规则;2.初步感受学习知识的乐趣,重点是学习习惯的培养与训练;3.培养学生礼貌、友好的交往品质,乐于与老师、同学交往,在谦让、友善的交往中感受友情;4.使学生有安全感和归属感,初步学会自我控制;5.帮助学生适应新环境、新集体和新的学习生活,树立纪律意识、时间意识和规则意识。
>
> 小学中年级主要包括:1.帮助学生了解自我,认识自我;2.初步培养学生的学习能力,激发学习兴趣和探究精神,树立自信,乐于学习;3.树立集体意识,善于与同学、老师交往,培养自主参与各种活动的能力,以及开朗、合群、自立的健康人格;4.引导学生在学习生活中感受解决困难的快乐,学会体验情绪并表达自己的情绪;

---

[1] 吴增强. 为了每一个学生心智健康成长:《中小学心理健康教育指导纲要》内容解读[J]. 基础教育参考, 2013(07): 8-11.

5.帮助学生建立正确的角色意识,培养学生对不同社会角色的适应;6.增强时间管理意识,帮助学生正确处理学习与兴趣、娱乐之间的矛盾。

小学高年级主要包括:1.帮助学生正确认识自己的优缺点和兴趣爱好,在各种活动中悦纳自己;2.着力培养学生的学习兴趣和学习能力,端正学习动机,调整学习心态,正确对待成绩,体验学习成功的乐趣;3.开展初步的青春期教育,引导学生进行恰当的异性交往,建立和维持良好的异性同伴关系,扩大人际交往的范围;4.帮助学生克服学习困难,正确面对厌学等负面情绪,学会恰当地、正确地体验情绪和表达情绪;5.积极促进学生的亲社会行为,逐步认识自己与社会、国家和世界的关系;6.培养学生分析问题和解决问题的能力,为初中阶段学习生活做好准备。

小学心理健康教育的主要任务,一是对全体学生开展心理健康教育,增强学生承受挫折、适应环境的能力,培养学生健全的人格和良好的个性心理品质;二是对少数有心理困扰或心理障碍的学生进行咨询和辅导。要根据学生心理发展特点和身心发展的规律,有针对性地实施教育。既要面向全体学生,通过普遍开展教育活动,使学生对心理健康教育有积极的认识,心理素质逐步得到提高;又要关注个别差异,根据不同学生的不同需要开展多种形式的教育和辅导。要以学生为主体,充分启发和调动学生的积极性。实施心理健康教育要渗透在学校教育的全过程,除了运用相关课堂教育内容进行教育外,更重要的是开展多种形式的活动和辅导,同时要建立学校教育与家庭心理教育的沟通渠道,形成有利于学生身心健康发展的教育环境。

四、小学生心理健康教育的途径

(1)心理健康课。学校要创造条件大力推行心理健康课的开设。
(2)主题班会。班主任及相关教师要有针对性地为班级心理问题设计主题班会。
(3)心理讲座。邀请心理专家进校园,开展心理健康教育讲座。
(4)团体心理辅导。以班级为单位组织开展心理辅导。如团队协作、减压、学习动机、创造性思维等的辅导与训练。
(5)个体咨询。对存在心理问题的学生提供一对一、面对面的心理咨询服务。

五、班主任在小学生心理健康教育中的作用

(一)班主任要重视提高自身心理健康水平,以健康的心理来影响学生

对学生进行心理健康教育,班主任自己首先要心理健康。来自社会各方面有形和无

形的压力,使一些班主任产生心理冲突和压抑感,不健康的心理状态必然导致不适当的教育行为,对学生心理产生不良影响。班主任要有良好的自我调节情绪的能力,能积极调整自己的心态,使自己始终处于一种积极、乐观、向上的平和、稳定、健康的状态,以旺盛的精力、丰富的情感、健康的情绪投入到班主任工作中去,以了解学生为基础,以创设和谐气氛与良好关系为前提,班主任以自身健康的心理去影响学生,本身就是一种最有说服力的心理健康教育。

(二)了解学生的心理健康情况,为开展心理健康教育打下基础

全面了解学生的心理健康状况是班主任进行心理健康教育的重要前提。每个学生都是活生生的个体,他们的个性心理和性格特征更是千差万别。教师只有充分了解和研究分析学生后,才能把心理健康教育真正落实到每位学生的心坎上,收到良好的效果。班主任要亲自对学生进行有目的、有计划、有重点地了解。作为班主任可以通过下列渠道全方面地了解学生:1.查看学生档案,了解学生的基本情况;2.听取任课老师对学生情况的介绍;3.通过个别谈话、家访、日记等形式,直接获取学生的心理问题和想法;4.与家长沟通交流,了解学生在家的生活学习情况。全面、深入地了解学生,熟悉学生在校内、校外的表现,才能正确把握学生的心理。

(三)利用班会来进行心理健康教育活动,提高全班学生心理健康水平

心理健康教育活动是心理健康教育的一条重要途径,可以让学生在自主参与心理健康教育活动的过程中获得发展。因此,班主任必须重视心理健康教育活动的设计。班主任如果能成功地组织形式多样、内容丰富的心理健康教育活动,就能充分调动学生的积极性,发挥他们的主观能动性,让他们能说出心声,能从别人的交流中收获到许多有益的东西,从而使学生形成积极、健康的心理状态。要做好心理健康教育活动,首先要做好活动前的准备,班主任要根据班级中学生共同存在的心理问题确定好活动课的主题,活动设计既要符合学生身心发展特点,又要符合心理学原理。在活动形式的选择上,力求多样有效,将游戏、情境创设、角色扮演、问卷调查、问题讨论、辩论会等形式有机地融合,力争收到最佳的教育效果。任何一种形式的心理健康教育活动,只要认真准备,真心投入,都会让学生真情流露,甚至是心灵深深地受到震撼。

(四)根据学生的心理问题,对个别学生进行心理辅导

人的心理有共性的一面,但更多的则是表现为个别化的一面。前者通过心理教育活动,而后者就必须通过个别辅导来解决。班主任对一部分需要特殊帮助的学生进行个别心理辅导,这是对学生进行心理教育的最直接、最有效的途径。班主任充分运用自己的教育学、心理学知识储备,机智地对学生进行心理辅导。采用找同学促膝谈心,从同伴那儿了解,阅读学生周记等方法,了解学生的心理问题,并进行有针对性的交流和辅导。

(五)创设良好的班级文化与环境,培养学生良好的心理素质

良好的班级文化与环境,对小学生具有潜移默化的感染力,能唤起学生对班级和同学的热爱,可促进团结、友爱、互助的人际关系,让学生们更好地体验生活在班集体中的乐趣。让每一个学生都感受到这种和谐、美好。在班级文化建设和环境布置中,可以通过教室布置和各种活动来营造良好的班级氛围,增进学生的相互了解和信任,使学生保持健康的心理状态。通过情境的创设,使学生置身其中,如身临其境,形成情感互动、感悟体验的氛围,调动学生积极的情感体验,激发学生的好奇心和求知欲。

(六)积极联系和指导家长,进行家校共育

班主任在重视班级文化建设的同时,要注意同学生家长建立联系,通过家访、电话联系、短信沟通等形式,了解学生的生活圈子。和家长保持联系,是一种和家庭联系的重要的方法,它能使家长、学生和教师三者都在一种和谐的氛围中,面对面地进行交流。这样可以拉近家长、学生与教师三者之间的距离,增进三者之间的相互了解与信任,使我们达到心理教育的预期效果。利用家长会对家长进行小学生心理健康教育方面的指导,定期举办家庭教育理论及实践经验交流会,帮助家长提高自我调适能力,使家长能科学地、艺术地教育孩子,为孩子营造健康的家庭教育环境。

总之,班级是心理健康教育的重要场所,班主任应负起培养学生良好的心理素质的责任,在班主任工作中渗透心理健康教育。只有充分发挥班主任在小学生心理健康教育中的作用,心理健康教育才能取得更好的效果。

第二节 小学生心理辅导

一、小学生心理辅导的内涵

(一)小学生心理辅导的概念

心理辅导是在一种新型的建设性的人际关系中,学校辅导人员运用其心理学专业知识和技能,给学生以合乎需要的协助和服务,帮助学生正确地了解自己、认识环境,根据自身条件确立有益于个人发展和社会进步的生活目标,使其能克服成长中的障碍,在学习、工作及人际关系等各个方面,调整自己行为,增强社会适应,做出明智的抉择,充分发挥自己的潜能。

(二)小学生心理辅导的目标

1. 学会调适

学会调适,包括调节与适应。学会调适是基本目标,以此为主要目标进行的心理辅导可称之为调适性心理辅导。调适性心理辅导模式是包括正常个体在内的心理服务,其目的是通过心理辅导,排解心理困扰,减轻心理压力,提高适应能力。

2. 寻求发展

发展性心理辅导是针对所有发展中的个体,根据个体身心发展的一般规律和特点,帮助不同年龄阶段的个体尽可能圆满地完成各自的心理发展课题,妥善解决心理矛盾,更好地认识自己、社会,开发潜能,促进个性的发展和人格完善。

二、小学生个别心理辅导对班主任的基本要求

(一)关注心理辅导正向的发展

如果班主任没有对心理辅导工作的信心,这种感受很自然地会传给学生,产生负面影响。班主任对学生的关怀是必要的,而且应重在引导学生思考:我的优点是什么,我在哪些方面是成功的,我有没有努力去做等问题。

(二)辅导时对当事人的尊重与温情

班主任应该知道尊重与温情。心理辅导教师对学生的尊重与温情是真正同理心的重要部分。班主任对学生的温情反应是非常重要的,温情是通过非语言方式所表现的一种情绪性态度。比如:目光、声调、姿势、手势、面部表情及适当身体接触都是对学生表达温情与支持的方式。温情也可以是一种个人生活方式。心理辅导教师应该是最有温情的人,并善于表达温情的人。

(三)辅导时要重视事件的具体性

在学校心理辅导中,我们会发现每一个前来咨询的学生,难以清楚或直接地自我表达,难以把当前困扰的来龙去脉说清楚,学生往往以含混模糊的方式抱怨,如"我很悲哀""我很苦恼"。其中有效的心理辅导是把学生含混的叙述变成有高度的讨论,帮助学生思考他们在学习、生活中到底发生了哪些事情。

具体要求是,班主任紧接着学生简短的叙述之后,再问更多的问题,直到双方对他的事情更清楚为止。比如,辅导老师可以说:"你能不能说出一两件具体的事。"

由于小学生社会阅历少,思想不成熟,常常把一些无联系的事情联系起来,进行因果推证,如"我成绩差,就是因为笨,老师不管我"。并坚信这些结果就是正确的,因而产生更深刻的负面体验。所以具体性要求就是以特殊、详细的内容来认清事实和情感,这是有效心理辅导工作的重要方面。当学生能把自己的问题和情感产生的原因弄清楚了,可

能问题也说解决了一半。

(四)辅导要注意即刻性

即刻性指面对现在。最有效的心理咨询应重在现在式、即刻性。特别是回答别人咨询时,班主任应较多用现在式词语引导学生做更多现在式的反应。

(五)个别辅导时应真诚与可靠

在学校中,心理辅导有效的班主任是真诚、真实、可靠的,老师的语言、非语言行为都是统整的。因为心理辅导是建立在同理心、坦诚和相互尊重的基础之上的,是一种建立在建设性的交谈基础上的平等互助的关系。

在进行个别心理辅导时,班主任要注意不要片面地摆出说教、说理的态度,要引导学生把心里的话说出来,不要一味指责学生的行为,要做到认真地倾听、全面地接纳学生的心声。班主任还要注意替学生保守秘密,当学生面临的问题超出班主任的专业能力范围时,班主任应主动、及时地把该学生转介到合适的心理咨询机构。只有这样,才能更好地引导、促进学生的自我成长。

班主任要与学生建立良好关系,激发学生的情感,启发学生形成正确的自我认识,从而学会正确地面对现实存在的压力,培养学生良好的心理品质。即通过优化学生的心理状态和心理结构来解决学生当前具体困难和问题,这更强调的是引导的作用和学生自我感悟的过程。

三、小学生心理辅导的主要内容

(一)学习辅导

学习辅导有广义与狭义之分。广义的学习辅导是对学习者在学习过程中发生的各种问题(如认知技能、知识障碍、动机、情绪等)进行辅导;狭义的学习辅导是对学生经历了学习挫折和困难时产生的心理困扰和行为障碍进行辅导。从培养学生良好的心理素质意义上讲,广义学习辅导更具有积极意义,它符合学校心理辅导以发展性目标为主的精神。值得注意的是,这里的学习辅导与当下家长请"家教"帮助孩子"补缺"或"加压"是完全不同的两个概念。也和教师课后对学生进行辅导有区别,但后者是学习辅导的一小部分。学习辅导主要是对学生的学习技能、学习动机、学习情绪与学习习惯进行训练与辅导。比如学习成绩为什么会下降?原因可以有很多,可能是学生能力差、身体疲劳、记忆力衰退,也可能是没有兴趣、恐学症,或者是学习习惯不好,等等。心理辅导教师要提出解决问题的方案。例如学习计划是否合理,是否符合个人学习目标,学习有没有效果,听课方法、态度如何,会不会利用参考书,等等。视具体情况进行相应的心理辅导,以激发小学生强烈的学习动机,发展其学习能力,帮助其养成正确的学习习惯。

(二)问题行为的矫正与辅导

问题行为是指扰乱他人或给个人身心造成妨碍的行为,主要表现为攻击、逃避、自暴自弃等。按性质划分,问题行为可以分为过失型和品德不良型。前者是指个体行为对组织纪律和社会一般生活准则的触犯或违背,这种问题行为常常是由不恰当的需要、好奇、好动、试探、畏惧、缺乏经验和认识力不足等因素所引起的。品德不良型问题行为,是指个体行为对一定的社会道德规范、对集体利益与他人利益的违背或侵害。

(三)自我意识辅导

自我意识是个体自身心理、生理和社会功能状态的知觉和自我评价,在个性结构中处于核心地位。小学生的认知不足,自我意识水平较低,人格发展还不完善。所以要着重对学生的自我意识、情绪的自我调适、意志品质、人际交往与沟通以及群体协作技能进行辅导,使学生能树立正确的自我意识和自我概念,培养学生良好的个性心理与社会适应能力,克服如自卑感、不安感、怠惰、偏执等不良个性,促进其个性和社会性的健全发展。

(四)情绪障碍的辅导

焦虑:小学生中常见的一种情绪障碍,不良的环境和不恰当的教育方法,是导致焦虑的重要原因。焦虑症可突然发生,患者常有恐惧、心慌、气急、震颤,重者瞳孔散大;慢性焦虑者可有多动、学习力下降、睡眠障碍、食欲减退等。

抑郁:某些遗传因素导致或经历坎坷的小学生易发生,一般女生多于男生。抑郁表现可持续很久,甚至达数年以上。常表现有自责、自罪、易激惹、敏感、哭闹、违拗;厌倦、孤独、不安、好发脾气;以为自己笨拙、愚蠢、丑陋、没有价值;对周围不感兴趣、退缩、抑制等。患抑郁症的小学生很少主动诉说抑郁情绪。

恐怖:小学生易患学校恐怖症,常发生在品学兼优的好学生、听话的乖学生身上。时常有焦虑,也可能有抑郁;惊恐,发作时脾气大、暴怒;头痛、腹痛、恶心、呕吐;愿一个人待在家里,怕教师、同学。拒绝上学的原因常常与某些情绪障碍有关,如与亲人分离,意外惊吓;教师态度粗暴,怕考试成绩不理想等。

小学生的情绪情感带有冲动性、自发性和两极性,易受外界影响。所以情绪障碍指导最重要的是引导小学生合理发泄和转移自身不良情感,帮助他们建立良好的情绪情感生活。

(五)人际交往方面的辅导

小学生常常是在"以自我为中心"的"顺境"下成长的,因此,小学生普遍存在着较任性、固执、依赖性强的特点。当他们进入一个新的集体后,在集体中的位置已改变,但仍然以自我为中心去与人交往,因而在与他人交往中常常是唯我独尊,不能善解人意,遇到困难不能克服,也不想克服,缺乏自信心,从而致使小学生不能也不会与人正常交往。在与他人接触中常出现过重的恐惧感、过强的防范心理,其结果是封闭自己。因此,教师要指导小学生练就适当的交往技巧,引导其正确处理人际关系,帮助小学生形成建立良好人际关系的心理素质。

【案例探析】

"孤独"的男孩[①]

学生安某,男,11岁,小学六年级。其父母共同经营个体商店,家里由爷爷操持家务,家庭经济收入一般。父亲脾气暴躁,父母亲关系紧张。安某纪律性很差,爱说脏话,不按时交作业,经常搞恶作剧,欺负同学,上课不专心听讲。

案例分析:

恐惧、不安、孤独、自卑、疑虑、仇恨是关键的心理问题。著名心理学教授钟志农说过:"青少年学生对安全感、爱和归属以及尊重需要的满足,在部分学生家庭里存在着严重的问题。有为数不少的学生感到自己的家庭没有温暖、没有关爱、没有人情味、没有理解和谅解,而是充满责骂、侮辱、冲突、争吵、冷漠、苛求、婚姻危机和家庭暴力,凝聚着一种僵硬、沉闷、死寂、压抑、危机四伏、令人窒息的气氛,一些父母甚至把孩子作为自己与配偶'争斗'的'筹码'。"

本案例中,由于安某父母关系不和,家里充满责骂、冲突、争吵、婚姻危机和家庭暴力,直接影响了孩子的日常生活情绪、学业进步和情感发展,在这样的家庭氛围中成长起来的孩子,人格发生扭曲,内心深藏着恐惧、不安、孤独、自卑、疑虑、仇恨,出现比较严重的心理疾病。

所以他经常动手打人,欺负弱小,上课捣蛋,不守纪律,想以此引起老师、同学的注意,以安慰他那颗孤独、自卑的心。从低年级起因习惯不好,同学疏远他,老师不看重他,父亲不关心他,母亲溺爱他,在他幼小的心灵留下阴影。他总想引起别人的注意,但别人总是不喜欢他,不注意他,因此,他就做怪动作,说脏话,捣乱,尽可能把别人的注意力吸引到自己身上,久而久之形成了恐惧、不安、孤独、自卑、疑虑、仇恨等人格特征,这也属因自我成长问题而导致的情绪困扰。

教育方法:

第一阶段:找优点。经过一段时间的观察,我找到了他的一个优点,并让他在班上表现自己。然后,召开班会,组织大家总结他的表现,让同学们说他的优点,学生你一言我一语,夸他像个男子汉,讲义气,乐于助人……他很不好意思地告诉大家,以前,他很想和同学们交朋友,但怕大家不喜欢自己,所以搞些恶作剧以吸引大家的注意

[①]史振荣.小学生心理健康个体辅导案例研究[J].甘肃教育,2011(11):27.

力。同学们对他的坦诚报以热烈的掌声,他也勇敢地表示,以后要做一名遵守纪律的好学生。

从这件事上,他懂得了从不同角度认识自己,从不同角度赏识自己,找回了自信,建立了良好的心理状态。

第二阶段:消除顾虑,找回安全感、爱和归属。我首先与他最信任的朋友取得共识,让他们经常和他沟通,消除心理障碍,找回安全感。同时,开展"感恩父母"系列活动,让他了解父母生活、工作的艰辛,了解父母为了自己而吵架的原因,并通过家访、电话等方式,促进他与父母之间的交流。然后,我让他经常去父母的商店,理解父母挣钱的不易,体会父母的关爱。在他生日那天,让他和父母说说心里话,用他自己认为最好的方式向父母表达感激之情。那晚,他流泪了,父母流泪了,烛光灿烂的夜晚,他们轻轻地相拥在一起,他又找回了安全感、爱和归属。第二天,他很兴奋地告诉我说,他感到了幸福。

反思:

经过一年的努力,安某彻底变了,上课时再也不捣乱了,也不再欺负同学了,朋友也多了起来。上课时能主动举手回答问题,有不懂的问题经常去问老师。也能正确面对批评了,犯了错误后能主动找老师认错,并积极改正。同时还积极参加学校组织的绘画、演讲、计算机等比赛,取得了优异成绩。

启示:

每一个人健全人格的形成,都需要大家的关爱与支持。作为老师,有时候对违反纪律的孩子应该反向思维,不要把缺点抓住不放,而应该创造更多的机会,让他们找到自信、安全感、爱和归属。

四、小学生心理辅导的常用技术

(一)关注

关注是心理辅导的首要技术之一,意思是教师用口头语言和肢体语言向被辅导的学生表达:你是我现在唯一关心的对象。因此,要求教师在心理辅导过程中全神贯注地倾听学生讲话,认真观察其细微的情绪与体态的变化,并做出积极的回应。还要求辅导教师运用其口头语言与肢体语言来表现对被辅导学生所述内容的关注与理解,以使学生感到他讲的每一句话,表露的每一种情感都受到辅导老师的充分重视。因此,关注是尊重的体现,也是同感的基石。在关注当中,辅导老师及时、恰当的反应会加深学生对老师的信任,并强化其继续讲话的欲念。所以,关注表现的好坏直接影响着心理辅导关系的确立及心理辅导的效果。关注过程中应注意以下几个方面:(1)要善于观察学生的反应;(2)不要在学生讲话时东张西望;(3)要让学生感到你是在专心地听他讲话;(4)要以口头语言和肢体语言来表达你对他的关注与理解。

(二)倾听

学会倾听是心理辅导的先决条件。心理辅导条件下的倾听不同于一般社交场合谈话中的聆听。事实上,教师平常与学生谈话时,多习惯以教导式的口吻讲话,很少会留心听学生的讲话。即使听也可能只是停留在表层,极少老师会真正理解学生讲话时的看法和处境。因此,心理辅导过程中的倾听要求教师不可以随意插话、随意进行是非评论乃至争辩。与此相反,倾听要求辅导教师在听学生讲话的过程中,尽量克制自己插话、讲话的欲念,不以个人的价值观来评断学生的主述(除非涉及法律等问题),并以积极的关注来表现辅导老师对学生内心体验的认同。因此,倾听也是尊重与接纳的表示。倾听过程中应注意以下几个方面:(1)要鼓励学生多讲话;(2)要让学生感到你愿意听他讲话;(3)要尽量从学生的角度来感受他们讲话时的内心体验;(4)谈话时要注意口头语言和肢体语言的配合。

(三)沉默

心理辅导既是听与说的艺术,也是沉默的艺术。沉默可以是尊重与接纳的表示,也可以是学生自我反省的需要。沉默技术的作用在于给学生提供充分的时间与空间去反省自我,思考其个人成长的问题。如果辅导老师在与学生谈话时不适应沉默的气氛,急于打破沉默的局面,这样反而会破坏谈话的气氛,使学生不愿讲出心里话。反之,如果老师愿意多听学生讲话,少插嘴说话,可使学生感到老师和蔼可亲、善解人意,从而进一步地表露自己。沉默过程中应注意以下几个方面:(1)不要怕辅导谈话中出现沉默;(2)要学会鉴别思考性的沉默与对抗性的沉默;(3)要学会以各种非语言的举动(如微笑、亲切地注视)来表达对学生停止讲话的理解与继续讲话的期盼;(4)要让学生感觉到你在他沉默时并没有走神或想其他的事情。

(四)宣泄

宣泄技术是指学生将蓄积已久的情绪烦恼与精神苦恼倾诉给辅导教师的过程。它是一种发泄痛苦的方式,可给受辅导学生带来极大的精神解脱,使人感到由衷的舒畅。由此,它可使受辅导学生摆脱其恶劣心境,寻找其心理问题的症结,并强化其战胜困难的信心和勇气。在心理辅导过程中,宣泄是使受辅导学生自我认识与自我发展的重要手段。它需要辅导教师施以关注、倾听、沉默等手段,来促进、强化学生情绪的宣泄。运用宣泄技术还可以增进辅导教师与学生间的相互沟通与信任。宣泄过程中应注意以下几个方面:(1)保证心理辅导是一个清晰化的过程;(2)没有情绪的表露,就不可能有真正的心理辅导;(3)不要对学生的情感表露麻木不仁;(4)要让学生感到你很关心他的感受。

(五)探讨

探讨技术是辅导老师帮助学生积极认识、思考其成长中的挫折与障碍的过程。心理辅导中探讨的意义在于"帮助学生在解决困难当中认清个人的愿望及找到克服困难的方法"。探讨是一个以讨论为基础,以启发为目标的积极的思考过程。它旨在帮助学生从不同角度思考其在生活中遇到的困难、挫折及其解救方法。探讨的艺术在于启发学生独立思考,其中辅导教师不求说教他人,但这并不意味着辅导教师在探讨当中要采取被动、消极的姿态完全认同学生所讲的每一句话。与此相反,辅导教师要运用提问来表达自己的不同意见,以讨论来加深学生对面临困难与自我成长之间辩证关系的认识,从而启发学生开阔视野、加强自信、发展自我。探讨过程中应注意以下几个方面:(1)要对学生提出的问题多做讨论,少做评论;(2)要启发学生从不同的角度来看待当前面临的问题;(3)要以商量的口吻,让学生表达自己对所讨论问题的观点与立场;(4)要帮助学生辩证地看待个人成长中出现的困难与挫折。

(六)面质

面质技术指辅导教师对受辅导学生的认知方面与思维方法提出挑战与异议的过程。其目的在于推动学生重新审视其生活中的困难与挫折,克服其认知方式中的某些片面性与主观性,以进一步认识自我、开发自我。在心理辅导实践中,教师常通过提问、反问与深入的讨论来面质学生思维方法中那些自我偏向、自我夸张与自我挫败的倾向。在此当中,面质的意义不在于否定对方、贬低对方、教训对方,而在于启发对方、激励对方,使对方学会辩证地看待当前所面临的问题。面质是以接纳、尊重、同感、真诚和温暖等为先决条件的。所以,面质过程中应注意以下几个方面:(1)要理解学生;(2)要对学生的认知方法做到知彼知己,这样才能使学生真心地接受面质;(3)要学会以事实来改变学生认知中的偏差;(4)要让学生感觉到面质不是为了以势压人。

(七)自我表露

自我表露技术指辅导教师通过与学生分享个人成长过程中成功与失败的经历来推动其认识自我、发展自我的过程。辅导教师在学生面前有效地表露其个人生活的相关经历:行为与感情已成为心理辅导技术的重要组成部分。而辅导教师在运用关注、倾听、沉默、探讨等技术中所表达的语言、眼神、面部表情、体态等都是自我表露的间接表达。在这层意义上,自我表露可缩短辅导教师与学生在情感上的距离。因此,自我表露也是接纳与真诚的表现形式。但教师在自我表露时不宜过分使用,那样不但会混淆心理辅导的核心与目标,也会使学生对辅导教师产生不必要的错觉与误会。辅导教师在运用自我表露时应注意以下几个方面:(1)自我表露的时机要适当;(2)不要为增强与学生的沟通去刻意表露自己,甚至不惜编造假话;(3)要让学生感觉到你的自我表露是为了启发他的思维。

(八)行为矫正

行为矫正技术指辅导教师对学生自我完善与自我改变的努力给予奖励与惩罚的过程。其目的在于帮助学生消除其成长的不良意向与不妥行为。行为矫正方法很注重辅导目标的明确化与具体化,主张对学生的问题采取就事论事的处理方法。辅导教师要善于发现学生在认识与处理困惑与挫折时,所表现出来的自我发展、自强自立的意向与努力,并予以适时的鼓励与支持,以帮助学生不断改进自我。因此,行为矫正法的意义在于强化学生自我向善的努力。行为矫正技术更强调正强化在个人良好行为中的作用,而不鼓励运用负强化。换言之,在心理辅导条件下的行为矫正技术,是以正面的鼓励与正强化为基础的,即对学生的自我探索、自我接纳与自我发展的努力予以及时的肯定,以增强学生的自信心。在行为矫正时应注意以下几个方面:(1)要制订十分具体、明确的行动计划;(2)要赏罚分明;(3)要让学生看到自己的成绩与进步;(4)要让学生感到自己的努力是为了自己。

第三节 小学生心理健康教育活动设计

一、小学生心理健康教育活动的内涵

心理健康教育活动是指学校根据学生心理发展的规律和特点,面向全体学生,以团体心理辅导及其相关的理论与技术为指导,以班级为单位,通过各种辅导活动,有目的、有计划、有步骤地去培养、训练、提高学生的心理品质,激发其潜能,增强其社会适应性,帮助学生解决成长中的各种心理问题,维护心理健康,达到塑造和完善学生人格的团体心理辅导活动的形式。

学校心理健康教育的重要使命在于使其适应正常的广大学生具有健全的人格、良好的个性心理品质,促使其内心世界的丰富、精神生活的充实、潜能的发挥与人生价值的正确体现。从整体上看,有不少学生会在心理和行为上表现出一些问题,其中大部分是成长过程中出现的发展性问题。如学习能力差引起的学习困难,挫折承受力低而导致的情绪易波动等,属于学生正常心理发展中有可能出现并可以理解的问题。学校需要针对这些学生的共同的成长课题进行心理健康教育。心理健康教育应该以发展性心理辅导为重点,而心理健康教育活动能充分地利用现有资源,起到更积极的作用。

二、小学生心理健康教育活动设计

（一）确定主题

主题的确定非常重要，因为心理健康教育活动的设计首先要从活动的名称开始。活动的主题是一节课的中心或"灵魂"，好的主题能吸引学生，发人深省，引发相关的思维活动。因此，科学准确地选择主题是班级心理健康教育活动成功的前提。心理健康教育活动的内容要根据学生的年龄特点和本班的具体情况确定。了解学生需要什么，有什么困惑，其共性的问题是什么，有什么个性的问题表现。这样的设计才有针对性，学生在课堂上才有话可说。

在确定主题时要注意三点：(1)选择主题不要单一。可以在情绪和人际交往方面选择主题，还可以选择学习心理适应问题、网络问题、厌学问题、青春期问题等主题，还可以考虑选择一些符合小学生心理发展特点的如"长大的感觉""多变的情绪""消除误会心舒畅"等主题，这些主题内容具体形象、容易操作，课堂气氛也较活跃。(2)主题范围不宜过大。班主任在确定主题时，应该认真考虑主题的范围和课堂的容量，如人际交往、让世界充满爱、欢乐人生、认识自我、悦纳自我等主题范围就过大。主题过大，难以在一节课的时间内完成辅导任务。我们可以把它作为一个方面内容，内容确定之后要用通俗、准确的语言提炼主题。例如，进行"人际交往"方面的辅导，可以提炼成"同学之间""师生之间""与父母沟通"等这样的具体主题进行辅导。主题要小，以小见大，这样师生在活动中就便于操作，并在活动中达到真正的体验和感悟，起到调节心理的作用。(3)主题的内容不能引起歧义。如有位老师选择了"信自己，收获大"这样一个主题，在活动临结束时进行总结提问："同学们，这节课大家有什么收获呀？"有位学生回答说："这节课告诉我们，要相信自己，不要相信别人。"因此，我们在确定主题时，要考虑主题是否会引起学生的误解，否则就会误导学生，使辅导效果大打折扣。

（二）设定目标

辅导目标是学生通过心理健康教育活动后要达到的学习结果，活动过程就是围绕辅导目标进行的。活动目标是活动的出发点和归宿。确定了主题后，接着我们就要紧紧围绕这个主题制定切实可行的目标。目标的设计应当具有导向和调控的作用，应当具体，以便于操作。辅导目标在表述上应明确"在认知上应该'了解'什么、'懂得'什么或'转变'什么，在行为上要'学会'什么、'养成'什么或'改变'什么，在情感上要'体验'什么、'感悟'什么，等等"。可操作性主要体现在目标的适度性上，既不超越、也不低估学生的年龄特征，针对性非常鲜明。上完了一节课以后，听课老师往往会根据你所设置的目标去衡量一节课的好坏，看你的目标在你这节课上是否都达成了，而且目标的制定是否围绕主题而定。

例如：有一个主题为"快乐就在我身边"的心理健康教育活动，心理健康教育活动老师把目标定位三个：其一，让学生感受自己身边的快乐并一起分享快乐；其二，了解、掌握、缓解和消除不良情绪的几种方法；其三，帮助学生增强对自己情绪的调控能力，形成积极的心理防御机制。在一次心理健康教育活动中，活动目标的设置不宜太多，目标要集中，不要面面俱到。另外，目标的设置要有层次性，层层深入。如"情绪变变变"的活动，目标可设置为：通过活动，引导学生初步了解自己的情绪变化；帮助学生懂得情绪虽然复杂多变，但是可以由自己来调控。这两个目标简单明了，清晰、操作性强，并且层层深入。

（三）设计活动形式

一堂好的心理健康教育活动课，活动的形式应该是根据活动的具体内容、目的和学生的年龄特点而定的。小学生天性活泼、好动，感性思维丰富而缺乏理性思维，因此他们的年龄特点决定了小学生心理活动的形式要多样、轻松活泼。在活动中，我们要尽量融入音乐、美术、舞蹈、表演等艺术形式，让学生不会感到厌倦、枯燥。而对于高年级学生，理性思维较强，因而让学生在活动中去体会，去感悟。并在活动中，使学生不断能接受到新的信息和他人的反馈，从中获得新的经验。同时唤起学生内心深处存在的一些心理体验，增强其心理感受，以达到心理健康的目的。高年级活动的形式可以用创设问题情境、小组讨论、游戏、角色扮演、小调查、小测验等各种活动加以辅助，通过各种形式的活动让学生思想活跃起来，让学生全身心地获得新的感悟，通过感悟内化为自己的行为习惯，通过习惯形成稳定的心理品质。

（四）设计活动过程

心理辅导过程的设计可分为三个阶段：导入、展开、结束。

1. 导入

关系建立阶段，运用"群体动力学"理论，创设和谐、温暖、理解的团体心理氛围，使团体成员有安全感、肯定感、归属感。在活动开始时，可以设计一些游戏，如"猜猜我是谁"，将个人的资料做成名片展示并介绍，通过游戏让成员们彼此相识、彼此认同，消除沟通的障碍，引发成员参加团体的兴趣和需要，促进成员参与互动活动。

2. 展开

主题实施阶段，营造充满理解、关爱、信任的气氛，创设特殊的游戏或讨论情境，使成员通过对他人的行为进行观察和模仿来学习和形成一种新的行为方式。成员开始融入团体之中，并找到自己在团体中的位置。他们彼此谈论自己或别人共同关注的问题，分享成长体验，争取别人的理解、支持，利用团体互动，增加对自我与他人的觉察力，把心理健康教育活动作为练习和改善自己的心理与行为的实验场所，以期能扩展到社会生活中去。每次活动后，团体指导者还要请成员们做出反馈，及时地交流种种新的认识及感受。

3.结束

经过多次的成功心理健康教育活动之后,成员之间已建立了亲密、坦诚、相互支持的关系,对心理健康教育活动的结束可能会感觉依依不舍,有的还可能有强烈的情绪反应,因此要提前预告活动的结束。要处理可能的分离焦虑,做好结束活动,这对巩固团体心理辅导的成果,是非常重要的一环。我们设计游戏活动的主要目的,是为了使成员能发展心理品质,把学习的成果应用到日常学习生活中;而班级成员之间应该多鼓励、多帮助。成长评价也是心理健康教育活动结束阶段的一个重要程序,让学生进行小结,交流个人的心理体验和成长经历。

导入阶段对应的是暖身步骤。展开阶段占据了整堂课的大部分,也就是解决预期的学习结果,或者预期的学习活动要到达的标准。

【案例探析】

做情绪的小主人[①]

针对小学二年级学生的心理特点,设计了一个心理健康教育活动,以期帮助学生们掌握调节自己情绪的方法,并培养其耐挫的能力和坚定的自信心。相应的案例如下:

首先,我借助教室多媒体给学生们展示了一幅从不同角度可以看到不同图案的图画,引导学生敞开自己的心扉,表达出自己与众不同的想法。

生1:"是一幅山水画。"

生2:"不对不对,是一个人头不是山水画。"

师:"其实你说的都对,只是你们看的角度不同罢了,现在这个角度看上去是山水画,但是将其旋转90°之后,就能看到一个人头了。"

生3:"没错,而且如果以不同的颜色作为背景,看到的东西也不一样,以白色为背景的话,能够看到一个男人;而以黑色为背景,就能看到一个姑娘。"

师:"没错,同样的一幅图画,但是我们从不同的角度去观赏它,就会发现不一样的内容。"

然后,我引导学生进行了一个小的心理测试:假设今天是你一个好朋友的生日,你给他精心准备了一个生日礼物打算在生日宴会上送给他,但是因为堵车而在生日宴会上迟到了,等你急匆匆赶到之时却发现朋友们基本上都已经离开。面对这种情形,你的心情如何呢?与此同时,我在黑板上画了一个心情的晴雨表,表内有三种不同的心情选项:晴(高兴)、阴(不高兴)、多云(无所谓)。学生的选择不尽相同。

学生1:"我选的是不高兴,因为我没有及时赶到好朋友的生日宴会上,所以心情是不高兴的。"

[①]程晓琪.转换思考角度,构建乐观心态——小学二年级心理辅导教学案例一则[J].教书育人,2018(25):34.

学生2："我选择的是高兴，因为即使迟到了，但是我还是能够把准备好的礼物送给自己的好朋友，我相信他可以理解我迟到的原因，所以我仍然会感觉很开心。"

学生3："我觉得面对这种情况我的心情应该是无所谓，因为我觉得只要我解释了自己迟到的原因，我的好朋友一定能够理解，这件事情对于好朋友的生日宴会来说并没有那么重要，所以是无所谓的心情。"

师："你看，面对一样的情况，你们思考问题的角度不一样，所以心情自然也就不一样，所以以后在生活中遇到糟糕的事情时，一定要学会从乐观的角度去思考。"

最后，我给学生们分享自己生活中不如意的事情，并和其他学生一起交流探讨。相应的过程如下所示：

学生1："前两天踢足球的时候我不小心把脚扭伤了，最近一段时间都不能运动了，一点都不开心。"

学生2："我怎么觉得是一件好事呢，因为你这两天刚好可以休息休息了。"

学生3："前两天的测试我考得非常糟糕，错了特别多，心情真烦。"

学生4："那说明这次考试把你没有掌握好的知识点都检查出来了，下次你就不会再犯同样的错误了，多好呀。"

师："你们都非常棒，以后遇到烦闷的事情之后一定要学会从不同的角度去思考，这样子的话就能够从困难挫折之中看到好的一面，心情也会变得不一样。"

反思：

每个人一生中都会遇到挫折与困难，无论多么坚强的一个人，在面对挫折或者不顺心的事情时都可能会产生负面情绪或者陷入钻牛角尖的境地，更何况一个心智发展并不完善的小学生。在面对挫折的情况下，学会从多个角度去思考和分析问题的能力何其重要。

首先，借助一幅图片导入多角度思考问题的方式，让学生在猜图的过程中明白同一幅图片从不同的角度去观赏看到的内容也会不一样；其次，我设计了一个与实际生活十分贴近的故事情境，并用心情晴雨表记录不同学生面对相同情境时的不同心情反应，然后通过探讨让低年级学生学会从不同的角度去看待同一件糟糕的事情；再次，我组织学生们交流讨论自己所遇到的烦心事，一方面能够帮助学生们打开自己的心扉，解决自己的烦恼，另一方面也能够促进学生们运用多角度思考问题的方式去看待自己遇到的问题。

三、小学生心理健康教育活动的评价

(一)注重评价的诊断、反馈与激励功能

作为心理健康教育活动的主导者——班主任,在知晓心理健康教育活动课对评价对象具有诊断、反馈和激励的评价功能的基础上,必须首先设计明确的目标和鲜明的主题以确保心理健康教育活动课开展的实效性和有效性。

1. 主题鲜明生动

好的开头是成功的一半。契合小学生心理需求和年龄特征的主题,有利于激发学生的兴趣,帮助活动的展开。因此,我们需要根据本地区、本校、本班学生的实际情况,从他们的学习和生活实际出发,寻找适合且他们感兴趣的主题。总之,活动主题的设计要体现科学性、针对性和实效性。

2. 目标明确具体

一次优质的心理健康教育活动的目标应面向全体学生,从学生的实际心理需求出发,包含知(知识)、能(能力)、情(情感、态度、价值观)三个目标。能增进学生对相关主题的认知和体验;能使学生获得自我心理调节和疏导的技能,从而形成良好的心理品质。而且,目标还需具体,可以细化为可观察的行为特征,方便操作。

(二)力求评价方式的客观与全面性

1. 以形成性评价为主

终结性评价关注的是学生的活动结果,有利于教师对心理健康教育活动作出总结性的结论。因此,它一般为学科课程所采用。而形成性评价关注的是学生的学习过程,有利于及时揭示问题、及时反馈、及时改进教育教学活动。根据心理健康教育活动的性质(以学生的情意活动为主,注重学生的体验)和建议(它不需要作业,更不需要考试,需要的是学生的参与、学生的感悟),我们应更多地采用形成性评价,关注学生在课堂上的思考、体验、感悟和分享,给予表扬、鼓励等积极性评语,从正面加以引导。

2. 定性与定量相结合

心理健康教育活动课是注重学生心理体验、促进心理成长的一门课程。因此,需要将定性评价和定量评价相结合。在评价方法上应采用课堂和平时的行为观察与记录、问卷调查、讨论等。评价结果不应像学科课程那样以分数呈现,可以用五角星、红花等进行记录,也可以用代表性的事实客观描述学生的心理品质,并提出建议,甚至是赞赏性评语或点头、微笑等肢体语言。

在心理健康教育活动中,更多的是以形成性评价为主,运用多种评价方法,主要有游戏体验、案例分享、小组讨论、记录、发言交流等,并使用"不错""很好""你真棒"等激励性语言和竖起大拇指、鼓掌等赞赏性动作,且课后还将联系方式留给学生,便于对学生心理品质的进一步反馈和激励。

（三）尊重评价主体的差异性

优质的心理健康教育活动体现以学生为主的原则，能顺应学生的心理成长规律。然而作为活动的主体，因年龄、性别、身高、体重、个性气质等方面的不同，心理成长的程度也会不同。因此，我们对其的评价要尊重个体差异，尽量运用多方评价，如教师的评价、学生的自我评价、小组成员的评价、班级同学的评价等，并加强自我评价和相互评价，促使学生自我反思，自我成长。

1. 营造和谐的课堂氛围

课堂气氛宽松、和谐，师生关系平等、自然，学生就会愿意体验、感悟和流露真情，师生交流、学生交流就会活跃，互动效果就会好。这就要求班主任教态要亲切、随和；语言要丰富，有感染力；活动调控和驾驭课堂的能力要娴熟。

2. 关注每一位学生的体验

一堂好的心理健康教育活动课，能使每一位学生获得情感体验和感悟，形成正确认识，不良的行为、习惯和不健康的心理得到一定的矫正和转变。因此，班主任需要时刻关注每位学生，认真倾听学生的心声，并让每位学生都有参与机会，个个都有体验。因此，设计的活动可以是游戏体验，如团体游戏、角色扮演等，也可以是创设问题情境，让学生思考体验。

班主任在上课前先和学生做个约定：积极参与，认真倾听，支持同伴，表达自己真实的想法和感受。在约定中，教师向学生表达对他们的期望，期待他们在这节课上都能积极参与，主动体验。

总之，心理健康教育活动要真正坚持以活动为主，注重每位学生的感受，让他们在体验中建构一些自我发展的方法。然而，我们要看到，一堂心理健康教育活动课的作用只能让学生的心灵有所触动，内心有所感悟，若要让他们把体验、感悟的东西化为实际行动，还需课后的行为实践。并且这种行为的变化，不是一朝一夕就可完成的，它需要作为主导者的班主任进行跟踪、反馈和强化调整。

本章小结

小学生心理健康教育是根据小学生生理、心理发展的规律和特点，运用心理学的方法和手段，培养小学生良好的心理素质，促进小学生身心全面和谐地发展的教育活动。它与小学生各个方面的发展都有着密切的关系。

小学生心理健康教育应坚持面向全体、尊重与理解、主体性、差异性、发展性等原则。小学生心理健康教育的内容包括：小学生心理健康的维护，小学生心理行为问题辅导与矫正，小学生心理潜能和创造力的开发等。小学生心理辅导的常用技术有：关注、倾听、沉默、宣泄、探讨、行为矫正等。小学生心理健康教育活动一般包括确定主题、设定目标、选择活动形式、设计活动过程、活动评价等环节。

【思维导图】

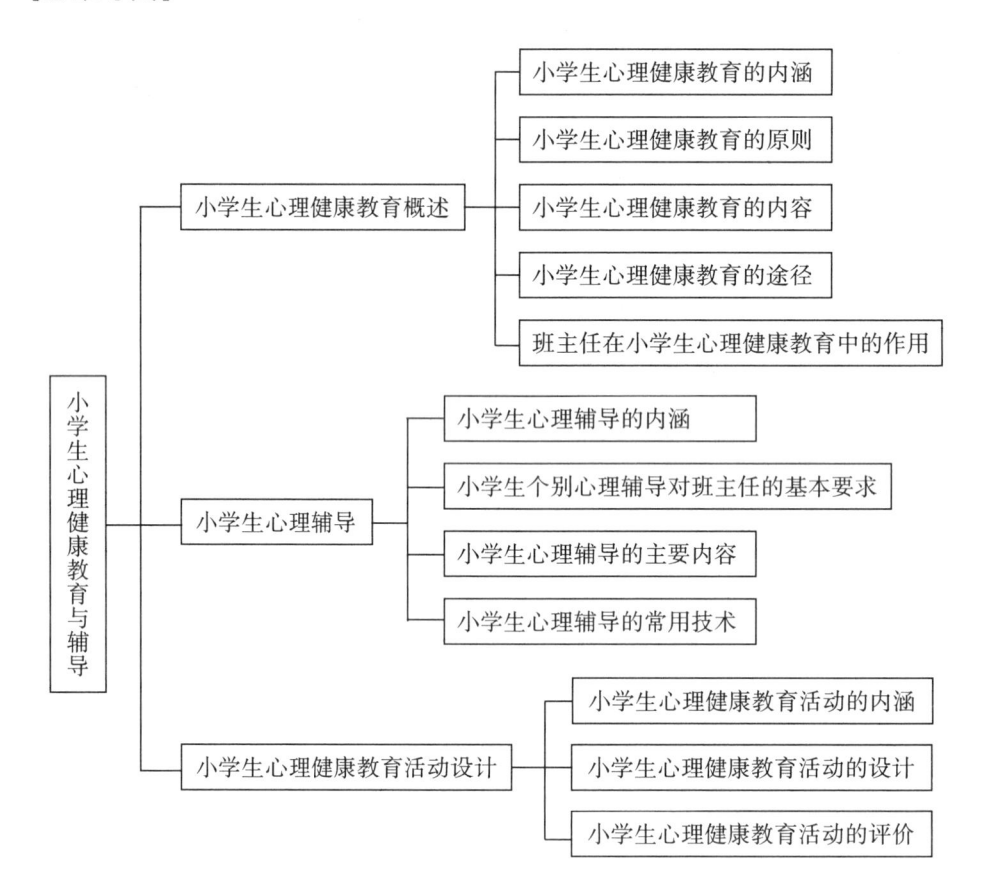

```
小学生心理健康教育与辅导
├── 小学生心理健康教育概述
│   ├── 小学生心理健康教育的内涵
│   ├── 小学生心理健康教育的原则
│   ├── 小学生心理健康教育的内容
│   ├── 小学生心理健康教育的途径
│   └── 班主任在小学生心理健康教育中的作用
├── 小学生心理辅导
│   ├── 小学生心理辅导的内涵
│   ├── 小学生个别心理辅导对班主任的基本要求
│   ├── 小学生心理辅导的主要内容
│   └── 小学生心理辅导的常用技术
└── 小学生心理健康教育活动设计
    ├── 小学生心理健康教育活动的内涵
    ├── 小学生心理健康教育活动的设计
    └── 小学生心理健康教育活动的评价
```

【思考与练习】

1. 小学生心理健康的标准是什么？

2. 班主任在小学生心理健康教育中的作用有哪些？

3. 根据以下案例情境，尝试用所学方法进行心理辅导。

【案例】一女生来到办公室，向班主任老师诉说烦恼，在谈话中她反复提到自己的相貌难看，她说："我又矮又胖，皮肤又不白，真是难看死了，没人会喜欢我的。"

4. 针对学生"时间管理"方面的问题，自定主题，设计一个心理健康教育活动方案。

【推荐阅读】

[1] 吴增强. 班主任心理辅导实务（小学版）[M]. 上海：华东师范大学出版社, 2010.

[2] 郭黎岩. 小学生心理健康与辅导（第2版）[M]. 北京：高等教育出版社, 2014.

[3] 刘翔平. 学校心理学[M]. 北京：中国轻工业出版社, 2009.

[4] 殷炳江. 小学生心理健康教育[M]. 北京：人民教育出版社, 2003.

第十章
外国小学班级管理经验评介

他山之石,可以攻玉。

——《诗经·小雅》

博学之,审问之,慎思之,明辨之,笃行之。

——《礼记·中庸》

教育中应该尽量鼓励个人发展的过程。应该引导儿童自己进行探讨,自己去推论。给他们讲的应该尽量少些,而引导他们去发现的应该尽量多些。

——斯宾塞

只有让学生不把全部时间都用在学习上,而留下许多自由支配的时间,他才能顺利地学习,这是教育过程的逻辑。

——苏霍姆林斯基

学习提要

1. 了解美国、日本、新加坡和芬兰小学班级管理的做法。
2. 思考国外小学班级管理的经验对我国的借鉴与启示。

第一节　美国小学班级管理的做法与启示

一、美国小学班级管理的基本做法

作为世界第一强国的美国,对教育的重视不言而喻。基于"人才培养的全面性、整体性策略"的西方国家小学师资普遍采取全科培养方式。其中,美国作为"小学包班制"和

"儿童中心主义"的变革发源地,采用小班制、包班教学的组织形式,开展了多年的小学全科教育教学理论与实践的研究,基于小学全科教育模式的班级管理具有其独特的一些做法值得我们学习和借鉴。

1. 包班制的学科教学方式

美国小学的全科教师主要承担班级中除音乐、体育、美术以外的其他学科的教学。由于是一位教师承担某个班级的大部分教学任务,也承担着管理这个班级日常工作的任务,因而,全科教师也就成了我们所说的包班班主任。除个别分阶课程和艺体类课程,一个班级的同学在同一个教室跟随同一个教师完成各个科目的学习。大多数美国小学的课程设置没有严格的时间限制,由包班教师根据实际教学情况进行调整,日常教学不分节数,主要由老师掌控学习的节奏,即使同一年级不同班级的作息时间都各不相同。包班教师是班级管理的主要力量,然而,除包班教师以外,其他科目的教师、学生、班规和校规在班级管理中也起着十分重要的作用,教师和学生共同完成对班级的管理。

采用包班制,教室既是学生学习的场所同时也是包班教师的办公室,教师在固定的教室里教学、工作。教室内设计温馨而舒适,色彩丰富,充满童趣,桌椅的摆放根据不同包班老师的风格也各自不同,极具个性化:有的是围成一个大圆圈,有的是以小组为单位,有的则是七零八落"很随意"。学生需要用到的所有教育教学资源都在教室里,教室内部有不同功能的划分,如教学区、阅读区、生活区,通过不同区域的切换完成一天的学习及生活。班主任和班级同学共同制定班级的规则,大家共同遵守,规则在教室内张贴出来,时刻提醒着所有成员。

包班教师是学生管理的主体,但在学校的每一位科任教师或行政人员也会参与到对学生的管理之中,如果学生在学校违反规则,任何一个工作人员都可以根据具体情况给出"反思表"(Think Sheet)报告给班主任,并通告家长。

包班制的教学模式增加了教师与学生的相处时间,有助于教师通过各个学科更好地了解学生的个性特点,以及有更多的精力和时间去关注每个学生并给予及时指导,增进了教师与学生的亲密联系,便于教学工作的开展。固定的教室、个性化的室内布置、师生共同制定的行为规范使得班级管理相对轻松容易。一方面,教师身兼数门学科使其对学生各科水平、学习风格类型、个性特点及能力等方面有全面而综合的把握,有助于教师课堂差异化教学和学生的个性发展。另一方面,由同一个教师完成不同科目的教学也有助于实现学科知识的融合,学生在多学科教师知识整体性和学科综合紧密联系的影响下,所习得的知识技能等更具有结构性、整合性等特点,易于对知识的全面综合掌握,进而实现对知识学科间的运用和迁移。

2. 不跟班升级制与散班升级制

尽管包班制在小学教育教学中有许多优势,然而也存在一定的弊端,一方面如果教师根据个人的喜好对学生进行评判,不可避免给学生带来一些不公允的评价;另一方面,学生长期跟随同一教师易于产生思维定式,不利于激发学生的活力及创造力。学生群体长期一起学习和生活易产生不良影响,为了避免这种情况的产生,在美国小学班级管理中产生了包班教师不跟班升级制和散班升级制。

不跟班升级制是指由同一个包班教师固定教授同一个年级,不随着学生的升班而改变授课年级。美国全科教师的教学负担较为繁重。一是不同科目的讲授需要花费大量的时间和精力准备;二是教学时间较长,一般从每天早上的八点左右一直持续到下午三点,如果只教一个年级的科目,教师不用因为年级的变化大规模地重新备课和寻找新的教学材料,这在一定程度上减轻了教师的负担,并有助于教师更精准地讲授知识。

散班升级制是指学生升级时不以班级为单位整体升级,而是打破原有班级建制将学生分散后重新组合。散班制有利于帮助学生打破固定的人际范围和交流模式,避免长期一起学习和生活带来的比如形成小团体等负面问题,帮助学生扩大交往范围和接触不同文化背景的学生,从而开阔视野,增长见识。不跟班升级制和散班升级制有效避免了包班制度中教师和学生之间的种种弊端,增强了班级管理的实效性。

3. 小班教学模式

在提升教学质量的各项因素中,缩小班级规模,实施小班教学模式是最为直接有效的方法。大量的研究表明,在小学阶段,通过缩小班级规模可以显著提高学生的学习成绩。美国联邦教育部对班额有明确的规定,一般一个班的人数不允许超过30人。笔者在美国访学期间,通过走访和搜集整理资料发现,美国的大多数公立学校的班级规模保持在20至25人之间。联邦政府为确保小班额,投入了大量的财力、物力和师资,通过如新建学校、聘用教师、增加班级数等来缓解班额的压力。

小班制教学对教师教学、学生良好行为习惯养成和学习技能的习得都有着十分重要的作用。对于教师而言,关注每个孩子并充分发挥出每个孩子的特长与天性是教学的一项重要任务,小班教学使教师有更多的时间与精力来与学生进行充分的互动。比如,每学期一次的家长会是由教师和家长进行一对一的约谈。正是因为较少的学生人数使得这种具有个性化、针对性的交谈得以实现。对于学生而言,有更多的机会参与学习和班级管理。通过对比发现,小班制的学生的自觉意识更为强烈。小班制还有利于增进教师与学生以及学生与学生之间的相互了解,增进亲密的情感,有利于形成内聚力更强的课堂氛围和具有凝聚力的班风。

4. 学生规则意识及自我管理能力的培养

尽管美国小学崇尚自由和宽松的学习环境,然而,个性的张扬并未导致管理的杂乱无序。笔者在走访中能够明显感觉到美国小学的井然有序,学生彬彬有礼,这与对学生规则意识的树立和自我管理能力的培养密不可分。在校内,一些通行的规则要求均以提示语和图片的形式在每个班级教室和公共区域呈现出来,每个老师还会根据班级的具体情况,制定详细的班级规则,并通过各种方式提醒学生遵守。教师会将必须遵守的重要规则贴在教室的墙上,让同学们常常朗读,对表现优秀的同学,老师通过发放积分的方式进行正强化,孩子们积累到一定的积分后可以去学校兑换一些小礼品。有的学校采用小卡片的形式,校内的每一位工作人员胸前都挂着一叠小卡,将卡片发放给那些行为良好的孩子,获得奖励卡片的学生在卡片上写下自己的名字,放进一个箱子里,每周一次由校长随机抽取一些卡片并发放奖品。

学生必须遵守学校和班级的规章制度,任何违规的言行都会受到相应的惩罚。每个学校里都有自己一些独特的方法对孩子的规则意识进行教育,大多数学校通常采用"反思表"(Think Sheet)和"安静时间"(Quiet Time)两种方式。"反思表"相当于中国小学的学生违规报告单或是检讨书,但不同的是这张报告单不是仅仅由学校给出或是孩子自行书写,而是由学生、教师、家长共同完成。报告单上学生完成的部分以图片的形式呈现,学生通过勾选图片反思以下几个问题:"What did I do?"(我做了什么?)"How did I feel when I did it?"(我觉得我是怎么做到的?)"How did others feel?"(别人感觉如何?)"Next time I will..."(下次我会……)"My plan now is to..."(我现在的计划是……),然后教师会将事件的经过进行客观描述,并给出改正的建议,最后家长签字确认由学生交回学校存档。采用这种方式让孩子们不仅能自我反思认识错误,老师的建议也为学生下次遇到类似情况该如何做给出了方向,避免问题再次发生。"安静时间"主要用于让孩子自我反思,自我认知,情绪调整。在教室设置一个"反思角"(Calming Corner),旁边放置了沙漏用于计时,并提供一些用于平缓情绪的辅助工具,如拼图、音乐耳机等。

5.教师与家长合力共建班级

美国小学非常重视与家长的联系和交流。以每学期一次的家长会为例,学校的日程安排中会特意空出三天时间,再加上一个周末,用于进行一对一的家长会。在这个时间段内,家长根据自己的时间安排提前在开放的系统里预定合适的面谈时间,每个家长预留的时间是20分钟。面谈前,教师提前准备好每个学生的各科学习成绩单、综合评估材料等资料,结合孩子在校情况和家长进行充分细致的交流。谈论的内容也不是浮于表面,而是直击问题,重点放在孩子在学校的学习情况和行为表现,以及需要改善的地方。

学校重视和家长的沟通还体现在为家长参与学校的各项活动提供大量的机会,学校鼓励家长关注并积极参与。学校每学期都会举行各种亲子活动和家长开放日,邀请家长到校参观校园,观看师生们表演节目,与孩子们共同完成某些活动项目。亲子活动为老师、家长和孩子三方之间的沟通交流搭建了桥梁。此外,美国小学为家长提供做各项志愿者服务的机会。家长只需要去该校所在的学区办公室登记办理证件就可以成为一名志愿者,服务于学区的一所或多所小学,每当学校需要志愿者家长支持的时候,就会发送需求信息,家长根据情况在系统中申请完成预约并参与服务。

6.良好亲密师生关系的建立

构建亲密型师生关系,是提高师生双方参与度的基础,也是进行班级管理的重要保障。师生关系的构建是教师和学生两大参与主体的重要载体。研究表明,学生由于熟悉程度低而带来的信息隐藏会直接影响教育质量。对于儿童来讲,他们对于活动本身价值的判断能力较弱,但能清楚感知与其他参与主体的亲疏程度,进而对是否愿意参加活动进行判断。美国小学采用全科教师的教育模式,学生与全科教师长时间、全方位的接触会直接提升双方的亲密程度,从而较为容易地产生信任感。基于信任感的师生互动,会使儿童在教育教学过程中表现得更加主动和积极。师生关系在学生课堂行为中起着重要作用,其中学生课堂行为包括努力程度、面对失败的勇气、遵守课堂纪律等方面。对于全科教师来讲,较长的接触时间和全面的接触会为理解度和包容度的提升提供可能。

美国小学阶段的师生关系构建是在双方亲密程度较高的基础之上。走访发现,孩子们与老师有亲密的联系,每天进入教室或是离开教室都会很自然地和老师进行拥抱,老师常常会在节日用自己的收入为孩子们买一些小礼物。美国小学的校长几乎认识全校学生,经常在各个班级里和学生互动,孩子们看到校长也会十分亲切地打招呼。在班级建设中,教师避免简单的任务式接触,实现尊重师生双方的情感互动。教师通过对学生身心素质的综合衡量,采取因材施教的个性化教学,其目的不是在于追求学生学业成绩提高等显性指标,而是在于促进学生的全面发展。美国小学良好的师生关系建立在亲密联系的基础上,在以教师为主导的软环境构建过程中对儿童身心健康的发展发挥了重要作用。

7. 个性化班级文化的营造

美国小学教育对个性化的重视与发展体现在班级管理及教学的各个环节。以教室空间的设计为例,每个教室的风格自成一派,根据包班教师的教学理念、兴趣爱好,精心布置,千差万别。走进不同的教室能感受出每个老师和班级的特点,教室功能区域的划分,软环境的布置,课桌和设备的摆放全由老师自由发挥。如果在一个班级中看到一张上下铺供孩子们休息阅读,或是一只南美大红脚龟作为"Classroom Pets"(课堂宠物)养在教室里再平常不过。同时,美国小学教室的硬件设施也极具个性化,在一些低年级的班级中,孩子们坐的并不是常规的椅子,而是一个个圆形的弹力球,懒人沙发和摇椅在许多教室里也常常可见。

为了鼓励学生,老师会把所有学生的作品展示在教室里的墙壁上。每个学生有一个属于自己的区域,完成的作品、获得的奖励都展示在上面,学生看到自己的作品很有成就感,同学之间也可以互相学习借鉴。也有老师会把个人的成就放在教室里激励同学。例如,有一位老师是马拉松爱好者,并且在比赛中多次获奖,她把自己穿破的每一双跑步鞋和奖杯、奖牌都放在了教室储物柜上,一双双鞋子和一块块闪闪发光的奖牌鼓励着孩子们养成坚韧的性格和坚持做最好的自己。

8. 特殊需要学生的教育与帮扶

美国公立学校教学提倡因材施教。尽管设置了基础课全国性的教学大纲,但这也并不意味着美国所有州都必须严格使用这个全国教学大纲,每个州甚至同一个州的不同城市依然有自由根据全国教学大纲来设定自己的教学大纲。所以一个特别的现象是,同一年级不同班级上课的内容也不尽相同。小学全科教师对所在班级学生的情况十分了解,尽管老师设计课程有教学大纲作为参考标准,但是学校却没有统一教科书,每个班级的学习基础、学习氛围不同,班级中学生的学习习惯、学生层次和学生的心理也不同,所以老师通常会综合考虑教学大纲和班级里学生的具体情况来确定最佳教学方案。

各州每年评估一次学生的学习状况。所有学生都会接受标准化测试,老师会根据测评结果对每位孩子进行评估,写出定量的分析报告。而特殊学生也在测试之列,比如有自闭症、情绪问题、视力问题、听力问题等的,这些孩子们都必须要参加到学区的常规考试中,《不让一个孩子掉队法案》(*No Child Left Behind Act*)[①]保障了这部分孩子的权益,特殊学生并未受到歧视和放弃,学校会有专人对不同情况的学生给予一对一的帮助,如有需要,学生也将获得联邦政府的经济资助。

在班级管理和教学过程中,美国小学十分关注每个同学成长的差异,根据个体差异安排不同的教学活动。以阅读为例,除了日常的课程学习,学校对阅读能力优异的学生和阅读有障碍的学生分别提供特别的小组辅导,学校设有小组辅导室,每个屋子容纳约四个小组,每个小组由一名主讲教师和四至六名学生组成,根据学生的进度,每周安排三次专门辅导。而这种具有针对性的个性化教育并非是某个小学所特有的,很多小学都会采用小组辅导来提高学生的学业能力。还有的学校会采用分层教学,在某门课程一个班级的同学根据能力的高低到不同的班级进行学习。

二、借鉴与启示

美国小学班级管理理念所展现出来的尊重、平等、关爱、自主、信任、合作等特点,分析其背后的核心价值取向,可以主要归纳为两点:为学生的发展与成才提供充分的保障,尊重每个学生的个性特点并为其提供机会。美国小学班级管理中所体现出来的科学性、平等性和个性化三个特点为我国小学班级管理提供了有效的借鉴。

1. 科学性

美国小学教育理念是促成每个孩子的发展,具体体现在尊重学生的个性和兴趣,发展孩子们的综合能力,培养他们强烈的社会参与意识,锻造他们立足未来的本领,养成独立自尊的态度。注重呵护学生的心灵,不断挑战和挖掘他们的潜力,让学生为做最好的自己而不是为得到第一而骄傲。这种理念贯穿于班级管理的方方面面。其科学性体现在班级管理制度的建立,如包班制学科教学、不跟班升级制与散班升级制;也体现在班级文化的营造,如以孩子的喜好需求和包班教师的个人风格共同打造班级文化氛围;还体现在班级活动的开展,如每月有全校学生、学生家长共同参与的大型活动,每学期至少一次的"社会考察"(Field Trip)。美国基础教育奉行"玩中学",除了学习,学校组织了大量的田间活动。孩子们在这个过程中学到很多书本上没有的知识,扩展了眼界。这些活动让孩子们充分体验了生活,超越学科之间的界限,学会多角度理解事物,能够多方位联

[①] 2015年12月,《每一个学生成功法案》(*Every Student Succeeds Act*)取代了该法案。

结、以小见大,将生活中的具体事物与所学知识联系在一起,解决问题。

2.平等性

平等性是美国小学班级管理的另一个重要特点,由于班级人数较少,班级易于管理,有些小学低段的班级没有设置班干部,由包班教师统一管理。有的小学有设置一定数量的班干部,但无论是班干部的选拔与担任,还是班级制度的建立和执行,无一不体现平等这一特点。班干部之间并非上下级关系,教师与学生也都是班级管理的平等主体。各班根据班级的需求设置多名学生干部,各位干部之间相互平等,为整个班级提供学习和生活的服务。这不同于我国小学中设置的班长与其他班干部之间的上下级关系。与我国"老班长"不同的是,美国小学班干部采用轮流制,每位班干部成员的任期根据班级制度的不同,从一个星期到一个月不等。为了让更多的学生都有机会担任班干部共同参与班级管理,班干部到期卸任,不连任。一学期内,除非所有的班级成员都担任过一次班干部,担任过班干部的同学则不能再次参与竞选。班级中除了班干部以外,还有"星级学生"(Star Student),每周有一位星级学生配合班干部共同服务班级,星级学生还有接受来自班级其他成员的礼物的"特权",每学年每位同学都至少有一次机会成为星级学生。轮流制有利于发挥每位班级成员的积极性,共建班级,同时也在孩子幼小心灵中播下了平等的种子。

3.个性化

美国小学班级管理中的个性化值得我们学习和借鉴,孩子在成长过程中表现出来的差异决定了教育与管理的差别化对待。这种个性化体现在班级制度的建立,班级制度充分考虑学生的个性特点和成长需求,除了在学校整体的制度框架下,还根据本班学生具体情况进行了细化:体现在班级规则的制定上,每个班级有各自不同的规则和要求,并以不同的形式呈现出来,要求学生严格按照规则规范自己的行为;体现在教学内容的安排上,教师根据学生的学习情况自主设计教学内容和调整学习进度;体现在教育方法的设置上,教师注重教育的策略和方法,以鼓励教育为主,根据主题精心设计系列相关活动来调动学生学习的兴趣,培养良好品格和帮助掌握知识,学生参与活动的广度和深度较为理想,也使得班级管理更加生动;体现在班级文化的建立上,从教室学习环境的创设到班级人文环境和学习风格,每个班级根据包班教师和学生的特点都各不相同;这种个性化同时还在学生特长的培养、家校合作的个性化服务等方面充分体现出来。这种个性化的教育管理模式,与学生的自我管理、自我服务及主动意识的培养有机结合,有利于学生习得知识和内化规则,进而实现知行合一。

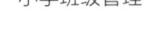

第二节 日本小学班级管理的做法与启示

一、日本小学班级管理的基本做法

日本小学班级管理的核心理念聚焦于两个方面：一是通过教师有效授课，实现授课目标，提升学生的学习能力，为"成人"打下坚实的基础；二是进行整体规划布局，计划和管理班级，在课外活动和学生互动中培养理想的学生，为"成才"做好铺垫。其班级管理的目标在于把班级培养成理想的生活与学习集体，构建良好的班级内的集体结构，关注班级里每一个学生的成长；将学校的教育目标具体细化为班级的各项事务工作和教育活动，并与家庭联系起来。在这些工作中，以班级为场地，把学生培养成全面发展的人。归纳起来，日本小学班级管理的基本做法有以下五个方面：

1. 道德教育是班级管理的基础

日本的班级管理紧紧围绕着如何把学生培养成有道德的人而展开。这包括：把学校道德教育目标具体化为班级目标，规定实现该目标的具体内容和教育活动的场所，抓住一切机会创造学习条件，增加师生接触机会，有意识、有计划地进行与道德课、班级指导课和生活指导有关的指导，积极开展班级和年级的集体活动。

学校致力于有效促进学生良好品格的形成和他们最希望传递的道德品质、核心价值与学生的思想与行为达成一致。不同学校的表述不同，如美德、特质、支持或期望来指代他们希望培养学生的理想品质。但无论以什么形式表达，道德教育所倡导的核心价值观都是在肯定人的尊严，促进个人的发展和幸福的同时，致力于社会发展，在民主社会中确定公民的权利和责任。学校承担着培养学生成为有责任、尊重自己和他人、勤奋、努力、坚持不懈、有批判性思维和积极态度等核心价值观的人的重任。这些核心价值观，将作为学生和教师努力学习和工作的基础以及行动的指南。致力于学生道德发展的学校将其核心价值观培育视为其重要使命，并会经常在其行为准则要求或教学实践中体现出来。

日本小学的道德教育主要通过三个层面展开。一是设置专门的道德课程，促进儿童的智力、社交、情感和道德发展，并促使儿童成长为有责任、关心他人和乐于奉献的公民。如学校开设了"道德""公民""综合学习"等道德学习课程，从个人、个人与他人、个人与自然、个人与社会等多个层面系统学习，提升孩子们正视自己、与人相处、珍视生命和集体意识四个方面的道德情操和实践能力。二是将道德课与学校其他课程紧密连接起来，通过整体设计，有机结合，强化道德理论的深化和统一，加深孩子们对道德价值的自觉意识，培养其实践的能力。除此之外，学校专门开设了"花艺""茶道"等辅助课程帮助学生提升身心德行的修养。三是通过丰富多彩的集体活动，在培育孩子健康的身心及发展个性的同时，培养其合作、践行、自主、信任的态度。比如班级活动以及其他一些集体活动,学校以及年级之间的联谊活动等,让学生正视个人在群体中的位置,摆正个人与集体的关系。

2.集体主义是班级管理的核心

日本是有着悠久的集体主义意识的民族,十分注重团队精神,观察日本的基础教育,无论是班级章程和规则的设置、班级文化的营造,还是日常活动的开展,都凸显着团体归属意识和合作精神。

日本小学在每学年开学之前的一天被称为"准备日",教师会开出新的一学年同学们需要准备的学习用具和生活用品,并在这天带到学校,每位同学带来的物品,并不是放在自己的抽屉里,教室里有分类的纸箱,同学们会将用品分别放在纸箱里,到用的时候各取所需。根据各自的情况,有的同学会贡献得多一些,有的同学会少一些,甚至有的同学什么都没有拿也不用担心,使用的时候大家资源共享,互通有无。在这样的环境中,合作和奉献的意识会逐渐成为一种学习的日常行为,而行为习惯又会渐渐影响孩子们的思维,进而融入他们的性格之中。

学校举行的运动会也很有特点:活动项目种类很多,但所有的项目都是以集体为单位,没有个人名次;赛场上正在进行的项目只有一个,没有参赛的学生都在旁观、加油;每位学生都积极参加比赛,每个年级都有自己的团体经典项目,孩子们也常常会尝试挑战不同的竞技项目,每位同学都至少会参加一项比赛;比赛项目具有团体性、趣味性和观赏性,运动场上常常高潮迭起,气氛十分热烈。在这样的运动会上,孩子们所关注的不是个人得失,全是集体的荣誉,他们做出的所有努力都是为了使自己所在的团队取得更加优异的成绩。

小学毕业之前,学校都会组织"修学旅行",东京、大阪、京都和广岛是日本小学生修学旅行的主要目的地。通过修学旅行,学生不仅可以亲身接触自然、社会、历史和文化,还可以在集体旅行中学会与他人相处,养成团队意识。修学旅行已成为日本人青少年时代的共同回忆,也成为日本文化的一个重要组成部分。

每个学校都有自己的校服和校歌,学校的任何集体活动,只要有一位同学没有完成,大家都会留下来共同面对。在校期间,班级是孩子们的家,大家互相关照,极力地维护班级的荣誉,学生与班级的联结感极强。毕业后,学校和班级成了学生们的美好回忆,他们保持着联系,互相帮助,互相提携。这种从小培养起来的集体主义精神,长大后,无论是进入公司还是工厂,他们都依旧奉行着幼时的行为习惯和价值判断,个人与集体紧密联系,与同事通力合作,和睦相处,为集体奉献。同时企业也奉行"终身雇用制",为雇用人员提供安全、舒适的工作环境,促使员工全身心地投入工作。

3.人人平等是班级管理的原则

日本小学的班级里强调人人平等,每位同学都受到相同的对待,不会感受到自己与他人的不同,教师和学生共同完成对班级的管理。班级里没有固定的班干部,都是轮流担任。每天有一位值日班长,检查教室桌椅摆放是否整齐,柜子里的学习材料是否齐全,收发各科学习作业,提醒同学上、下学注意安全。这种轮流担任班干部的模式,让每个孩子不仅有了干部是为他人服务的基本理念,平等、平权的思想潜移默化中根植于每位学生,更培养了孩子们作为上级协调工作,作为下级换位思考、积极配合的自觉性。班级中除了班长,还有以小组为单位的轮流小组长,比如午餐时间,各组的小组长负责分发食物和餐后的清洁卫生等工作;比如学习时间,小组长负责组织本小组的学习讨论,批改作业等工作。

另外,每学期初,全部同学会共同讨论决定本学期班级的各项事务,并给每位同学分配一项职责。班级的事务林林总总,较为繁杂,这正好能为每位同学都提供服务班级的机会,如"情报收集员"(负责日常信息的收集)、"电灯员"(负责教室电灯的开关)、"保健员"(询问同学的健康状况,陪同生病的同学去医务室)、"宅急送员"(为老师传递东西)、"失物管理员"(负责失物招领)、"鞋箱清扫员"(负责鞋箱的打扫),等等。可以看出,每项事务分工十分明确而又详细,每位同学根据自己的喜好选择,如果有多人选择同一职位不由老师决定,而是由同学们"石头、剪子、布"的方式来确定,输了的同学再去寻找新的职位。每个新学期,同学们就会重新选择一次岗位,班级里还会根据新学期的需要增减一些岗位。所以,每个同学都有机会担当不同的职责,在兴趣、能力得到开发和提高的同时,责任意识也会在孩子们的心中生根发芽。

日本环境的干净整洁给所有到过这里的人留下了深刻的印象,对环境的维护和打扫的良好行为习惯是从小就开始培养的。学校的清洁卫生一般不会请专门的人员进行打扫,扫除进入课表内,由全校学生分工合作、共同完成,清洁时间一般安排在午饭后,由各班完成各自班级的清洁卫生,每位同学总能找到适合自己的位置,都干得十分起劲,很少有人偷懒。公共区域则分配给每个年级,由各个班级轮流完成。

每一位小学生从一年级开始就承担着一定的工作,到高年级的时候除了完成本班级的工作,更是要承担学校的一些责任,负责主办全校性的一些活动和管理、服务低年级的学生。平等的观念造就了孩子的主人翁意识,积极地参与各项工作,各司其职,这在无形之中培养了孩子的责任心和勤劳的做事态度,这为将来在社会工作中认真敬业打下了坚实的基础。

4."做中学"是教育管理的主要形式

怎样进行管理才能创造轻松愉快、内容充实、行之有效的教学和班级生活,日本小学的主要做法是"整个学校生活应留有余地",通过削减授课时间,提供由班级单独安排的时间,这为更多地开展班级活动,如游戏、分组的创作活动、调查研究活动、班级(年级)集体活动等提供了可能。日本的小学奉行"时时处处皆课堂"的教育理念,要传递给学生的价值观念和学习内容并不是常常挂在嘴边,而是通过"做中学"的方式让学生习得。

小学设置了"社会""生活""综合学习"等课程,由老师带领着学生走出课堂,融入社会,通过参与社会生活的方式,以体验式习得知识。其中尤其值得一提的是"综合学习"这门课程,其设置的目的在于打破学科之间的壁垒,寻求知识之间的横向联系,帮助学生自己思考,拥有自己的见解和提升利用综合知识解决社会生活实际问题的能力。这门课程没有统一的教材,而是各个班级根据自己的实际情况,自己设置问题,学生以小组合作的方式经过学习、调查、讨论、总结和交流完成项目。孩子们在查资料、讨论的过程中学习了知识,在调查、了解社会现状中树立了人生目标,在团队合作、交流中结识了朋友,在解决问题中掌握了提出问题、分析问题、解决问题的方法,在亲近自然、回顾历史、观察祖国河山的过程中培养了爱国情怀。

"做中学"的教育理念体现在教学和生活的方方面面。传统节日是教学的契机。日本十分重视传统文化的育人功能,以传统的节日为契机,让学生在自发参与、欣赏认同、潜意识模仿中培养文化归属感。为了增加学生对传统节日的了解,继承传统节日的精华,学校常常在传统节日组织学生参加各种活动,如参观地方博物馆,设计一些体验性活动,尝试使用传统的工具等方式。比如,在清明节师生一起做艾蒿年糕,教师在讲解艾蒿的植物特性、药用价值后带着孩子们一起做艾蒿年糕,从准备食材到最后出锅完成,每位孩子都参与其中,还邀请家长品尝,孩子们在体会春天的味道的同时还增进了对传统节日的热爱和民族认同,这种生动形象的内化过程远远胜于教科书的枯燥讲解。午餐也是教学的契机。日本小学最大的特点是把教学无声地贯穿在一日活动的方方面面。从开学典礼到入学用品准备,再到校服的冬夏换装,每一项活动都是一项学习,都在无言地进行着教育。日本的学校午餐叫"给食",不是简单地吃饭,课表里写作"给食指导"。午餐是一天教育活动的重要组成部分。给食是学生自己配餐、送餐。在这个过程中,学生看似在吃饭,但学到了营养配餐,懂得了用餐卫生、用餐礼仪等,这不是哪一门功课能全部涉及的。持续重复一些日常小事,慢慢便形成了一种素养,养成了一种文化。

5.包班制与学科负责制结合的教育管理模式

日本是一个善于学习他国长处的民族,西方的教育思想很早传入日本,并对日本的基础教育产生了深远的影响。二战后,日本教育以美国为蓝本,在小学采用了类似于美国的全科包班制教学模式。负责教师被称为"担任教师",其教授科目的范围比美国更广,尤其是在小学的低段,一个教师几乎负责整个班级的所有科目,甚至包括体育和音乐。"担任教师"除了负责全班的教学计划与实施,还担负着"班级经营",即班级管理。包班教师在学校教育目标、学年教育目标的基础上详细地制订班级发展与管理计划和实施细则,来培养身心健康和健全人格的学生。同时,日本也采用与美国类似的一学年打乱班级重新整合和包班老师重新分配的散班升级制。老师不是固定在一个学校长期任职的,一般每隔几年会转换学校,老师在不同学校间移动可以学习不同学校的教学优点,以促进自身教学质量的提高。

包班制的全科制教育模式有其巨大的优势,但也存在着诸多弊端,多学科的讲授给教师带来了巨大的工作负担和精神压力,同时降低了学科专业性,一旦教师和学生的信任和友善关系出现问题,"班级崩溃"现象出现的概率将大幅上升。基于以上问题,近年来日本不再一味模仿西方小学的包班制教学,而是结合本国实际情况对班级负责制进行了改革。一是以全科教育为基础,结合专科教学制度。依旧采用包班制教学的全科教育模式,但音乐、艺术、体育等科目由更为专业的教师担任,尤其是在小学高年级,这种分科制教学更为明显,为适应初中的学习做准备。二是引入了教师协作教学模式,由更擅长某个科目的教师来教授这门课程,教师与教师之间互相协作,进行交换教学,互相授课。三是增加包班教师的人数,"双师同教",一个班级除了一位主讲负责教师外,还增设了一位辅导老师,辅导老师巡视课堂,辅助课堂管理,并对有困难的同学或者特殊学生进行帮扶。

二、借鉴与启示

日本小学班级管理内容广泛,但它以创建一个班级群体为核心。在这个群体中,师生之间、学生之间的人际关系和情感联系得以发展。所有的教育管理活动都是在基于这种社会归属感和亲密联结的基础之上展开的。作为受传统儒家文化影响的亚洲国家日本与我国有许多共通之处,作为教育强国,其小学教育和班级管理的诸多理念和具体做法对我国有很好的借鉴意义。

1.重视儿童养成教育,把道德的培养放在第一位

日本对道德教育的重视,以及在教育管理中的潜移默化、润物细无声的做法促进了日本小学生的全面发展,并为学生成长为严谨、团结、勤勉、进取、敬业、合作的社会人打下了坚实的基础,这种宝贵的精神也成了日本人的标签,为西方社会所称赞。具体做法有三点值得我们学习借鉴:一是德育目标依托多元课程展开。日本小学为确保道德教育目标的实现,专门设置了多门道德教育课程,如"道德""公民""生活""社会""综合学习"等,各课程之间并非独立,而是互相结合,综合展开,学校中的道德教育是通过学校的全部教育活动来进行。内容方面以热爱生命、敬畏自然、尊重他人、重视传统文化、增进对国家的热爱、平衡个性与集体发展等为基本内容,培养儿童的道德判断力和道德情感。二是道德教育立足生活本位。日本小学对道德品质的培养体现在小学生生活的各个方面,如不接送孩子上、下学,以培养孩子的独立能力;午餐准备、分发、食用的良好用餐习惯的养成等。道德教育的价值魅力不仅仅局限在知识与技能的获得,更体现于学生在体验活动、主动作业、同伴合作、社会实践中的情感体验,学生通过与生活密切联系的各种行为,将知识转化为解决实际问题的方法,在此过程中加深知识理解和感知自我价值实现的愉悦与幸福。三是直接教育与间接教育有机结合。学校有计划、有目的、有组织地安排教学,为道德教育理论知识的灌输制订了系统学习的计划和课程安排,这些以班级为单位开展的各项体验式活动得以全方位、多角度促进学生道德健康成长。四是建立学校、家庭和社会三位一体的德育培养模式。学校是德育的主要场域,家庭与学校紧密联系,能起到巩固和强化的教育效果,社会则为德育提供了良好的文化氛围和广大的实践空间。学校、家庭和社会共同携手培养孩子,把道德教育扩展到儿童学习生

活的各个层面。

2.强化教师资格管理制度,提升教师班级管理的能力

日本政府十分重视基础教育,早在20个世纪早期日本政府便提出"大力发展小学教育""迅速兴办师范院校"。日本健全的法律法规和严格的教师资格证管理制度成为教师教学管理能力的重要保障。制度规定小学教师必须具备大学本科及以上学历,且要经过严格的入职考试流程。教师一共要经过三次审查与考试:第一次是在大学毕业提交毕业论文时,第二次是符合规定者领取都道府县教育委员会颁布的教师许可证时,第三次是参加都道府县教育委员会举办的教师任用考试时。除了专业方面的笔试之外,还采用面试、技能测验和体力测验、作文与论文、适应性检查以及兴趣小组活动、社会服务活动的经历和教育实习的成绩等多种方法考核。入职后会对教师进行定期的在职培训以提高教师的整体素质和专业能力。教育部门对教师资格证进行详细而严格的分类,持有小学教师资格证的教师必须学习如何作为一名班主任进行各学科教学、班级建设、组织各项活动等内容,以提升班级管理、建设和指导学生个体与集体生活的能力。

日本在进行师范生培养时始终将教师的教学能力和对知识的整合能力放在首要位置,对教师的职业技能和实践能力提出了较高的要求。师范生的课程设置中增加了教育科学类课程和实践类课程,加强对教师职业意识和职业技能的培养,提升教师队伍的整体素质。不论是师范生在校的课程设置还是入职后的在岗培训都以实践为导向,这也是班级教育管理"做中学"成为主要教学模式的重要原因。这对我国优化师范生培养,从学科专业知识为中心转变为以解决实际问题为导向有很好的启示。割裂的学科为主线设置的课程,容易造成知识链的断裂,教育方法也单一,教学缺乏创造性和活力,培养出来的学生也容易因知识面窄而缺乏解决实际问题的能力。要解决这些问题,不妨借鉴日本健全的法律法规和严格的教师资格证管理制度。

3.挖掘隐形教育资源,促进学生全面发展

关注教育主体的主动性,重视自立、自理能力的培养。只有将学生置于教育的主体,发挥学生的主观能动性,才能以成就学生的安全、幸福、发展、自我实现为出发点和归宿。关注学生个性,激发学生潜能,学生作为教育的主体与教师进行关系平等、互动良好的认知交流和情感交融,将教育的目标性、理想性与学生的现实需求和精神追求紧密连接起来。班级活动不仅仅是课堂知识的延伸,更是发展学生个性,提升创新能力,培养学生动手、动脑的重要途径。各学科知识紧密联结,以问题为导向,引导学生运用所学的知识综合解决问题。

通过各类活动,如修学旅行、社会课参观、田间活动、野营等体验性教学,挖掘隐性教育资源。教育者隐蔽的教育意图相对于显性说教而言,更容易为受教者所认同,也易于转化为受教者的内心要求。生活教育资源在教育中起着"润物细无声"的作用,其过程的隐蔽性、内容的丰富性、方式的间接性和功能的潜移默化性,相对于显性的教育资源有着不可替代的优势。开发生活化教学资源,以儿童生活所在的现实世界为坐标原点,从以

下三个维度展开:一是受教者所在地区的自然资源。诸如地理位置、气候特征、聚居民族、文物古迹等,以日常生活中看得见、摸得着的事物或现象作为教学的素材,使学生能从现实世界中发现并解决问题。二是受教者所在地区的文化资源。诸如蕴含着丰富育人因子的乡土资源、民风民俗等,以增进教育与生活的联结。三是受教者所在地区的物质资源。诸如利用文化馆、陈列馆、科技馆等各类教育基地开展多样化的问题探究活动,促进学生的全面发展。

第三节 新加坡小学班级管理的做法与启示

一、新加坡小学班级管理的基本做法

新加坡是个岛国,是亚洲重要的金融、服务和航运中心。一方面,由于新加坡原来属于英国殖民地,其教育制度是在英国教育体系的基础上逐步发展与完善的,因此它与英国等西方国家教育体制相近。另一方面,由于新加坡是一个华人约占70%的国家,所以它的教育又具有浓厚的东方文化色彩。

新加坡作为一个常住人口仅500余万,领土面积约720平方千米的国家,住宅短缺,缺乏土地与天然资源。其经济飞速发展与其人力资源的有效开发与利用紧密联系,而人力资源的开发与培养与教育息息相关。世界各国也公认,新加坡能取得今日这样举世瞩目的繁荣,要归功于其教育体制下培养出的新加坡人的努力奋斗。新加坡凭其先进的教育理念、教育服务以及系统管理,成为亚洲教育中心之一。新加坡小学教育中班级的管理的一些独特做法,给了我们很好的启示。

1.采用"分流制"的因材施教模式

新加坡教育管理中最具特色的就是分流制,其核心理念是教育真正适应孩子的智能水平,充分发掘学生的潜力,创造因材施教的教育。有的小学在二年级进行第一次分流,有的小学在四年级进行第一次分流,不同学校的具体做法略有区别,但整体思路相近。以四年级分流为例,前四年所有学生都学习同样的课程,重点是学习双语即英语和各种族的母语,辅之数学、道德教育学习。四年级结束进入五年级时要进行第一次分流考试,根据双语考试成绩结合数学和道德教育成绩进行分流,将学生分成三类,分别进入三种不同的班级学习,这三种班级学习科目大体相同,但难度不一,以贯彻因材施教的原则。如果家长不同意学校的安排,可以让孩子到高一级的班级"试读",以五年级考试的分数为依据,分数够则留在高一级的班,分数不够则回到原来的班。一般进高级班的占15%~20%,中级班约占75%,基础班占5%~10%。小学毕业再次分流,根据成绩把学生分配到不同中学的适宜班级。

"分流制"，实现了将合适的课程分配给合适的学生，让学生人尽其才，充分发挥每一个人的能力，而又最小限度地消耗国家资源。国家把优质的教育资源分配给精英，使他们能得到最好的教育。毫无疑问，目的是使他们将来可以更好地为国家发挥作用。新加坡学生在他们的学习生涯中进行了多次分流，学校不仅可以更好地开展分层教学，让学生各尽其能，而且在不断分流中完成了对人才和精英的培养，相对于我们的义务教育阶段，是值得借鉴和学习的。

2. 从"双班制"走向"单班制"的变革

由于师资短缺和教室等资源的限制，在2005年前，新加坡的所有小学实行"双班制"的班级管理模式，即小学一至三年级在下午上课，二年级至六年级在上午上课。随着社会经济的发展和教育资金的大量投入，新加坡的各个小学逐渐从"双班制"转向"单班制"。即上午上课，下午活动。

目前，新加坡的各个小学都实行的是上午上课、下午学生活动的"单班制"教学模式。上课时间大都是从上午7:30到下午1:00，每半小时一节课，中间休息半个小时。学校每天早上有升旗仪式，10:00至10:30加茶点，13:00至15:00除个别学生参加补课外，其余学生会根据自己的兴趣爱好，选择参加课外活动。课外活动的种类十分丰富，百花齐放，内容涉及机械、手工、烹饪、飞行、音乐、绘画、舞蹈以及各类体育活动。每个活动有专门的老师负责组织，指导活动的开展。每学期每个社团还会在一定的场合进行表演或开展活动来进行成果展示。

3. 兼容并包的"多语教育"尽享西方教育成果

"多语教育"政策符合新加坡独特的国情。新加坡是个多元种族的国家，在全国人口中，华人占70%左右，其他是印度族、马来族以及侨居新加坡的欧美人。用任何一种民族语言作为国语都不利于民族团结，同时新加坡作为国际金融中心和航运中心，需要普及世界语言——英语。因此，新加坡的小学主要用英语进行交流和教学，马来语、华语等官方语言并存，教材也几乎以英文为主。小学语文包括英文、母语与第三语文，第三语文可以选法语、德语、日语、马来文、中文。比如一个新加坡学生是马来人，那么英文和马来文是必学的，另外他可以从第三语文中再选一门。新加坡的每位学生都能流利地进行英语口语交流，英语是学校里说得最多的语言。多语教育政策的实施，既避免了种族冲突，促进了民族团结，保证每个学生都应精通自己的本民族语言，并有意识地继承本民族的文化传统，又为作为国际金融中心和国际航运中心的新加坡培养了优秀人才。

4. "以生为本"的课程设置

由于新加坡文化、种族的多元化，导致它的小学课程设置也是丰富与灵活的，如何平衡知识的传授与价值观、能力之间的关系一直是教育者探索的问题。小学教育中"以生为本"的核心理念体现在具体的课程设置上，可以用三个同心圆来展示：第一层是内核，培养学生最基本的生存技能、公民最基本的素质。它包括课程辅助活动、生活与职业辅导、社区服务计划、公民与道德教育、体育、专题作业等内容。他们认为这部分课程能确保学生具备终身受用的良好价值观和生活技能,最终成为富有责任感、积极和充满干劲的公民。课程辅助活动,学生可以从以下活动中选择一项:体育活动、表演艺术团体、制服团体、协会及学会等。学校鼓励学生参与社区活动,培养学生社会责任感,国家归属感及献身精神。第二层是知识技能,包括一些以学习技能为主的科目,目的在于培养学生的思考技能,处理问题的能力以及沟通技能。第三层是我们最熟悉的以知识性学科为主的学习内容,一般包括三块:语文,数学与科学,人文科目与艺术。

5. 严格的行为规范管理条例

新加坡的教育十分注重对学生良好行为的养成和道德的培养,强调教育的思维模式侧重于以学生的需求为出发点,采用文化传递法、设身处地考虑法、价值澄清法和道德认知发展法,鼓励学生参加讨论,使学生在面临道德困境时,学会思考并做出正确的道德判断,从而接受正确的价值观念。

为了规范管理,各个学校都制定了详细的学生守则。其内容十分详尽,包括尊重国家和学校,尊重自我和他人,爱护他人和学校财物,守时,穿着打扮,报到,测验与考试,电器设备使用等方面,可以说事无巨细,并提出严格要求,要求家长和学生签名,承诺遵守校规,一旦违反将接受相应处罚。以穿着打扮为例,学生必须按规定穿校服,不允许对校服做任何改动。学生手册还对学生安全做出详细要求,从个人财物安全、人身安全、交通安全、网络安全、学校安全、教室安全都一一指出。例如,网络安全规定:在网上聊天要谨慎,网络是匿名的、虚拟的公共论坛,在网上不能泄露任何个人的信息;要自己判断,不要总是相信网上的内容;不要和任何网友见面,如果一定要见,必须几个人一起去并在公共场合见面;不理会恶意的骚扰信息,等等。

二、借鉴与启示

新加坡教育做到了既与世界接轨又不失自己优势的思路值得我们研究,新加坡教育中注重人文因素和以人为本的理念值得我们学习,科学管理模式和多样化的教学方法值得我们思考,新加坡小学在班级管理方面探索出了一条适应本国国情的道路,值得我们借鉴。

1. 把教育放在至关重要的位置,加大教育资源的投入

新加坡政府十分重视教育事业,各届政府都在持续不断地增加教育投资。新加坡人多地少,自然资源奇缺,唯一可利用的就是人力资源。以李光耀、吴作栋为首的新加坡政府充分认识到人力资源的开发主要取决于教育,并始终把重视和发展教育事业看成是实现国家现代化的基本国策。政府不断加大教育投资,而且投资增长速度超过国民生产总值增长速度。目前,在新加坡政府的财政支出中,教育经费占第二位,仅次于国防开支。政府给每一位年龄在6~16岁的儿童设立教育储蓄账户,以确保所有儿童教育机会均等,学生可利用这个账户支付必要的教育活动费用,用不完的钱在孩子成年后转入他的

公积金账户。充裕的教育经费使得新加坡基础教育的普及度极高,资金的投入让小学设施设备齐全,校园环境建设得到了很好的保障。同时,新加坡政府还不断提高教师待遇,诸如大幅度提高教师工资,解决住房问题,解除了教师的后顾之忧,调动了他们的积极性,使教师成了非常受人羡慕和向往的职业,使得教师队伍不断壮大,素质不断提高。

2.因地制宜地开展基础教育

新加坡的基础教育尽管受到英国教育思想的影响,然而在实际教学管理中,新加坡却根据本国的具体国情走出来一条与众不同的教育之路,并成为亚洲教育的佼佼者。我们可以在结合我国教育教学管理实践的基础上,借鉴学习新加坡小学许多做法。比如,新加坡的分流制度不一定适合我国,但在教育均衡化的背景下如何实现因材施教,比如究竟如何看待设立快慢班,在一个学校如何实行分层次教育,新加坡提供了一个因材施教的样本,值得我们思考。新加坡学校对英文教育的重视和成功的经验,值得教育者研究。首先是要加强外语和母语的教育,两者不能偏废,外语是国际交流的工具,是走向世界的通行证,无论是口语还是书面语,我国学生的外语水平急待提高,要加大外语的阅读量,增加与外语的接触机会,但同时母语教育也要高度重视,这关系到民族文化传统的传承和对民族的认同感、自豪感。新加坡学生要学习三门语言,我们应该反思我们外语教育和语文教育的有效性问题。

3.现代科学技术在小学班级管理中的广泛运用

随着信息时代的到来,新加坡教育对信息技术的普遍运用使新加坡的教育走在了时代的前列。新加坡教育部认为,加强信息网络的建设,加大对信息技术软硬件的投入,不仅能提升教育管理的实效,还能使学生掌握必要的信息技术知识,更加适应未来社会发展的需求。在班级管理方面,现代信息技术也起到了重要的作用。一是教室的硬件设施广泛应用现代技术。教室配备大型电子屏幕和视频观测点,桌面有电源接口,方便电脑使用,教室里配有无线上网装置方便教师和学生连接网络,低年级教师每个同学配有一个iPad(个人电脑)用于互动教学,高年级每个同学配有一台笔记本电脑用于辅助教学。学校配有完善的互动系统进行管理,比如家校联络系统、班级信息发布系统等,实现了信息化管理。二是新加坡政府设立了专门的教育网站,为教师的教学管理提供信息和技术支持,教师可以通过该网站查询所需的教学资料、课程配套材料等电子资源,还可以浏览最新的教育资讯。

第四节 芬兰小学班级管理的做法与启示

一、芬兰小学班级管理的基本做法

芬兰是位于北欧的一个国家,与冰岛同属世界最北的国家之列,有三分之一的国土处于常年冰天雪地的北极圈内。与瑞典、挪威、俄罗斯接壤,总人口约530万,面积33.8万平方千米。就是这样一个看似不起眼的小国,却是世界经济高度发达国家,环境优美,国民享有极高标准的生活品质,国民素质在全世界也是首屈一指。

芬兰教育,号称全球第一,堪称征服世界的"奇迹教育"。芬兰教育是全球最均衡、学生成绩落差最小的国家。同时,芬兰也是全球课时最少,课后复习时间最短,假期最长的国家。芬兰的教育水准一直被国际经济合作发展组织评鉴为整体表现首屈一指。芬兰学生不只在阅读、解决问题能力项目上排名居高不下,在数学、自然科学等方面也和高压下的亚洲学生旗鼓相当。在芬兰,投资在基础教育(7岁至16岁),尤其是投资基础教育高年级学生的经费是最高的(每人平均达8200美元)。

1. 均衡而公平的基础教育

平等的受教育权是芬兰教育最核心、最基本的理念。不论城乡、不论族裔、不论性别、不论财富地位,每一个芬兰人都享有国家提供的无差别的基础教育。在 PISA(Program for International Student Assessment,国际学生评估项目)测验中,芬兰校际差距全球第二小,不到5%(仅次于人口仅30万的冰岛),只有1%的学生测试中不合格(全球最低)。芬兰奉行"每个人都有平等的受教育权利",即每一个芬兰人都享有国家提供的无差别的教育。不同于中国、美国等人口众多的国家,芬兰是个小国家,学龄的孩子人数也少,靠扎实的教育和人才发展到如今的芬兰,通过公平教育尽量避免一切人才耗损。

芬兰人认为,在国家财力有限的情况下,应首先保证教育的投入。具体做法是,鼓励民间办学,对民办基础教育实行补贴。在整个教育经费的分配上,保证基础教育的公平。一个班级为了能平均照顾到每个孩子,甚至会再分成两组,以不同时间上课实行真正的小班制。社会资源向弱势群体倾斜,这里的平等,表现在城乡差距小,教育资源共享,各地校舍与建筑品质优良状况相同,学校与地方图书馆分布、藏书丰富情形相似,交通,甚至关系青少年体质的营养午餐等方面都做到基本一致。不论什么样的出生和家庭,绝对保障享有高水平基础教育。芬兰从不强调精英教育,重点关注能力和条件较差的学生,如智力不足、身体残障、移民的孩子。他们认为,有天分的孩子已经比别的孩子占了优势了,更加应该帮助落后的孩子。

2. 教师拥有充分的自由度和自主权

芬兰的教师得到最大程度的信任,他们做的一切都是为了善待学生,对学生有益处,而不是为了让学生或自己的教学成果拿第一。老师拥有教学自由度与课程自主的权利,可以自行决定教材与教学内容和进度。教育管理部门希望赋予老师充分的自由度，让老师有参与感、决定权，让从事教学多年的实际经验与专业足以发挥，增加他们为社会或学生改变些什么的参与感，激发出更好的教学动力与热忱。

这样的模式也体现在孩子们的身上。教育按照孩子们的意愿、禀赋和循序渐进的方式展开。学生经由实作、参与、讨论、找数据、互相分组与学习，不知不觉就启发了学习的动力与寻找事物本质的兴趣。孩子们的大多数作业不会由老师批改，而是让学生们在课堂上相互核对答案，或是老师在课堂上讲解之后，由学生自行订正，又或是每个学习小组由一位小组长对成员的作业进行批改，小组长并非某个固定的同学，而是轮流担任。

3.学校系统而健全的管理制度

学校机构除行政办公室外，还增设了教导咨询办公室，建立了对学生的顾问制度、指导员制度、学生自我管理制度，通过这三种制度实现宽松体制下对学生除文化知识教育以外的道德品质及社会知识教育，并进行有效管理，这是芬兰教育管理改革的一大特色。

学生顾问制度：每个学校都设有专门的学生顾问，其主要工作就是解答学生在学习、生活中遇到的各种问题。学生顾问对学校管理、课程教学、学生学习情况有着全面的了解。除此之外，学生顾问还会关注学生生活中可能遇到的几乎所有问题，包括对学生心理问题的辅导，良好行为和品格养成的指导等内容。这种顾问制度在欧美发达国家也比较常见，几乎每个小学都有若干个类别的顾问负责全校学生咨询服务。

包班制管理制度：《芬兰基础教育国家课程大纲》只起到引领作用，真正进行课程开发的是地方教育部门、学校和老师，以此实现课程的本地化、自主化和个性化教学。芬兰的小学采用与欧美小学相似的包班制小学全科教育模式，但在赋权下放、跨学科融合等方面更具特色。卓越的全科教师是班级的灵魂人物，集教学与管理职责于一身，其主要工作就是进行课程规划和学生管理，开展跨学科融合教学。

学生自我管理制度：相互尊重和互信是教育管理的开始。信任起于自我管理，这是芬兰教育体制中一项基本概念。以人为本、自由开放的管理理念在班级管理中充分体现。学生自我管理，宽松愉快的学习、生活氛围，融洽和谐的师生关系，有效促进了教育质量的提高。

4.强调"生活价值"和"不争不抢"的教育理念

芬兰的教育强调与生活紧密关联，学校教授儿童生活所需的知识和技法。教育体制专注于培养孩子们终身学习的能力，与生活教育充分结合的学校教育，给孩子学习和人生打下了坚实的基础。芬兰的小学开设了工艺课和家事经济课。工艺课主要包含木工和手工纺织两大项目。家事经济课类似于家政培训，帮助孩子认识各种食材，烹饪，学习分类洗涤衣物，学会垃圾分类与丢弃方法，掌握家庭基本的经济与预算概念，有计划地购物。体育课还会教孩子如何使用地图和指南针，并让孩子在树林中辨识方向，寻觅路径，找到走回学校的路。

芬兰的小学注重尊重孩子成长的规律，重视挖掘个人自发潜力，采用"慢教育"的方式进行培养。在芬兰,孩子7岁才开始上小学,这比起大多数国家都要晚,但芬兰的教育研究者认为,七岁的孩子,心智与情绪各方面的发展比较成熟,比较适合进入小学。芬兰的学校系统里,没有也不提倡推优,在学生高中毕业以前,几乎没有考试。教师没有赶进度的压力,教学过程中就能关注到每一位学生的学习状况,教师总是等全部学生都学会,才继续教新的课程。学校几乎不会对学生进行任何形式的"分类"或"排名",也不会出现"精英"等词语,更不会采取"等级分班"。学校尽可能地不比较、不评分,对学生如此,对老师也一样,学校不会给教师做无谓的评比与评分,不给老师打考核,没有督察,也没有评鉴报告。

二、借鉴与启示

芬兰的教育能成为全球教育第一有其必然性,国家经济发达程度,人口数量,对教育的重视和投入,完善的教育体制和教师准入制度,灵活的课程设置,教师的自主权利,考核评价模式,教学方式的创新等众多因素促成了芬兰教育的领先地位。尽管由于国情的不同,我们并不能照搬照抄芬兰的教育和管理模式,但其教育理念和一些做法值得我们学习和思考。

1. 构建均衡的基础教育体系

教育是芬兰的国际竞争力,而芬兰教育的最大特点就是教育的公平性。无论是生活在城市或是农村,孩子们受到的教育资源是相同的,政府在资源配置的时候充分考虑基础设施建设、师资队伍等重要因素,确保地域差异不会影响教育质量,每位学生都能获得高质量的教育。教育者坚持帮助全部的学习者学习成功,获得幸福生活,无论是优质学生还是学习困难的学生都受到教师的关注,小学校配有特教老师,与班级老师、科目老师一起为学生量身定制符合他们个性的学习计划。教育者主张所有人都有在一起接受平等教育的权利,并且注重合作。无论是芬兰本地学生还是外来移民群体,所有的学生都能获得无差别的平等对待。

近年来,我国基础教育在统筹城乡和义务教育均衡发展的影响下,教育公平和教育质量均有很大的进展。然而区域之间、城乡之间、学校之间办学水平和教育质量还存在明显差距,大城市高价的学区房,乡村小学人数持续减少等问题无疑凸显出我国构建均衡的基础教育体系还有很长的路要走。这需要国民经济的发展、教育资金的投入和国家政策的支持保障,更需要教育者思想观念的转变。在学校,把学生分为三六九等的现象依旧存在,正在成长中的学生有快有慢,发展不是线性的,孩子的成长需要榜样和激励,但对学生进行优等生和差生的等级区分和定性评价必然会伤害学生的情感,影响其健康成长。

2. 教育管理要摒弃急功近利的思想

教育不应区别对待,而应根据每个孩子的特点发挥个人的特长,教育不仅仅是单个知识的学习，更是促成人的全面健康发展。学生是具有完整生命表现的人，他们的生命既表现有知识与技能，也有情感、价值观和行为。如果否认学生各种心理因素之间的关联，片面关注认知获得，或是单纯强调行为习惯养成，或是割裂与情感、态度、价值观的联系，独立于社会生活之外的学生，未能完整地进入学习过程，本应具有完整生命表现、心理结构的人，往往被"肢解"。尽管培养创新性人才获得我国教育界的一致认同，然而在教育管理和人才培养的过程中限制学生自由活动，孩子得不到自由发展的现象比比皆是。一方面要培养学生创新精神，另一方面又不重视学生批判性思维能力和创造力的培养；一方面提倡教育减少考试，另一方面又布置各种测评；一方面希望孩子有好的老师，另一方面师范专业缺乏足够的吸引力，尊师重教停留在口头上，如此悖论严重阻碍了我国基础教育的健康发展。

芬兰基础教育培养目标是教授儿童生活所需的基本知识技能，培养自主学习的能力，使儿童成为热爱生活，有基本知识技能，富有创造力和探索精神的社会成员。芬兰的义务教育法规定，评价学生的目的不在于区分学生的等级、进而区别对待，评价的真正意义在于引导、鼓励和促进学生学习，发展学生自我评价的能力。在芬兰，小学六年级之前，不能以等级或分数来评判他们。芬兰的孩子只在16岁时有一次标准化测试，之前没有任何考试，老师只会用叙述性的语言描述学生的个体情况。针对学生的个体差异，教师采用"因材施教法"，教师根据班级学习情况安排学习进度，教学与管理兼顾每一位学生，采用个别指导和差异教学方法，学生每周与老师商定自己的学习计划。

3. 提升小学教师的整体素质，激发教师的活力

芬兰教育成功的重要原因之一，就是芬兰拥有高质量的教师。芬兰对基础教育的重视，对师资准入的严格标准，教师高度的自主性，弱化教师评比，教师在这种相互信任的环境中工作，教学成果显著。这对我国培养小学教师，尤其是走向综合的小学全科教师有很好的启示和借鉴。

在芬兰，教师行业的准入要求很高，所有老师在入职前都要首先获得硕士学位，教师是最受尊敬的职业之一，甚至超过了政府官员和律师的职业。师范专业成为芬兰的热门专业，师范专业的录取率一般保持在10%左右。所有师范教育全部由研究型大学提供，教师都需要接受至少五年的教育理念学习、教学法学习和教学实践。如此高质量的师资，赢得的是全社会对教师队伍的高度信任，市政教育局信任学校的管理能力、校长信任教师的教学领导力、家长信任教师的教书育人能力。

芬兰的教师在受人尊敬的同时，待遇也很好，工作时间更少，芬兰教师的更多时间用于规划和设计课程。教师会自行制订出一整年的教学目标与教学方法，规划下一阶段或明年的教学计划要如何达成，总结去年之中最令自己满意的教学成绩或不满意的教学地方是什么，为什么会让自己满意或不满意。老师们从实际教学情况对现在与未来提出构思与规划，再加上回顾讨论过去教学的方式，让老师自己找到生涯规划的真谛，找到自我成长与策励的动力。

本章小结

作为世界教育强国的美国、日本、新加坡和芬兰在小学班级管理方面各有其特点，值得我国借鉴和学习。美国作为"小学包班制"和"儿童中心主义"的变革发源地，采用小班制、包班教学的组织形式，班级管理中体现出科学性、平等性和个性化三个特点。日本小学班级管理理念聚焦于学生的成人成才，以学生道德培养、集体精神的发挥为核心。新加坡采用"分流制"的精英教育，因地制宜走出了一条适应本国国情的基础教育道路。芬兰则在教育和管理中强调均衡和公平，教师拥有充分的自由度和自主权，"强调生活价值"和"不争不抢"的教育理念。

【思维导图】

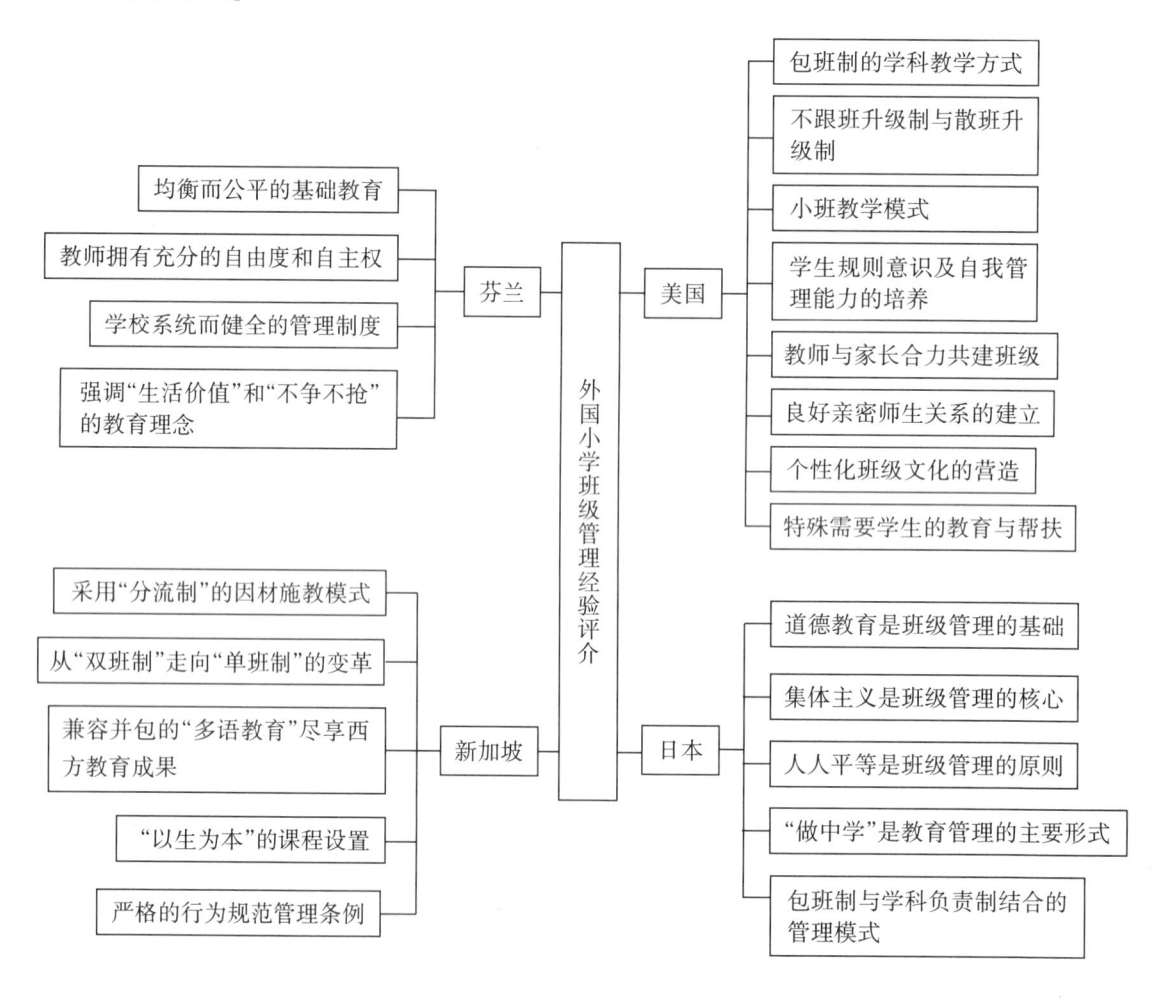

外国小学班级管理经验评介

芬兰
- 均衡而公平的基础教育
- 教师拥有充分的自由度和自主权
- 学校系统而健全的管理制度
- 强调"生活价值"和"不争不抢"的教育理念

美国
- 包班制的学科教学方式
- 不跟班升级制与散班升级制
- 小班教学模式
- 学生规则意识及自我管理能力的培养
- 教师与家长合力共建班级
- 良好亲密师生关系的建立
- 个性化班级文化的营造
- 特殊需要学生的教育与帮扶

新加坡
- 采用"分流制"的因材施教模式
- 从"双班制"走向"单班制"的变革
- 兼容并包的"多语教育"尽享西方教育成果
- "以生为本"的课程设置
- 严格的行为规范管理条例

日本
- 道德教育是班级管理的基础
- 集体主义是班级管理的核心
- 人人平等是班级管理的原则
- "做中学"是教育管理的主要形式
- 包班制与学科负责制结合的管理模式

【思考与练习】

1.美国小学班级管理有哪些具体的做法,给我国的启示是什么?
2.日本小学班级管理有哪些具体的做法,给我国的启示是什么?
3.新加坡小学班级管理有哪些具体的做法,给我国的启示是什么?
4.芬兰小学班级管理有哪些具体的做法,给我国的启示是什么?

【推荐阅读】

1.汪辉,李志永.日本教育战略研究[M].杭州:浙江教育出版社,2013.
2.Diana.美国教育微观察[M].南京:江苏科学技术出版社,2017.
3.宋若云.新加坡教育研究[M].北京:经济科学出版社,2013.